BONIFATIUS

Bernd Siggelkow ist ausgebildeter Theologe und war mehrere Jahre als Jugendpastor tätig. 1995 gründete er in Berlin-Hellersdorf das christliche Kinder- und Jugendwerk *Die Arche*. Für seine Arbeit wurde er u. a. mit dem „Bundesverdienstkreuz" und dem „Verdienstorden des Landes Berlin" ausgezeichnet.

Wolfgang Büscher ist Journalist, Autor und Medienberater. Seit vielen Jahren ist er Pressesprecher der „Arche". Mit Bernd Siggelkow hat er bereits mehrere Bestseller über die Armut und Verwahrlosung von Kindern in Deutschland veröffentlicht.

BERND SIGGELKOW
WOLFGANG BÜSCHER

DAS VERBRECHEN AN UNSEREN KINDERN

Warum junge Menschen scheitern
und was wir dagegen tun müssen

BONIFATIUS

Bibliografische Information der Deutschen Nationalbibliothek:
Die Deutsche Nationalbibliothek verzeichnet diese Publikation in der Deutschen
Nationalbibliografie; detaillierte bibliografische Daten sind im Internet über
http://dnb.d-nb.de abrufbar.

Klimaneutrale Produktion.
Gedruckt auf umweltfreundlichem, chlorfrei gebleichtem Papier.

Aus Gründen der besseren Lesbarkeit wird in diesem Buch teilweise bei Personenbezeich-
nungen und personenbezogenen Hauptwörtern die männliche Form verwendet. Entsprechende Begriffe gelten im Sinne der Gleichbehandlung grundsätzlich für alle Geschlechter.
Die verkürzte Sprachform hat nur redaktionelle Gründe und beinhaltet keine Wertung.

Die Geschichten und Erlebnisse von Kindern und Erwachsenen in diesem Buch entsprechen
alle der Wahrheit, zum Schutz der Privatsphäre wurden die Namen geändert oder abgekürzt.

Umschlaggestaltung: Weiss Werkstatt München, *werkstattmuenchen.com*
Satz: Bonifatius GmbH, Paderborn
Druck und Bindung: CPI books GmbH, Leck
Printed in Germany

ISBN 978-3-98790-036-5

Weitere Informationen zum Verlag:
www.bonifatius-verlag.de

Inhalt

1. Ein Verbrechen an unseren Kindern 9
   Die Geschichte von Max 21
2. Verbrechen von Kindern an Kindern 33
3. Ein Verbrechen an unseren Schülern 39
4. 60 Jahre Kinderarmut – oder wie alles begann 53
   Meine eigene Geschichte 54
   Die Geschichte von Susi 64
5. Sind uns unsere Kinder gleichgültig? 75
6. Was sagt die Wissenschaft? 85
   Die Geschichte von Leon 95
7. 30 Jahre Die Arche und 30 Jahre Verbrechen
   an unseren Kindern 99
8. Warum sich jeglicher Einsatz für ein ganzes Leben lohnt 107
   Die Geschichten vom Seestern und von Florian 112
9. Brennpunktschule – Wie Die Arche hilft 117
10. Migration und Integration.
    Misslungene Flüchtlingspolitik 127
11. Kindergrundsicherung –
    Bleiben unsere Kinder arm? 135
12. Die radikale Veränderung unseres Sozialsystems 141
13. Mobbing bestimmt das Leben vieler Kinder 155
    Die Geschichte von Lars 165
    Die Geschichte von Clara 167
    Die Geschichte von Vera 168
14. Der digitale Wahnsinn – Segen und Fluch zugleich 173
15. Nur gemeinsam sind wir stark 181
    Die Geschichte von Elena 181
16. Leben am Rand 191
17. Kinderarmut in einer reichen Stadt. Ist das gewollt? 203
18. Die Inflation bringt Benachteiligte an ihre Grenzen 211
19. Jobcenter quälen Familien 217
    Die Geschichte von Jasmin Fischer 222
Unser Fazit in acht Punkten 233
20. Nach Redaktionsschluss 241
Danke 249
Literaturverzeichnis 251
Quellenverweise 254

„Warum müssen unsere Kinder leiden?"

Wolfgang Büscher

„Die Politik begeht
Verbrechen an unseren Kindern.
Nur wir als Gesellschaft können
den nötigen Druck aufbauen,
um das zu ändern."

Bernd Siggelkow

1.

Ein Verbrechen an unseren Kindern

In Deutschland erleben Millionen von Kindern hautnah, was es bedeutet, arm, ja abgehängt zu sein. Das wollen wir in diesem Buch schonungslos aufzeigen. Viele dieser Kinder sitzen mit knurrendem Magen im Schulunterricht und können diesem ab der zweiten oder dritten Stunde nicht mehr folgen. Das berichten uns Lehrerinnen und Lehrer immer wieder. Seit fast dreißig Jahren, in denen es die Arche gibt, kommen Kinder, ohne überhaupt ein Frühstück zu sich genommen zu haben, nach der Schule in unsere Einrichtungen und wollen zuerst einmal etwas essen. Das gibt es bei uns kostenlos, nicht nur für die Kinder, sondern zum Teil auch für ihre Eltern. Sie haben richtig gelesen: fast dreißig Jahre Hunger – und das in einem so reichen Land wie Deutschland! Armut ist vielfältig und facettenreich, überwiegend auch unsichtbar. Daher wird sie von der Mehrheit in diesem Land zumeist kaum wahrgenommen. Das wollen wir an dieser Stelle ändern. Wir fragen daher schonungslos in diesem Buch: Wo versagt unsere Gesellschaft? Wo versagen wir alle? Und vor allem: Wo versagt die Politik?

Hat sich in den dreißig Jahren Arche überhaupt etwas zugunsten benachteiligter Kinder verändert? Für Tausende von Arche-Besuchern ja, politisch aber eher zum Negativen. Kinder haben keine Lobby. Politikerinnen und Politiker geben sich in unseren

Häusern die Klinke in die Hand, sie wollen von unseren Erfahrungen profitieren. Sie wollen Konzepte von uns für ihre Parteiprogramme und setzen sie danach aber nicht um. Die Politik in Deutschland erweist sich als narzisstische Luftpumpe. Doch der Reihe nach ...

Worüber wollen wir in diesem Buch schreiben? Ein Beispiel: Ein Schulleiter aus Hamburg – nicht gerade eine arme und abgehängte Stadt – rief kürzlich in einer unserer dortigen Archen an und fragte, ob wir der Schule ab sofort ein kostenloses Frühstück für rund einhundert Jugendliche liefern könnten. Zu Hause fehle den Eltern dieser Schüler das Geld für gutes und gesundes Essen, sagte er. Sie als staatliche Schule hätten von den eigentlich zuständigen kommunalen Behörden auf ihre Anfrage nur Absagen erhalten.

Die reiche Hansestadt hatte für ihre armen Kinder kein Geld übrig. Von einer Behörde erhielt der Schulleiter sogar den Hinweis: „Bettelt doch bei der Arche, die sind für so etwas zuständig." Das Geld braucht man in Hamburg aus Sicht der dortigen Politik wohl für „wichtigere" Dinge.

In Hamburg werden laut den Schwarzbüchern aus verschiedenen Jahren regelmäßig öffentliche Steuergelder verbrannt. Ob überflüssige Brücken oder andere radikale Verfehlungen – man denke nur an die Sünden beim Bau der Elbphilharmonie –, dafür ist immer Geld vorhanden. Das dürfen auch schon mal einige Milliarden sein. Doch Hamburg hat für seine Gegenwart und Zukunft, nämlich die der Kinder, nicht wirklich etwas übrig. Dabei zählt die Hansestadt eher zu den wohlhabenden Regionen. Laut dem Statistikamt Nord bekommen in Hamburg rund 20 Prozent aller Kinder Sozialleistungen, in einigen Bezirken ist sogar jedes zweite Kind betroffen. In den Stadtteilen Billwerder und Billbrook sind es fast 80 Prozent der Kinder, die von Bürgergeld leben müssen.

Eigentlich sollten sich Politiker wie der jetzige Bürgermeister Peter Tschentscher oder sein Vorgänger Olaf Scholz dafür jeden Tag entschuldigen. Aber die Herren haben sicher Besseres zu tun. Schließlich muss der Wohlstand der Elite der Stadt gestärkt und vermehrt werden. Was zählen da schon die Schicksale von zigtausend Kindern und Jugendlichen? Die dürfen das aufsammeln, was die Besserverdienenden ihnen übrig lassen.

Hamburg ist nur ein Beispiel dafür, dass etwas schrecklich schiefläuft. Denn in anderen Metropolen wie auch in Kleinstädten verhält es sich nicht viel anders. In der Stadt gibt es aber auch zahlreiche Menschen, die helfen und sich für sozial benachteiligte Kinder einsetzen. In Hamburg hat die Arche einen sehr engagierten Freundeskreis und auch aus der Politik kommt hier und da vereinzelt Hilfe. Aber wir müssen die Kinder und Jugendlichen teilhaben lassen am Erfolg unserer Gesellschaft.

Die Arche liefert jetzt der Schule das Frühstück für die sechzehn- bis achtzehnjährigen Jugendlichen. Wir machen das gerne, dank unserer Spenderinnen und Spender. Aber Essen auszugeben ist eigentlich nicht unsere Kernaufgabe.

*

Mit der Gerechtigkeit ist das so eine Sache. Sie lässt sich nicht messen, man kann sie nur fühlen. Sie wird eigentlich von fast allen Menschen in Deutschland als ein hohes Gut betrachtet. Wer wünscht sich schon Kinder, die arm sind und in unserem Land hungern müssen? Wahrscheinlich niemand. Aber dadurch ist Gerechtigkeit auch zu einer billigen Ware, zu einer Floskel verkommen. Selbst der Finanzminister und FDP-Vorsitzende Christian Lindner, der sich nicht gerade als Sozialpolitiker einen Namen macht, spricht von sozialer Gerechtigkeit, ohne sich dabei übergeben zu müssen. Es gilt also zu hinterfragen, was wir unter Gerechtigkeit eigentlich verstehen. Sozialwissenschaftler der Humboldt-Universität zu Berlin haben das im Auftrag der Zeitschrift „GEO" getan. Ihre Ergebnisse sind eine wissenschaftliche Bestätigung der Dinge, die wir in unserer praktischen Arbeit auch erleben: Es herrscht weitgehend Einigkeit darüber, dass die Verhältnisse in Deutschland ungerechter geworden sind.

Und weiter haben sie Folgendes herausgefunden: Nur knapp die Hälfte der Menschen in Deutschland glaubt heute noch, dass die Begabung und Intelligenz junger Menschen belohnt werden. Darüber können wir allerdings nur lachen. Es ist alles viel brutaler. Kaum eines der Kinder, die zu uns kommen, macht Abitur und studiert danach. Es sind nicht einmal 5 Prozent. Ist das gerecht?

Glauben Sie uns einfach: Die Kinder und Jugendlichen, die in unsere Arche-Einrichtungen kommen, sind genauso oder eben nicht weniger begabt als andere Kinder auch. Sie haben Talente und Begabungen, die aber gefördert werden müssen. Und wenn das ihre Eltern nicht können und manchmal auch nicht wollen, dann müssen wir das machen, dann muss die Gesellschaft einspringen. *Und wenn sie das nicht tut, ist das ein Verbrechen an unseren Kindern.* So einfach ist das!

In der Studie „Deutschland ist ungerecht" stellte man den Deutschen eine Frage zur Gerechtigkeit in unserem Land: „Solange es gleiche Chancen für alle gibt, ist es gerecht, wenn einige mehr Geld und Vermögen haben als andere?" Dies beantworteten fast 80 Prozent mit Ja

Immer wieder besuchen uns in den mittlerweile über dreißig Archen Spender, Unternehmer, Arbeitnehmer, Diplomaten und Politiker. Ja, ganz normale Menschen, sozusagen der Querschnitt unserer Gesellschaft. Sie alle wünschen sich – das hören wir immer wieder – einen Staat, der mehr soziale Verantwortung übernimmt. Sie alle wollen, dass die Politik den Menschen, die wirklich arbeiten wollen, einen ordentlich bezahlten Arbeitsplatz zur

Verfügung stellt. Fast alle dieser Besucherinnen und Besucher fordern, dass die jeweilige Bundesregierung allen Menschen in unserem Land einen Mindestlebensstandard garantiert.

Doch jetzt hat unsere – in meinen Augen schwache – Bundesfamilienministerin Lisa Paus noch eine Schüppe draufgelegt. Mit ihrer für das laufende Jahr geplanten Kindergrundsicherung ist sie jämmerlich gescheitert. Sie hat sich von Christian Lindner abzocken lassen. Zuerst wollte sie für dieses überlebensnotwendige Projekt 12 Milliarden Euro haben, dann 8 Milliarden und letztendlich sind es nur 2,4 Milliarden Euro geworden. Das sind rund 30 Euro pro betroffene Familie mehr. Ein Witz! Das gleicht höchstens die Inflation aus.

Die Kinder in unserem Land scheinen für die Politik unwichtig geworden zu sein. Dann redet man zum Beispiel doch lieber über das Klima und natürlich über das Gendern. *Das alles ist eindeutig ein Verbrechen an unseren Kindern.*

Und dann verplappert sich die Bundesfamilienministerin auch noch. Sie spricht plötzlich von ca. 5,6 Millionen betroffenen Familien, die in und in der Nähe von Armut leben müssen. Rechnet man mit 1,5 Kindern durchschnittlich in diesen Familien, dann leben mehr als 8 Millionen Kinder in Deutschland in Armut. Eine Horrorzahl! Sind es jetzt 4,5 Millionen Kinder oder 8 Millionen? Weiß die Ministerin, worüber sie da redet? Da könnte man doch auch eine Pappfigur an die Spitze des Familienministeriums stellen.

Das alles sind für uns in letzter Konsequenz kriminelle Handlungen an der jungen Generation. Über die Forderungen der Arche zur Kindergrundsicherung schreiben wir ausführlich in einem der Kapitel.

Passiert ist in Sachen Sicherung eines Mindestlebensstandards also in den letzten knapp dreißig Jahren nur wenig. Auch deshalb sind wir als Arche im vergangenen Jahr finanziell an unsere

Grenzen gestoßen. Wir bekommen bis heute in ganz Deutschland immer wieder Anfragen zu hören wie: „Wir haben zu Hause nichts mehr zu essen. Könnt ihr uns mit Lebensmitteln helfen?" Das machen wir natürlich, obwohl auch das nicht die Kernarbeit einer Kinder- und Jugendstiftung ist. Dafür ist unserer Meinung nach der Staat zuständig. Allein in einer einzigen Berliner Arche standen weit über eintausend Menschen Schlange, um eine Lebensmitteltüte im Wert von 65 Euro entgegenzunehmen. Die Wartezeit für die Menschen – es waren in erster Linie Mütter mit ihren Kindern – betrug zum Teil mehr als drei Stunden. Und an uns gerichtete Vorwürfe aus der Politik und Teilen der Gesellschaft waren schnell ausgesprochen: „Da würden wir uns auch anstellen, wenn es etwas kostenlos gibt."

Das ist allerdings vollkommener Schwachsinn und entlarvt nur die Unkenntnis all derjenigen, die so etwas sagen, über die tatsächliche Situation. Ein junger Journalist machte hingegen die Probe aufs Exempel. Er stellte sich bei uns morgens zusammen mit einer Mutter und ihrer kleinen Tochter mit in die Schlange. Die drei warteten zweieinhalb Stunden. Der Journalist war danach mit den Nerven fix und fertig. „Das macht kein Mensch freiwillig", schrieb er uns am Nachmittag. Und weiter: „Ich schäme mich für mein Land." Er war übrigens ein konservativer Schreiberling, kein linker Träumer.

An solchen Tagen, nach langer Arche-Arbeit, wenn es um existenzielle menschliche Grundbedürfnisse geht, für die Menschen stundenlang anstehen, muss auch ich mich immer wieder neu sortieren. Manchmal habe ich dabei Tränen in den Augen, die ich heimlich versuche wegzuwischen. Da müssen bei uns Kinder mit ihren Eltern betteln, um satt zu werden. Und wenn die oft alleinerziehenden Mütter zu stolz sind zu betteln – ja, das ist ein böses und brutales Wort –, dann müssen die Kinder eben hungern. Und viele dieser Kinder und Jugendlichen sitzen dann eben, ohne ein Frühstück zu sich genommen zu haben, in der Schule, können sich nicht konzentrieren und scheitern an unserem Schulsystem. *Auch das ist ein Verbrechen an unseren Kindern.*

*

Wenn wir hier von Verbrechen sprechen, dann muss es ja auch Täter geben. Und in diesem Fall ist die Politik die Täterin oder der Täter – eine jämmerlich gescheiterte Politik. Auch wir alle, also die Gesellschaft, tragen eine große Mitschuld an diesen katastrophalen sozialen Missständen. Warum erhöhen wir also nicht den Druck auf die jeweils Regierenden?

Wir sind zu Jasagern verkommen.
Wir alle schweigen und machen uns so zu Tätern.

Was wir immer wieder hören, ist die folgende Frage: „Warum arbeiten die Eltern nicht, warum lassen sie es überhaupt so weit kommen?" Zuerst einmal: Zahlreiche Mütter und Väter schaffen es einfach nicht, ihr Leben zu meistern, und zwar aus unterschiedlichen Gründen. Es sind oft physische oder psychische Krankheiten, manchmal ist es auch eine gewisse Lustlosigkeit. Etliche Mütter und Väter können sich einfach nicht mehr aufraffen, etwas zu tun. Aber wie soll zum Beispiel eine alleinerziehende Mutter von drei kleinen Kindern überhaupt arbeiten? Oft sind die Kinder krank und die Mutter kann ihrem Beruf kaum gerecht werden und ihn ausüben. Nicht selten bekommt eine Mutter dann zu hören: „Sie sind zu unzuverlässig, da suchen wir uns jemand anderes." Aber solche Schuldzuweisungen sind unberechtigt und unüberlegt. Sollen wir die Mütter und Väter hungern lassen und bestrafen? Sollen die Kinder unter einer solchen Situation leiden müssen? Nehmen wir die Kinder etwa in Sippenhaft?

Die ist Gott sei Dank abgeschafft. Aber gerne wollen wir an dieser Stelle noch einmal deutlich machen, dass die Kinder nichts, aber auch gar nichts für die miese finanzielle Situation ihrer Eltern können. Sie können auch nichts für die möglicherweise fehlende Schulausbildung ihrer Eltern, müssen aber bei uns in Deutschland mit den sich daraus ergebenden Konsequenzen leben. Auch das ist ein Verbrechen an diesen Kindern.

Täglich kommen in unsere Einrichtungen bis zu 7000 Kinder und Jugendliche. Fast alle dieser jungen Menschen leiden durch ihre familiäre Situation. *Eine Schande, die mir die Tränen in die Augen treibt.*

In Deutschland leben 4,5 Millionen Kinder – oder sind es sogar 8 Millionen (unsere Familienministerin spricht wie gesagt ja von ca. 5,6 Millionen betroffenen Familien)? – in oder in der Nähe von Armut. Viele dieser Kinder haben, anders als die Arche-Kids, keine Anlaufstellen und keine Erwachsenen, die sich, ohne eigene Absichten zu verfolgen, um sie kümmern. Sie müssen selbst sehen, wie sie klarkommen. Aber was ist die Konsequenz daraus? Rund 50 000 Jugendliche, alleingelassen durch unsere Gesellschaft, gehen jährlich ohne einen Abschluss von der Schule. Die meisten von ihnen erhalten keinen Ausbildungsplatz. Warum aber darf ein junger Mensch beispielsweise nicht als Schreiner arbeiten, wenn er in Biologie und Englisch eine schlechte Note hat? *Auch das ist, nicht nur unserer Meinung nach, ein Verbrechen an der jungen Generation.*

Was ist die Folge? Diese verlorene Generation muss, wie schon ihre Eltern, von Transferleistungen leben. Diese bezahlen dann wieder die Gesellschaft. Ist das nicht krank?

Parallel schreien wir nach Arbeitskräften aus dem Ausland, denn unsere eigenen Kinder sitzen ja unausgebildet, bildungsfern in ihren Wohnungen und langweilen sich. Manchmal kommen sie auch auf schlechte Gedanken und werden kriminell. Denn wenn man jung ist, braucht man Geld. Für die ausländischen

Arbeitnehmerinnen und Arbeitnehmer sind keine Wohnungen vorhanden, rund 600 000 Wohnungen fehlen schon jetzt in Deutschland, Tendenz steigend. Es gibt darüber hinaus für deren Kinder keine Kita- und Schulplätze, es fehlen Kinderärzte und andere Mediziner, es ist also alles eine große Blase und Lüge. *Auch Lügen sind zumindest ein Vergehen.*

Und natürlich muss man das Ganze noch viel weiter denken: Sozial benachteiligte Menschen sterben in unserem Land deutlich früher als wohlhabende. Männer mit niedrigem Einkommen haben eine um zehn Jahre geringere Lebenserwartung als gut verdienende. Bei Frauen liegt der Unterschied bei fünf Jahren. Das geht aus Daten des Bundesgesundheitsministeriums hervor. *Auch das ist ein Verbrechen, ja fast so etwas wie die Todesstrafe für Geringverdiener.*

Auch einige schwere Krankheiten kommen in ärmeren Schichten häufiger vor als in den wohlhabenden. Oft erzählen uns die Mütter und Väter von Diabetes, an dem sie erkrankt sind. Etliche unserer Arche-Mütter und manchmal auch deren Kinder erkranken an Multipler Sklerose. Viele unserer Eltern und deren Kinder haben Hautkrankheiten, schlechte Zähne und sind generell deutlich krankheitsanfälliger. Wissenschaftlich erwiesen ist, dass Herzinfarkte und Diabetes in der Tat bei Menschen mit niedrigem Einkommen doppelt so häufig auftreten wie bei den Menschen, die ordentlich verdienen. Jugendliche, die aus armen Familien stammen, haben ein doppelt so hohes Risiko, an Essstörungen zu erkranken, wie ihre Altersgenossen aus wohlhabenderen Familien.

Und natürlich sammeln wir in unseren Arche-Häusern noch zahlreiche weitere eigene Erfahrungen. Dass die sozial benachteiligten und bildungsferneren Menschen häufiger erkranken und früher sterben, hängt in der Tat von ihrem persönlichen Verhalten ab. Menschen aus sozial schwächeren Schichten rauchen häufiger, das sehen wir schon. Alkoholmissbrauch ist bei den Arche-Familien eher nicht der Fall, aber er kommt natürlich vor. Wir raten den Müttern und Vätern durch unsere Familienhelferinnen und -helfer, regelmäßig zu den Vorsorgeuntersuchungen zu gehen und sich vor allem gesund zu ernähren. Wir versuchen, für und mit den Kindern gesund zu kochen, dabei Wasser zu trinken und keine Süßgetränke zu konsumieren.

Eine Erfahrung, die wir auch machen, ist, dass unsere Kinder und Eltern weniger medizinische Leistungen in Anspruch nehmen. Das liegt in erster Linie an den Zuzahlungen oder einfach an Unkenntnis. *Das alles sind Verbrechen, begangen an unzähligen Kindern und Jugendlichen in unserem Land.*

Kann ein System funktionieren, wenn nur wenige Menschen einen erheblichen Teil der Geldmenge besitzen? Bei der Hans-Böckler-Stiftung[1] kann man unter anderem nachlesen, dass in fast keinem anderen Land in Europa die Vermögen so ungleich verteilt sind wie in Deutschland. Insgesamt besitzen die wohlhabenden 10 Prozent der Haushalte etwa 60 Prozent der Nettogesamtvermögen. Die unteren 20 Prozent besitzen gar kein Vermögen. Das sind die Familien, mit denen wir in erster Linie zu tun haben.

Natürlich gibt es auch Ausnahmen. Auch Kinder aus stabilen Familien, die aber dennoch emotional vernachlässigt sind, kommen in unsere Einrichtungen. Bei ihnen zu Hause verhält es sich oft so: Beide Elternteile arbeiten und haben nur wenig Zeit für ihre Kinder.

Und die Hans-Böckler-Stiftung kommentiert ihre Ergebnisse sogar derart, dass ihre zuvor genannten Zahlen auf wohl eher konservativen Schätzungen beruhen. Das Ausmaß der Vermögensungleichheit könnte sogar noch größer sein.

Es wird unterschätzt! Dafür liefert auch eine von der Hans-Böckler-Stiftung geförderte Studie des Deutschen Instituts für

Wirtschaftsforschung Hinweise. So heißt es dort: Das reichste Prozent der Haushalte besitzt ein Drittel des Gesamtvermögens. Ist es ketzerisch, wenn wir da als Arche sagen, dass unser System so sicherlich nicht funktionieren kann?

5,6 Millionen Familien schauen also zu, wie sich die Reichen die Hummerschwänze in den Mund schieben. Da stimmt doch etwas nicht! Ist es politisch links gedacht, wenn wir sagen „Das alles ist ungerecht verteilt"? Ist das nicht auch ein Verbrechen an den abgehängten rund 40 Prozent der Deutschen? Wir meinen, schon. Wenn wir unsere Kinder stärker fördern, sie besser ausbilden, werden sie das Investment unserem System mit Sicherheit „zurückzahlen". Sie werden arbeiten, Steuern zahlen und Teil des Systems werden. Dafür gibt es unzählige Beispiele von Arche-Kindern. Von einigen der Erfolgsgeschichten werden Sie in diesem Buch lesen.

Natürlich ist nicht alles schlecht in unserem politischen System. Wir reden immer wieder über eine schon lange von der Arche geforderte Kindergrundsicherung, und die Politik hat vor allem erkannt, dass wir verstärkt an unserem Bildungssystem arbeiten müssen. Nur leider reicht auch das Bürgergeld vorne und hinten nicht, denn die Inflation frisst ihre Kinder. Wir sind schon glücklich, wenn die Medien weltweit über *Die Arche*, ihre Kinder und die Situation der benachteiligten Familien berichten. Dadurch wird der Druck auf die Politik, etwas zu ändern, erhöht.

Allerdings möchte ich als Arche-Gründer in diesem Buch um Hilfe schreien. Wir müssen mehr in die Kinder investieren, sei es mit Geld, Sachleistungen oder Zeit. Machen wir das nicht, geht rund ein Viertel der Menschen in unserer Gesellschaft kaputt – wirtschaftlich und gesundheitlich. Mit kaputt gehen auch die unzähligen Kinder, die wirklich unschuldig sind an der Situation ihrer Eltern. Wir können als Arche leider nicht allen Kindern gerecht werden.

Warum also nur müssen unsere Kinder leiden? Täglich sehen sie in den Medien, in den sozialen Netzwerken, aber auch auf den Straßen, in den Geschäften und Schulen andere Kinder, die materiell zugeschüttet werden. Das schmerzt!

Viele kennen aus der Bibel das Gleichnis vom Kamel und dem Nadelöhr. Bei Markus 10,25 heißt es zum Beispiel: „Eher geht ein Kamel durch ein Nadelöhr, als dass ein Reicher in das Reich Gottes gelangt." Es würde ein ganzes Kapitel füllen, dieses Gleichnis zu interpretieren und zu deuten. Das möchten wir vermeiden. Aber es ist doch unmenschlich, wenn einige fast alles besitzen und die anderen nahezu nichts.

Macht es der Gesellschaft und der Politik Spaß, den Kindern beim Hungern zuzuschauen? Wir können uns das nicht wirklich vorstellen. Aber es ist leider gelebte Realität. *Auch das ist unserer Meinung nach ein Verbrechen.*

Wenn die Politik nichts ändert, geht unsere Gesellschaft kaputt. Beispiele aus den Archen kennen wir genug, darüber berichten wir auch in diesem Buch. Die Politik begeht Verbrechen an unseren Kindern. Nur wir als Gesellschaft können den notwendigen Druck aufbauen, um das zu ändern. Warum fangen wir damit nicht heute schon an? Dafür brauchen wir Menschen, mitfühlende Menschen, die mit uns gemeinsam anpacken und helfen. Viele haben das schon getan, es sind aber noch nicht genug. Wir müssen weitere Vergehen – ja nennen wir sie Verbrechen – verhindern. Unsere Kinder sind es wert.

Die Geschichte von Max

Als wir uns das erste Mal begegneten, war Max gerade mal zehn Jahre alt. Obwohl noch so jung, machte er bereits den Eindruck, als wenn ihn die geballte Macht des Lebens überrollt hätte. Er sah todmüde aus, seine Augen blickten starr, seine Haare standen ungepflegt vom Kopf ab, das Gesicht war bleich und es schien, als wenn er bereits Falten hätte.

Auch war der kleine Rotschopf nicht der niedliche Junge von nebenan. Max hatte etwas von einem wilden Löwen, sein Wesen war keineswegs friedlich und liebevoll. Meist trug er ein dunkles Basecap, das er bis über seine Augenbrauen zog, sodass er noch finsterer wirkte. Das war auch die Absicht des Jungen. Er wollte aggressiv, stark, mutig und männlich wirken und nicht kindlich. Sein Motto hieß: „Komm mir nicht zu nahe, sonst haue ich dir in die Fresse." Und diesen Worten hatte er schon häufig Taten folgen lassen. Des Öfteren beschimpfte und beleidigte er unschuldige Altersgenossen, einfach so. Er trat mit Händen und Füßen um sich. Ihm war völlig egal, was das für Folgen hatte.

Gewalt hatte Max bereits als Kleinkind erleben müssen. Sein eigener Vater schlug nicht nur ihn, sondern auch seine Mutter, die irgendwann den Kampf aufgab und einfach alles nur noch erduldete. Später zog der Vater aus. Max und seine Mutter befanden sich in einem erbärmlichen Zustand. Zwei seelische Wracks, denen es schwerfiel, wieder auf die Beine zu kommen.

Bald schon lernte die Mutter einen neuen Mann kennen. Dieser war nicht weniger aggressiv als ihr vorheriger Partner. Doch dies hinderte sie nicht daran, mit ihm noch ein weiteres Kind in die Welt zu setzen.

Max war fünf Jahre alt, als seine Schwester geboren wurde. Richtig freuen konnte er sich darüber nicht. Nur widerwillig ließ er das kleine Geschöpf in sein Zimmer einziehen. Er empfand sein Leben als eine einzige Katastrophe.

Eines Tages stand Max jedenfalls in der Arche. Ob ihn mittags der Hunger in unsere Einrichtung getrieben hatte oder die Furcht, nach Hause zu gehen, war uns anfangs nicht klar. Nur, dass er bei uns in der Arche einen Ort fand, an dem er seine Schwester mal für einen kurzen Moment loswerden und die Verantwortung für sie ablegen konnte.

Max fiel mit seiner ruppigen Art direkt auf. Die anderen Kinder, die jeden Tag die Arche besuchten, waren nicht begeistert. „Muss der unbedingt in die Arche kommen?", hörten wir sie fragen.

Wir begegneten uns auf dem Flur. Ich begrüßte Max und auch seine Schwester. Höflichkeit und Respekt waren ihm fremd. Er war schroff und vorlaut. Mich störte es nicht, da ich selbst meine Kindheit auf der Straße verbracht hatte und durch meine Arbeit mittlerweile den Umgang mit verhaltenskreativen Jugendlichen gewohnt war.

Ich zeigte den beiden neuen Besuchern unsere Räumlichkeiten, stellte ihnen die Mitarbeitenden vor und ging anschließend mit ihnen in unseren Speiseraum.

„Habt ihr Hunger?", fragte ich freundlich.

Beide antworteten wie im Chor: „Immer!"

Mein neuer Freund hatte tatsächlich Hunger. Viel Hunger, denn er holte sich mehrmals Nudeln mit Sauce bolognese nach. Auch den Nachttisch ließen die beiden nicht aus. Das war unsere erste Begegnung und weitere folgten.

In den nächsten Wochen führte ich häufig Gespräche mit dem Pädagogenteam, denn Max schoss immer wieder übers Ziel hinaus. Sein Verhalten war respektlos, besonders den anderen Kindern, aber auch den Mitarbeitenden gegenüber. Er behandelte sie schlecht und akzeptierte keine Grenzen. Max konnte nicht mit Menschen umgehen. Es gelang ihm nicht, sich zu benehmen und seine derbe Wortwahl zurückzuhalten. Jedes Aneinandergeraten war für ihn eine starke Herausforderung, die immer eine hohe Aggressivität zur Folge hatte.

Eines Tages kam es, wie es kommen musste. Von einem Mitarbeiter bekam Max die Rote Karte gezeigt – eine unserer Maßnahmen, die besagt, dass das Kind für einen Tag die Arche verlassen und nach Hause gehen muss. Eine klare Konsequenz für ein Verhalten, das in der Arche nicht geduldet werden kann. Durch das Zeigen der Gelben Karte im Vorfeld wird das Kind in der Regel bereits ermahnt.

Wutentbrannt stürzte Max daraufhin in mein Büro. Es war ihm egal, mit wem oder was ich gerade beschäftigt war. Er kochte innerlich – sein Kopf war rot angelaufen – und fluchte wie ein Rohrspatz: „Ich bin rausgeflogen! Was soll der Scheiß, ihr Arschlöcher?"

Mit dieser Konsequenz hatte er überhaupt nicht gerechnet. Max war traurig und enttäuscht. Wut stieg in ihm hoch, doch weinen konnte er nicht. Wenig später gelang es mir, ihn zu beruhigen und ihm auch zu erklären, warum ein Hausverbot erteilt worden war. Ich sprach von einem respektvollen Umgang miteinander, von Regeln, die ein friedvolles Zusammenleben garantieren. Ich machte ihm deutlich, dass er nun die Möglichkeit hatte, über sein Verhalten nachzudenken.

Sehr wohl ist mir bewusst, dass sich dieses kurzzeitige „Arche-Verbot" für die Kinder wie ein Ausschluss aus der eigenen Familie anfühlt. Denn die Arche wird von vielen als Familie empfunden, in der man sich wohlfühlt. Die kleinen Besucher lieben ihre Arche, denn sie erleben dort mehr als ein pädagogisches Programm und Betreuung. Sie erfahren in der Arche Wertschätzung, Beziehung, Förderung und Liebe. Und die Menschen, die bereits seit vielen Jahren in unserem christlichen Kinder- und Jugendwerk arbeiten, sei es ehrenamtlich oder hauptamtlich, sind mit jedem einzelnen Schicksal vertraut und tragen immer zur Lösung der zahlreichen Probleme bei.

Fairness ist ein wichtiger Aspekt, wenn man über Regeln und ihre Umsetzung spricht, auch hierauf machte ich Max in unserem Gespräch aufmerksam.

„Du bist immer willkommen. Wir freuen uns, wenn du da bist. Wir sind für dich da, glauben an dich und unterstützen dich in allen Bereichen." Das waren meine Worte in dieser Situation. „Nur heute bist du über das Ziel hinausgeschossen, deshalb musst du leider gehen. Morgen ist ein neuer Tag. Vergeben, vergessen und eine neue Chance."

Max war nicht glücklich und versuchte sich mit Händen und Füßen gegen jeden Satz, den ich sprach, zu sperren. Aber am späten Nachmittag ging er nach Hause, zwei Stunden bevor die Arche an diesem Tag schloss. Nun konnte er nachdenken und meine Worte wirken lassen.

Natürlich hat diese Maßnahme nicht dazu beigetragen, das Verhalten dieses Jungen zu verändern. In den nächsten Wochen, Monaten und sogar Jahren wurde unser Team durch Max und seine Aggressionen immer wieder herausgefordert. Doch etwas ist bei ihm hängen geblieben: Nie wieder wollte er aus dieser Gemeinschaft ausgeschlossen werden, nicht mal für zwei Stunden. Er ließ eine Gelbe Karte als Verwarnung noch zu, aber sorgte dann dafür, dass es nie wieder so weit eskalierte, dass unsererseits die Rote Karte erfolgen musste.

Der Mensch ändert sich nicht über Nacht und eingeprägte Denkmuster beeinflussen sein Tun. Auch wenn Max oft aus dem Schulunterricht flog, auf der Straße seine Grenzen überschritt und somit seine Mutter fast an den Rand des Wahnsinns trieb, verhielt er sich in der Arche doch recht handsam. Wir beide verstanden uns richtig gut, selbst bei Ausflügen wich er kaum von meiner Seite. Kein Wunder, denn wir rauften uns auch das ein oder andere Mal. Es gefiel Max, dass auch ich freche Sprüche wie aus dem Effeff beherrschte.

Wenn wir gemeinsam unterwegs waren, fühlte er sich wertgeschätzt und konnte diese Zeit richtig genießen. War er dann mal erschöpft, lehnte er sich an mich und ruhte förmlich in sich. Ich gönnte ihm diese von Freude, Liebe und Leichtigkeit geprägten Augenblicke, doch der Alltag des Jungen sah alles andere als rosig aus ...

Aufgrund seines schwierigen Verhaltens und der Überforderung damit suchte Max' Mutter die Hilfe des Jugendamtes. Es folgte die Aufnahme in eine Tagesgruppe, in der Max nach der Schule psychologisch und therapeutisch betreut wurde. In Gesprächen und Spielen versuchten die Fachleute dieser Einrichtung, das Verhalten von Max zu analysieren und Veränderungen herbeizuführen. Durch diese spezielle Förderung sollte die Mutter beziehungsweise die Familie gestärkt werden.

Max war mittlerweile zwölf Jahre alt. Allerdings bedeutete es auch, dass Max nicht mehr die Arche besuchen konnte. Nun stand nach der Schule der Besuch der Tagesgruppe auf seinem Plan. Auch das Mittagessen stand dort für ihn bereit, denn er sollte sich wohlfühlen und somit Fortschritte erreichen.

Max hielt bekanntlich wenig von Vorschriften und Druck. Ihm war die Sache mit der Tagesgruppe nicht recht. In der Arche hatte er schließlich das, was seinem Leben, wenigstens für ein paar Stunden, Halt gab. So kam er dennoch jeden Tag nach der Schule kurz bei mir vorbei. Er begrüßte mich, holte seine Umarmung ab, erzählte kurz aus der Schule und ließ nicht selten Frust ab. Es wurde zum Ritual. Ich konnte mittags darauf warten, dass es an meiner Bürotür klopfte und der rothaarige Sturkopf davorstand.

Ein paar Wochen später rief mich die betreuende Psychologin an und bat mich um einen Termin. Es war eher ein Herbeizitieren als eine Bitte. Da sie kurzfristig mit mir über Max sprechen müsse, folgte ein Termin für ein Treffen in ihrem Büro.

Ohne zu ahnen, was wieder mit meinem kleinen Freund los war, nahm ich diesen Termin wahr.

„Sie behindern unsere Arbeit", begrüßte mich die etwa fünfzigjährige Dame. Sie saß mit ihrer Kollegin in einem kleinen Büro.

„Wir wollen Max helfen und ihm Struktur beibringen. Wir möchten, dass seine Entwicklung vorangeht", sprudelte es aus ihr heraus.

Ich war ein wenig perplex, denn das war auch mein Ziel. Ich freute mich sogar, dass Max professionelle Hilfe erhielt und so vielleicht schnellere Erfolge verzeichnet werden konnten, als es in der Arche möglich gewesen wäre. Ich verstand in dem Moment also nicht, was die Dame wollte.

Die Psychologin redete noch eine Weile weiter, bis ich sie freundlich unterbrach: „Was ist unser Fehler? Wir wollen doch, dass Max bei Ihnen Hilfe bekommt. Was werfen Sie uns denn vor?"

Mit deutlichen Worten erklärten mir die beiden Frauen, dass es doch nicht sein könne, dass der Zwölfjährige jeden Tag nach der Schule zuerst in die Arche gehe und dadurch regelmäßig dreißig Minuten zu spät in seiner Gruppe eintreffe. Er sei Besucher der Tagesgruppe und habe sich von der Arche fernzuhalten.

Ich war immer noch verwirrt und erklärte, dass Max natürlich nicht von uns aufgefordert werde, in die Arche zu kommen. Ich schilderte den Frauen detailliert, wie Max mittags in meinem Büro auftauchte, wie er mich begrüßte, seinen Frust und seine Freude loswerden wollte und anschließend in seine Tagesgruppe ging. Den beiden Damen war nicht bewusst, wie sehr dieses Ritual für Max von Bedeutung war. Er besuchte seinen „Zufluchtsort", weil er hier Vertrauen gefasst hatte.

Die Psychologin war erstaunt und erkannte, wie wichtig dieser kleine Umweg für dieses herausfordernde Kind war. Ihre anfängliche Verärgerung ebbte ab und die Unterhaltung bewegte sich von da an in anderen Bahnen. Schließlich kannte ich Max besser als das derzeitige Fachpersonal an seiner Seite.

Am nächsten Tag um die Mittagszeit klopfte es wieder an meiner Bürotür. Max war dieses Ritual immens wichtig und so wurde der tägliche Besuch Teil seiner Therapie.

Einige Monate später veränderte sich das Leben von Max und seiner Familie. Sie zogen in einen anderen Berliner Bezirk, in eine neue Wohnung. Die Mutter trennte sich von ihrem Partner, der dann aber trotzdem noch häufig bei ihnen zu Hause abhing. Für die Entwicklung von Max war das nicht förderlich. Nun lebte er in einer Gegend, die weder einen Besuch in der Arche noch in der Tagesgruppe ermöglichte. Die vertrauten Personen konnten ihm keinen Halt mehr geben und für ihn stand der Besuch in einer anderen Schule an. Keine leichte Herausforderung für den Jungen – zumal er kein Geld für ein Nahverkehrsticket, kein Fahrrad und somit keine Möglichkeit hatte, sich innerhalb von Berlin zu bewegen.

Wir sahen Max und seine Schwester nur noch selten. Eine Gelegenheit ergab sich einmal im Monat, wenn wir die uns bekannten Familien mit Lebensmitteln versorgten. Auch besuchte Max gemeinsam mit seiner Mutter und Schwester unser alljährliches Sommerfest. Und manchmal rief Max mich an, aber das kam nur selten vor.

Wir wissen: Ändert sich der Freundeskreis, ändert sich das Leben. Und ändert sich der Alltag, ändert sich das Verhalten. So fiel Max als Teenager viel zu schnell in alte Verhaltensmuster zurück. Wir erfuhren, dass kaum ein Tag verging, an dem er nicht in Schlägereien verwickelt war. Rechtsradikale Parolen, die er irgendwo aufschnappte und dann lauthals in der Öffentlichkeit von sich gab, führten sogar zu der ein oder anderen polizeilichen Anzeige.

Seine Lehrkräfte, die Mutter und sein Umfeld waren wieder einmal überfordert mit dem Kerl, der immer kräftiger wurde. Kaum jemand traute sich noch an ihn heran. Und niemand wählte mehr den Weg zum Jugendamt, um Hilfe in Anspruch zu nehmen. Max war mehr unterwegs als zu Hause. Und er war unglaublich traurig, denn der Kontakt zur Arche schien abgebrochen zu sein.

Ich habe das Gefühl, dass es Max nicht nur an Liebe fehlte. Es fehlte ihm auch ein gutes Vorbild an seiner Seite. Doch leider gab es in seiner Teenagerzeit diesen Menschen nicht. Stattdessen wurde sein Leben nur noch von Problemen begleitet, die immer größer und auswegloser schienen.

Eines Tages erhielt ich einen Anruf: „Max kommt ins Gefängnis!", sagte eine Mädchenstimme am Telefon. „Ich bin Celine, die Schwester von Max, kennst du mich noch, Bernd?"

„Ja klar, ich kenne dich noch!", lautete meine Antwort. Sofort erinnerte ich mich an dieses kleine aufgeweckte Mädchen. Jetzt, in diesem Moment, klang Celine aber verzweifelt. Wir telefonierten eine ganze Weile miteinander, denn natürlich wollte ich herausfinden, warum Max jetzt ins Gefängnis musste.

„Er hat Mamas Freund zusammengeschlagen, extrem brutal!", war ihre Antwort.

Der Freund der Mutter war ein großer, kräftiger Mann, einem starken Wikinger gleich. Es musste schon eine große Wut in Max vorgeherrscht haben, um diesen Mann niederzustrecken. Aber warum? Warum prügelt ein mittlerweile 17-Jähriger den Freund der Mutter krankenhausreif?, fragte ich mich.

Celine wollte nicht direkt raus mit der Sprache. Etwas schien ihr unangenehm zu sein. Ich musste etwas auf ihre Antwort warten.

Dann sagte sie: „Ich habe Max erzählt, dass Mamas Freund mich einige Male vergewaltigt hat." Sie weinte und war am Ende ihrer Kräfte. Ich hörte ihr Herz durch das Telefon schlagen oder, besser gesagt, wild rasen. Die Probleme der kleinen Familie nahmen kein Ende.

Aufgrund seiner zahlreichen vorigen Anzeigen wegen Körperverletzung, Volksverhetzung und anderer Delikte wurde Max nun in diesem Fall zu drei Jahren Jugendstrafe verurteilt. Ein Schock für Celine, die nun für viele Jahre ihre Bezugsperson verlor – den Bruder, der mit ihr das Leid geteilt, sie beschützt und sicher oft genug getröstet hatte.

Es war furchtbar. Diese Kinder hatten keine Chance. Das Leben zeigte sich von der harten Seite. Sie erlebten Gewalt und Missbilligung, keinen Trost oder gar Liebe. In den wenigen Jahren in der Arche und der Tagesgruppe vermochten sie kurz ein Licht in der Dunkelheit zu sehen. Doch falsche Beziehungen und vor allem falsche Entscheidungen ließen das Licht immer wieder verblassen. Als Pastor kann ich viel von der Liebe Gottes erzählen, doch hier schien alles der Hölle zu gleichen.

Wieder ist die Familie dann weggezogen, nur dieses Mal wusste niemand von uns in der Arche, wohin. Es bestand kein Kontakt mehr. Ich wusste auch nicht, in welchem Jugendgefängnis Max seine Strafe absitzen musste. Es gab kein Lebenszeichen.

*

„Gestern hat ein junger Mann nach dir gefragt", sagte eines Tages meine Mitarbeiterin. „Er kommt heute Nachmittag noch mal vorbei. Er wollte seinen Namen nicht nennen, aber sagte, dass er dich kennt. Er sah düster aus!"

Nun, ich kenne viele Menschen und auch viele, die düster aussehen. Auch mein eigenes Leben hat sich oft am Rand von Gut und Böse bewegt. Und auch als Christ bin ich häufig dahin gegangen, wo andere Kirchgänger sich nicht hingetraut haben. Deshalb beunruhigt es mich bis heute nicht, wenn scheinbar harte Jungs ihren Besuch ankündigen. Ich war gespannt.

Als es klopfte und die Tür sich öffnete, war es wie viele Jahre zuvor: ein vertrautes Klopfen und ein vertrautes, düster wirkendes Gesicht, dem aber innerhalb von Sekunden ein Strahlen entwich. Max stand vor mir. Der kräftige junge Mann fiel mir um den Hals wie ein Sohn, der seinen Vater jahrelang nicht gesehen hatte.

„Kennst du mich noch?", war seine erste Frage.

„Was ein Unsinn, klar kenne ich dich, Max! Du hast dich nicht verändert", erwiderte ich mit einem Lächeln.

Max war wieder da. Nach den Jahren im Gefängnis hatte er eine Menge zu erzählen. Wegen schwerer Körperverletzung hatte er drei Jahre abgesessen, während der Peiniger seiner Schwester mit einer Bewährungsstrafe aus der Sache rausgegangen war. Max erzählte mir dann von seinen Erfahrungen im Knast, die ihn glücklicherweise nicht härter gemacht hatten. Oft habe er an die Arche zurückgedacht, an diese besondere Zeit, an Regeln, an Hoffnung, an Annahme und Verständnis und an Liebe. Es sei für ihn die einzige Zeit gewesen, in der er das Gefühl gehabt habe, wirklich zu leben – und deshalb sei er heute hier. Mittlerweile habe er einen Job auf dem Bau, erzählte er weiter, und die Arbeit mache ihm viel Spaß. Auch habe er eine Freundin, deren Eltern ihn unvoreingenommen aufgenommen hätten wie einen eigenen Sohn. Familie, die er nun ganz anders erleben dürfe. Und ein gemeinsames Kind, sagte er stolz, mache seine kleine Familie komplett.

Nach dem sehr emotionalen Wiedersehen und Austausch holte Max noch einen kleinen Karton hervor, gefüllt mit Babysachen. Mit der Kleidung, aus dem sein Kind bereits herausgewachsen war, wolle er anderen in der Arche eine Freude machen.

Max war gekommen, um sich zu bedanken. Er wollte etwas zurückgeben. Er war nach Hause gekommen, an den Ort, an dem man ihn so angenommen hatte, wie er damals gewesen war. An einen Ort, wo es Menschen gab, die ihn nicht verurteilt, sondern unterstützt hatten. Und zum ersten Mal sah ich da in seinen Augen Hoffnung, Glück und Freude, auch wenn das Düstere seinen Gesichtsausdruck geprägt hatte.

Max ist einer von vielen jungen Menschen, die es in unserer heutigen Zeit sehr schwer haben, weil es kaum Vertrauenspersonen gibt, die sie auffangen und nachhaltig begleiten. Sie alle haben eine Chance verdient und nicht ein Dienstleistungssystem, in der Betreuung größer geschrieben wird als Beziehung.

Übrigens: Mein kleiner großer Freund ruft mich hin und wieder an, um wie früher seinen Frust und seine Begeisterung zu teilen. Es tut uns beiden gut.

2.

Verbrechen von Kindern an Kindern

Die Kriminalstatistik[2] kann einen beunruhigen: Sie weist für das Jahr 2022 einen eklatanten Zuwachs tatverdächtiger Kinder von gut einem Drittel gegenüber den Vorjahren aus. Jährlich sitzen etwa 93 000 Kinder auf der Anklagebank, fast ein Drittel von ihnen besitzt keinen deutschen Pass. Bei den Jugendlichen kletterte die Zahl um mehr als 20 Prozent auf rund 190 000, etwa ein Viertel von ihnen sind Ausländer.

Bei Diebstahlsdelikten registrierte das Bundeskriminalamt einen Anstieg um rund 60 Prozent, bei der Gewaltkriminalität eine Zunahme um 41 Prozent. Das sind erschreckende Zahlen. Zuletzt wurden 2009 ähnlich hohe Werte registriert.

Wir haben viele Fachleute dazu befragt. Keiner kann uns sagen, woran das liegt. Aber in unseren Arche-Häusern machen wir fast identische Erfahrungen. Wir glauben, dass zu enge Wohnverhältnisse, Stress in der Familie und auch Gewalterfahrungen in der Kindheit Schuld daran haben. Diese Risikofaktoren haben in den letzten Jahren massiv zugenommen. Das liegt zum Beispiel an der Coronapandemie, der Inflation und an dem Krieg in der Ukraine. Und der im Verhältnis hohe Anteil ausländischer jugendlicher Straftäter ist teils auf Gewalterfahrungen während der Flucht und ihre Traumatisierungen zurückzuführen.

Viele der jungen Kriminellen kommen aus der Ukraine, aber auch aus Nordafrika, dem Balkan, der Türkei, Tschetschenien oder aus Krisenregionen des arabischen Raums. Oft genug stehen Jugendbehörden und Justiz jugendlichen Intensivtätern hilflos gegenüber.

Ein Beispiel ist hier Paul, der schon als kleines Kind regelmäßig eine Arche in Berlin besuchte. Er wuchs zusammen mit mehreren Geschwistern in einer Berliner Plattenbausiedlung auf. Sein Vater ist unbekannt und seine Mutter alleinerziehend mit immer mal wieder neuen Partnern. Zuletzt war sie mit einem Mann zusammen, der wegen einiger Gewalttaten mehrere Jahre im Gefängnis gesessen hatte. Dieser Mann war natürlich kein gutes Beispiel für den jungen Paul, der sich in der Schule einigermaßen wacker schlug. Seine Leistungen waren ordentlich und er schaffte den mittleren Schulabschluss. Doch dann geriet er auf die schiefe Bahn.

Sein Stiefvater überredete ihn immer wieder, mit ihm zusammen Einbrüche zu begehen. Zuerst widersetzte sich Paul den Überredungskünsten, aber nach einigen Monaten, so erzählte er uns später, gab er auf und begann zusammen mit dem Mann seiner Mutter einen Diebeszug durch den Stadtteil, in dem er wohnte. Das ging einige Monate gut. Sie verkauften die gemeinsame Beute für einen Bruchteil ihres Werts an einen Hehler, einen Freund des Vaters.

Nach einem knappen Jahr wurde Paul dann aber bei einem seiner Einbrüche auf frischer Tat erwischt und zu einer Bewährungsstrafe verurteilt. Wenig später kam es für den jungen Mann knüppeldick. Im Drogenrausch brach er in einen Schnellimbiss ein und entwendete von dort neben einigen Euros auch ein Messer. Später traf er in unmittelbarer Nähe zu seiner elterlichen Wohnung auf einen älteren Mann, von dem er sich belästigt fühlte. Mit dem erbeuteten Messer stach er mehrmals auf den Mann ein und verletzte ihn schwer. Noch am Tatort wurde

Paul festgenommen und musste für knapp drei Jahre ins Jugendgefängnis.

Das traf ihn schwer. Ihm selbst war damals klar, dass eine Strafe für eine so brutale Tat sein muss. In Berlin erfolgt diese aber nicht auf dem Fuße. Fast ein Dreivierteljahr musste Paul auf seine Gerichtsverhandlung warten. In dieser Zeit war er aber bereits ein anderer Mensch geworden, denn er hatte sich täglich mit einem Arche-Mitarbeiter getroffen, der ihm auch dabei half, seine Haltung und Einstellung zu verändern und ein besserer Mensch zu werden.

Wer noch nicht volljährig ist und eine Straftat begeht, für den gelten zunächst andere Regeln als für Erwachsene. Bei der Ahndung von Pauls Straftat stellte sich nun die Frage, ob Paul schuldfähig war. Es ging also um die Fähigkeit, das Unrecht der Tat einzusehen und hierfür auch die Verantwortung zu übernehmen. Bei ihm war das wohl der Fall, er musste die Strafe voll absitzen. Auch wurde Paul von der Berliner Polizei als Intensivtäter eingestuft – und das soll in einer Stadt wie Berlin was heißen.

Heute ist Paul 23 Jahre alt, Vater eines kleinen Jungen und lebt mit seiner Freundin am Rand von Berlin. Er arbeitet inzwischen in der Arche mit und erzählt den jungen Menschen dort, welche Fehler sie besser nicht machen sollten. Die Jugendlichen hören ihm zu und nehmen seine Ratschläge auch an. Paul möchte später eine Ausbildung als Erzieher anfangen. Aufgrund seiner „Altlasten", seiner Vorstrafen, ist das aber für ihn nicht einfach.

Delinquentem Verhalten von Kindern und Jugendlichen zu begegnen, ist die Aufgabe der gesamten Gesellschaft. Wir sind uns sicher alle einig, dass wirksame erzieherische Effekte insbesondere durch eine schnelle und angemessene Reaktion auf die Tat sowie eine zeitnahe Konsequenz erreicht werden können. Vieles davon war aber bei Paul nicht der Fall. Zunächst musste er lange auf einen Prozess warten. In der Zwischenzeit kümmerte sich seitens der Behörden aber niemand um ihn. Das war der erste Fehler.

Der zweite Fehler war: Das Gericht entschied, dass Paul für die Gerichtskosten aufkommen und seinem Opfer Schadenersatz zahlen muss. Viele Leserinnen und Leser dieser Zeilen werden da bestimmt sagen: „Das ist doch nur gerecht, dafür muss er schließlich aufkommen." Aber viele jugendliche Straftäter werden so wieder kriminell. Sie sehen einen Schuldenberg vor sich und erkennen, dass sie diesen unter Umständen ein Leben lang abbezahlen müssen. Und viele ziehen daraus den Schluss: „Dann gehe ich lieber erst gar nicht arbeiten und lebe von der Sozialhilfe." Diesen Satz haben unsere Mitarbeiterinnen und Mitarbeiter schon oft gehört.

Eine Strafe für ein Verbrechen auszusprechen ist wichtig, aber bei jungen Menschen sollte immer die Wiedereingliederung in die Gesellschaft im Vordergrund stehen. Die Strafe für eine nachgewiesene Straftat muss sehr schnell, innerhalb weniger Tage, vom Gericht ausgesprochen werden. Doch eine zusätzliche Geldstrafe bewirkt bei vielen Jugendlichen das Gegenteil von Besserung. Sie wissen, dass sie diese Geldstrafe über viele Jahre abbezahlen müssen, und entscheiden sich weiter für einen kriminellen Weg. Die Mehrheit der jugendlichen Straftäter geht so unserer zukünftigen Gesellschaft verloren, was sehr bedauerlich ist.

Paul hat uns kürzlich seinen persönlichen Ratenplan gezeigt. Bei einem durchschnittlichen Gehalt muss er die verhängte Geldstrafe über 15 Jahre abbezahlen, bis die gesamte Schuld inklusive aller Zinsen beglichen ist. Hoffentlich hält er das durch …

Vor besonderen Herausforderungen steht die deutsche Justiz bei Jugendlichen, die mehrfach rückfällig werden. Für sie müssen kreative, aber dennoch wirksame Lösungen gefunden werden. Denn diese jungen Menschen müssen durch enge sozialpädagogische Betreuung stabilisiert und durch einen strukturierten Alltag und gegebenenfalls unterstützende Therapie an ein straffreies Leben in Freiheit herangeführt werden. Wir sehen darin die einzige Möglichkeit, die gesamte Gesellschaft nachhaltig vor zu vielen Straftaten durch jugendliche Wiederholungstäter zu schützen.

Natürlich wissen wir, dass dieser Ansatz in der Öffentlichkeit kontrovers diskutiert wird. Aber ohne an dieser Stelle einen Kostenvergleich zwischen Platzierungen in der Psychiatrie oder im geschlossenen Vollzug anstellen zu wollen, sollten wir uns alle vor Augen halten, welche Folgekosten entstehen, wenn diese Bemühungen wegfallen und neue Straftaten begangen werden. Wir müssen uns als Gesellschaft entscheiden, welche Bedeutung wir dem Leitsatz *„Vorbeugen ist besser als heilen"* beimessen. Denn wir müssen immer die Zukunft aller Kinder und Jugendlichen im Auge behalten. Ein Gefängnisaufenthalt muss und darf immer nur die letzte aller Möglichkeiten sein. Denn wenn wir junge Menschen wegsperren, sollte uns das bewusst machen, dass wir als Gesellschaft manchmal schon viel früher versagt haben.

Solch ein Platz im Gefängnis kostet Geld. In Nordrhein-Westfalen zum Beispiel knapp 180 Euro pro Tag. Doch damit ist das Ende der Kosten längst nicht erreicht. Denn ein Gefängnisaufenthalt hat meist katastrophale Folgekosten, die sich allerdings auf verschiedene Papiere verteilen. Werden die Jugendlichen nämlich aus dem Gefängnis entlassen, finden sie meist keinen Arbeitsplatz. Auch hier lohnt es sich zu rechnen. Die gesamten fiskalischen Kosten der Arbeitslosigkeit setzen sich zusammen aus Versicherungsleistungen, Sozialleistungen – beides nennt man Transferleistungen – sowie entgangenen Steuereinnahmen und Sozialversicherungsbeiträgen. Wir haben als Arche errechnet, dass jeder nicht arbeitende Bürger das Sozialsystem mit über 20 000 Euro pro Jahr belastet. Allein diese Zahl spricht Bände. Und sie fordert uns zum Handeln auf: Wir müssen um jedes Kind, um jeden Jugendlichen kämpfen, egal in welchen Familien sie leben. Das sollte unser Anspruch in Deutschland sein, aus moralischen und, ja, auch aus finanziellen Gründen. Denn wir brauchen jedes Kind! Sonst kollabiert in wenigen Jahren unser Sozialsystem.

„Wir müssen um jedes Kind, um jeden Jugendlichen kämpfen, egal in welchen Familien sie leben. Sonst kollabiert in wenigen Jahren unser Sozialsystem."

Bernd Siggelkow

3.

Ein Verbrechen an unseren Schülern

In Deutschland wird immer mehr auf dem Rücken von Kindern ausgetragen. Damit haben wir tagtäglich in den Arche-Häusern zu tun. Hin und wieder kommt es aber auch vor, dass einem selbst an einem ganz gewöhnlichen Arbeitstag manche Versäumnisse der Politik ad hoc zu Hause deutlich werden. So auch mir (Bernd Siggelkow). Die folgende Situation illustriert recht deutlich, was Kinder heute, im wahrsten Sinne Wortes, alles zu tragen haben:

Den ganzen Vormittag hatte ich bereits am Computer verbracht, eine Videokonferenz folgte der nächsten. Die Coronazeit hat insgesamt viel Leid und enorme Spätfolgen mit sich gebracht. Viele Menschen sind vereinsamt, viele Kinder auf der Strecke geblieben, doch das Homeoffice hat in dieser Zeit seinen Siegeszug angetreten. Viele meiner Mitarbeiterinnen und Mitarbeiter wie auch ich erledigen nun etliche Aufgaben von zu Hause aus. Diese Arbeitsweise macht uns flexibler und reaktionsschneller. Und da der tägliche Arbeitsweg wegfällt, ergibt sich damit etwas mehr Freizeit.

Ich persönlich habe gelernt, das Homeoffice zu schätzen, da ich in dieser Zeit in der Regel effektiver und vor allem ruhiger arbeiten kann. In meinem Büro in der Arche-Zentrale herrscht meist das pralle Leben. Und wenn „Papa Bernd" im Haus ist, werde ich natürlich von vielen mit Anliegen aufgesucht, so bleibt dann manche von mir geplante Arbeit liegen. An diesem Morgen aber konnte ich wie abgemacht per Videokonferenz mit Mitarbeitenden von Standorten außerhalb Berlins sprechen. Ich hörte mir ihre Sorgen an und nahm interessante Gedanken auf. Zwischendurch beantwortete ich ein paar E-Mails und holte mir einen Kaffee aus der Küche nebenan.

Besonders angenehm empfinde ich es, wenn auch meine Frau Linda zur gleichen Zeit im Homeoffice arbeitet. Wir teilen uns ein Büro und können so Ideen miteinander austauschen, Arbeitsschritte zusammen durchgehen und gemeinsame Aktionen planen. Linda leitet in der Arche das Projekt „HarmonyDog" und hat ihren Schwerpunkt in der tiergestützten Arbeit mit Kindern und deren Familien – sei es in der täglichen Arbeit in unseren Einrichtungen oder als Trainerin in den Familien, wenn ein Vierbeiner eingesetzt wird, um Defizite bei einem Kind auszugleichen und Harmonie in das häusliche Umfeld zu bringen oder um Therapiehundeteams auszubilden. Sie ist das Herz dieser großartigen Arbeit, immer mit dem liebevollen Blick auf das einzelne Kind. Seit vielen Jahren arbeite auch ich in der Arche mit Hunden. So sind wir schnell ein eingespieltes Team geworden.

Auch an diesem Tag erledigte Linda ihre Büroarbeit von zu Hause aus. Mittlerweile war es schon 14 Uhr, die Zeit verging wie im Flug, als sich plötzlich der Schlüssel in der Haustür drehte. Suki kam aus der Schule. Suki ist unsere zwölfjährige Tochter, die meine Frau mit in die Ehe gebracht hat. Sie besuchte damals die sechste Klasse und es waren nur noch wenige Wochen, bis das Schuljahr zu Ende ging und ihr Schulwechsel bevorstand. Normalerweise kommt Suki gleich zu uns. Sie begrüßt uns dann freudestrahlend. Es gleicht fast schon einem Ritual, wie sie uns von ihren täglichen Erlebnissen in der Schule erzählt. Doch heute war ihr Ankommen etwas eigenartig.

Suki kam nicht ins Büro. Wir hörten nur, wie ihre Schuhe in die Ecke flogen, die Schultasche auf den Boden knallte und sie die Tür zum Wohnzimmer öffnete. Sie schnappte sich die Fernbedienung für den Fernseher, klickte willkürlich einen Sender an, warf sich auf die Couch und schrie in einem Mix aus Wut, Verzweiflung und Traurigkeit quer durch den Raum: „Das ist Körperverletzung!"

Wir rannten sofort zu unserer Tochter, denn es war ja nicht zu überhören, dass gerade etwas Ungewöhnliches passiert sein musste. Meine Frau nahm ihre Suki sofort in den Arm. Die Kleine war völlig aufgebracht. Die Wut stand ihr ins Gesicht geschrieben. „Heb mal meine Schultasche hoch!", rief sie mir entgegen. „Ich habe so Rückenschmerzen von dem schweren Ding."

Schon oft haben wir unser Entsetzen darüber zum Ausdruck gebracht, wie viele Hefte, Bücher und Materialien unser Kind – und mit ihm viele andere Kinder – täglich mit sich herumschleppen muss. Unsere Frage, ob denn nicht irgendetwas davon in der Schule bleiben könne, verneinte unsere Grundschülerin jedes Mal. Denn für die täglichen Hausaufgaben und andere Erledigungen benötige sie die Materialien. Also landete alles in ihrem Schulranzen, den sie jeden Tag auf ihrem Rücken zur Schule schleppen musste.

„Warum sind nicht alle Bücher auf einem Tablet gespeichert? Warum können wir unsere Aufgaben nicht auf einem iPad erledigen? Könnte nicht alles digital umgesetzt werden und gibt es dafür nicht auch Stifte, um auf diesen Bildschirmen zu schreiben? Man kann doch sowieso alles ausdrucken, ging doch während des Coronalockdowns auch. Warum werden wir so gequält, wenn alles so einfach sein könnte?"

Der ganze Frust brach hier aus einem Kind heraus, das sich bestraft, verletzt und unverstanden fühlte, obwohl es die richtigen Antworten hatte beziehungsweise die richtigen Fragen stellte.

Tausende Schülerinnen und Schüler machen sich im wahrsten Sinne des Wortes jeden Tag den Rücken kaputt, irreparable Haltungsschäden sind vorprogrammiert. Die Kinder und Jugendlichen schleppen viel zu schwere Taschen in die Schule und wieder nach Hause. Wenn sie Glück haben, ist der Weg zur Schule und zu den öffentlichen Verkehrsmitteln nicht weit oder sie können die Last auf dem Fahrrad befestigen. Aber das Tragen, das Hochheben, das Treppensteigen in der Schule, dazu noch das Sportzeug oder andere Lernmittel – unsere Kinder schleppen sich krank. Ja, das ist Körperverletzung.

Warum muten wir das eigentlich der jungen Generation jeden Tag zu? Wir muten es ihr zu, weil wir in unserem hoch entwickelten Land nicht in der Lage sind, die Digitalisierung voranzubringen. Selbst in den tiefsten Wäldern Schwedens ist das Internet besser verfügbar als in manchen Orten Deutschlands. Alle Bücher auf einen Laptop oder ein Tablet zu ziehen und künftig damit zu arbeiten, ist sicher nicht teurer, als jedes Jahr die Schulbücher für seine Schützlinge zu kaufen. Natürlich bräuchten die Lehrkräfte dann entsprechende Weiterbildungen und eine Einführung in die Technik. Sicherlich würde es auch einige Zeit in Anspruch nehmen, bis sich alle mit dem neuen System vertraut gemacht hätten und damit umgehen könnten. Aber erinnern wir uns zurück: Was mutete man den Familien nicht alles in der Zeit des coronabedingten Homeschoolings zu? Wo ein Wille ist, ist auch ein Weg. Nur muss der Wille zur Veränderung auch da sein. Ist er das überhaupt?

Kinder ohne Kompetenzen

Die Antwort auf all diese Schulprobleme ist sicher nicht allein in der Optimierung der schulischen Abläufe durch Digitalisierung zu finden. Viele Länder, die nicht so weit entwickelt sind wie Deutschland, machen uns in diesem Bereich etwas vor. Denn im internationalen Vergleich schneiden unsere Kinder sehr schlecht ab, das zeigen nicht nur die PISA-Studien der OECD.

Nach Veröffentlichung der Ergebnisse der Internationalen Grundschul-Lese-Untersuchung (IGLU) 2023[3] wissen wir, dass 25 Prozent aller Viertklässler nicht richtig lesen können. Alle fünf Jahre wird die Lesekompetenz der Kinder in den vierten Klassen aus sechzig Ländern miteinander verglichen. Der Anteil der leseschwachen Kinder in Deutschland ist demnach alarmierend hoch.

Es liegt nahe, die Ursache für diese Entwicklung im Elternhaus der betroffenen Kinder zu suchen. Dort wird den Kindern zu wenig vorgelesen. Von vielen Eltern, die selbst ihre Ruhe haben wollen, werden sie einfach vor dem Fernseher, dem Handy oder dem Tablet „geparkt". Als weitere Ursache wird auch gesehen, dass in vielen Migrantenfamilien Deutsch nicht die erste Sprache ist und im häuslichen Umfeld eher die ursprüngliche Landessprache gesprochen wird. All das hilft den Kindern sicher nicht, sprachlich besser zu werden. Auch Fehler in der Integrationspolitik spielen hier eine große Rolle.

Wir lernen zu wenig aus den Defiziten, die uns die Studien attestieren. Schon vor Jahren, als uns die erste PISA-Studie aufzeigte, wie es um die Bildung in unserem Land bestellt ist, hätten wir reagieren müssen. Wir leben schließlich nicht im Tal der Ahnungslosen, doch wir gehen mit unserer nachwachsenden Generation so um, als wären die Erkenntnisse plötzlich vom Himmel gefallen und als würden wir das erste Mal von ihnen hören.

Die aktuelle PISA-Studie findet deutliche Worte: Deutsche Schülerinnen und Schüler sind so schlecht wie nie.[4] Anders gesagt: Unser Bildungssystem steckt in der größten Krise seit Gründung der Bundesrepublik. Unsere Kinder scheinen in diesem

Land keinen Wert zu haben. – Ich scheue mich nicht, das zu behaupten. Seit dreißig Jahren kämpfe ich gegen Kinderarmut und Ausgrenzung und finde immer deutlichere Worte, um in der Öffentlichkeit über diese Missstände zu sprechen. Und ich frage mich: Wie kann es sein, dass trotz der ständigen Veränderungen während der letzten Jahrzehnte in Wirtschaft, Kultur, Gesellschaft und auch in den Familien das deutsche Schulsystem sich diesen Veränderungen und Entwicklungen nie richtig angepasst hat? Wie kann es sein, dass sich das Bildungssystem nicht den Kindern anpasst, sondern die Schülerinnen und Schüler sich einem veralteten Bildungssystem anpassen müssen?

„Unser Bildungssystem steckt in der größten Krise seit Gründung der Bundesrepublik. Unsere Kinder scheinen in diesem Land keinen Wert zu haben."

Bernd Siggelkow

Zudem erlebe ich in meiner Arbeit, dass die Bildung unserer Kinder oft vom Einkommen der Eltern abhängig ist. So schaffen die meisten Kinder nur dann das Abitur, wenn ihre Eltern ebenfalls über diesen Schulabschluss und entsprechende Finanzen verfügen. Außerdem sind die Qualität und Ausstattung der Schulen und somit auch die entsprechende Bildung der Kinder leider abhängig vom Förderverein der jeweiligen Schule. Und da viel zu wenig Geld vonseiten des Staates beziehungsweise der Länder für die Schulen zur Verfügung steht, wird die finanzielle Unterstützung durch Förderkreise immer notwendiger. Leider stelle ich aber fest, dass es in den Ballungsgebieten und den dort ansässigen sogenannten „Brennpunktschulen" fast nie einen Förderverein gibt. Sie sind vielmehr in den wohlhabenderen Gegenden zu finden, dort, wo die Eltern ihre Kinder gefördert sehen möchten. Ein enormes Maß an Egoismus und Eigennutz spielt dabei sicherlich eine große Rolle.

So ist es nicht verwunderlich, dass 50 000 Schülerinnen und Schüler pro Jahr keinen Abschluss schaffen.[5] Da ist es schon ein Schlag ins Gesicht, wenn die Bundesregierung 60 000 Fachkräfte pro Jahr durch das Gesetz zur Fachkräfteeinwanderung nach Deutschland holen will. Gleichzeitig sind wir aber nicht in der Lage, unsere eigenen Kinder zu befähigen.

Die Arche betreibt neben ihren typischen Häusern auch Hortbetriebe an Schulen und eigene Kindertagesstätten. Letztere werden in der Regel von den jeweiligen Städten oder Kommunen über Betreuungsmittel mitfinanziert. Nur leider reichen diese pauschal ausgerechneten Gelder bei Weitem nicht aus, um die Kinder so zu fördern, schulfähig zu machen und auf das Leben vorzubereiten, wie es notwendig wäre. Viele Kleinkinder haben nicht nur Sprachprobleme, sondern auch motorische Einschränkungen, die in einer Kindertageseinrichtung eigentlich ausgeglichen werden müssten. In sogenannten Sprach-Kitas werden Kinder besonders in ihrer sprachlichen Entwicklung gefördert, aber es gibt mehr Kinder mit Sprachdefiziten als entsprechende Angebote. Allein die Arche-Kita in Düsseldorf wird von der Zentrale mit monatlich 10 000 Euro aus Spendengeldern unterstützt, weil die ihr zustehenden öffentlichen Mittel nicht ausreichen, um diesen Kindern die gleichen Startchancen in die Schule zu ermöglichen wie Kindern aus wohlhabenderen Stadtteilen. Was für ein Wahnsinn!

Seit einigen Jahren arbeitet *Die Arche* mit ihren Therapiehunden auch an Schulen. Dabei geht es nicht nur darum, den Kindern den Umgang mit den Vierbeinern zu zeigen und Ängste vor ihnen abzubauen. Vielmehr steht die Vermittlung von Sozialkompetenz, Selbstwertgefühl und Teamfähigkeit im Mittelpunkt.

Das HarmonyDog-Team ist oft entsetzt, wenn es im Unterricht mitbekommt, wie wenig die Schülerinnen und Schüler wissen.

Es hat uns schier sprachlos gemacht, dass beispielsweise in einer zweiten Klasse, in der tatsächlich drei Schüler bereits zehn Jahre alt waren, keines der Kinder sein Geburtsdatum wusste. Man braucht nicht viel Fantasie, um sich vorzustellen, was aus diesen Kindern einmal werden wird.

Wir müssen im Bildungsbereich besser und effektiver werden. Mittlerweile setzen wir in den Archen und in den kooperierenden Schulen auch Lesehunde ein. Hunde, denen die Kinder etwas vorlesen können. Die Hunde hören einfach zu und bewerten vor allem nicht, wenn das Vorgelesene etwas holperig klingt. Den Hunden ist es egal, ob jemand lesen kann oder nicht. Es geht darum, Begeisterung für das Lesen zu vermitteln, das Selbstvertrauen der Kinder zu stärken und ihre Ängste zu reduzieren. Es entsteht eine angenehme Atmosphäre, die in diesem Fall vom Hund ausgeht. Erfolge stellen sich ein, das Kind lernt stressfrei. Aber ist das die Aufgabe eines spendenfinanzierten Werks wie der Arche?

Schlechte Bildung ist eine Folge der Ohnmacht der Politiker

Die schlechte Bildung in Deutschland ist nicht nur eine Folge der Ohnmacht unserer Politikerinnen und Politiker, sondern ein Vergehen, das sich unterlassene Hilfeleistung nennt. Denn schon bevor uns die Coronapandemie in Atem hielt und viele Zustände verdichtete, war bekannt, dass in Deutschland viele Kinder einfach abgehängt sind. Sie sind zugeordnet den bildungsfernen Familien, Migranten, die sich nicht integrieren wollen, und Schmarotzern, die unbekümmert auf Kosten des Staates leben. Dieser Teil der jungen Menschen – mit der ihnen zugeschriebenen Perspektivlosigkeit und der damit empfundenen Nutzlosigkeit für die Gesellschaft – wird einfach in Kauf genommen.

Wie sonst ist es zu erklären, dass nie wirklich präventive Ansätze für diese Kinder und Jugendlichen gefunden wurden, um ihren Anteil möglichst gering zu halten oder ihn gar nicht erst entstehen zu lassen? Liegt es am fehlenden Geld, um beispielsweise zusätzliche qualifizierte Lehrkräfte einzustellen, oder liegt es, wie es mittlerweile immer so schön heißt, am Fachkräftemangel? Hat der Haushaltsausschuss des Bundestages diesen Aspekt schon jemals berücksichtigt? Oder scheitert das Thema Bildung bereits auf Länderebene?

Inzwischen ist es doch so, dass noch mehr Geld in die Hand genommen werden muss, um die Schäden zu beheben, die bereits in der Vergangenheit hätten angepackt werden können. Wäre dies geschehen, könnten wir heute schon an innovativen und zielführenden Ideen arbeiten. Nun ist es aber so, dass immer mehr Schülerinnen und Schüler abgehängt werden. Man sprach von der „Generation Corona", die völlig auf sich allein gestellt war, und hoffte, dass sich die Kinder an diese außergewöhnliche Situation gewöhnen und nach einem Neustart schnell wieder auf die Beine kommen würden. Leider erwies sich diese Einschätzung als fataler Irrtum. *Die Arche* kennt einige Kinder, die im Jahr 2020, also vor der Pandemie, besser in der Schule waren als zum jetzigen Zeitpunkt, nach dem Hin und Her der zahlreichen Schulschließungen.

„Intensiv-Lerncoach" heißt nun unser einzigartiges Förderkonzept, das die Bildungschancen schwacher Schülerinnen und Schüler verbessern möchte. Die Intensiv-Lerncoaches der Arche arbeiten bundesweit an mehreren Schulen. Sie nehmen Kinder, die dem regulären Unterricht nicht mehr folgen können, aus dem Klassenverband heraus, um sie parallel zum Unterricht individuell zu fördern. Sind die Lerndefizite irgendwann aufgeholt, können sie wieder am „normalen" Unterricht teilnehmen. Das geht natürlich nur in enger Absprache mit der Schulleitung und den Lehrkräften. Aber durch diese Zusammenarbeit können wir beobachten, dass sich Lernerfolge einstellen und die Lernkompetenz und das Selbstwertgefühl der „vergessenen" Kinder reifen. Ein Mehrwert für unsere Gesellschaft!

Dass Bildung der Schlüssel für den Weg aus der Armut ist, habe ich schon oft gehört, und wenn ich es mir genau überlege, stimmt es auch. Aber wie sieht es mit den Rahmenbedingungen aus? Wenn weder die Eltern noch die Kinder von einem Bildungsangebot etwas wissen, dann nützt das nichts. Und ein Bildungsangebot kann noch so attraktiv und ansprechend sein – wenn das Kind ein schreckliches Leben hat, dann wird es ihm nichts nützen.

Ein siebenjähriger Junge, der einmal mit anderen Kindern und mir Fußball spielte, trat nach dem Ball und verfehlte ihn. Daraufhin warf er sich auf den Boden, zutiefst enttäuscht von seiner beschämenden Leistung. Er zitterte, weinte und schrie: „Ich bin nichts! Ich kann nichts! Ich werde nie etwas!" Völlig entsetzt nahm ich den Jungen in den Arm, um ihn zu beruhigen. Ich fragte mich, warum er sich so fühlte und all diese grausamen Dinge über sich sagte. Eine tiefe Traurigkeit überkam mich. Gleichzeitig wurde mir bewusst, dass es Tausende von Kindern in unserem Land gibt, die so über sich denken. Und im Grunde sind diese Gedanken gar nicht so weit hergeholt. Sie spiegeln einen Teil der Wahrheit wider.

Wahr ist auch: Viele Schulen in Deutschland sind in einem maroden Zustand. Die Toiletten sind sanierungsbedürftig, die Klassenräume meist unattraktiv und kalt. Auf der anderen Seite gibt es aber auch Schulen, die so modern ausgestattet sind, dass Lehrkräfte an Brennpunktschulen davon nur träumen können. Wir haben in Deutschland keine Chancengleichheit. Wir nehmen die Ungleichheiten viel zu leicht in Kauf und diese Entwicklung als gegeben hin, als wären sie eine natürliche Auslese.

In einem Gespräch mit einer Berliner Schulsenatorin kritisierte ich unser Schulsystem, sprach auch die Problematik in den sogenannten Brennpunktschulen an und beklagte die Defizite der Schülerinnen und Schüler. Sie erwiderte, dass man erfolgreich Schulsozialarbeiterinnen und Schulsozialarbeiter einsetze, um die Schülerinnen und Schüler in ihrem Alltag zu unterstützen.

Ja, Schulsozialarbeiter haben eine wichtige Vermittlerrolle im Schulalltag und können sicher einige Probleme und Konflikte abfedern – aber gelingt das überall? Ich berichtete der Senatorin von einer Schule mit insgesamt tausend Schülerinnen und Schülern, in der nur zwei Sozialarbeiter eingesetzt sind.

Ihre Antwort darauf war klar und bestimmt: „Na ja, nicht jedes Kind braucht jeden Tag einen Sozialarbeiter." Und sie hat recht. Vielmehr brauchen unsere Kinder Personen, die nachhaltig eine Beziehung zu ihnen aufbauen. Das kostet viel Kraft und Aufmerksamkeit. Nur wo gibt es diese Vertrauenspersonen? Eigentlich brauchen wir sie in unserem Land noch in anderen Bereichen.

Wenn eine neue Mitarbeiterin oder ein neuer Mitarbeiter bei uns in der Arche anfängt, egal an welchem der insgesamt 32 Standorte, stellen die Kinder immer die gleiche Frage: „Wie lange bleibst du?" Das war schon immer so. Es ist interessant zu sehen, worauf die Kinder ihren Fokus legen, was ihnen wichtig ist. Und ja, es ist schön, diese Frage zu hören, aber es ist auch sehr erschreckend, weil sie uns spiegelt: Da ist die Angst, verlassen zu werden.

Schon in der Grundschule erleben die Kinder häufig einen Wechsel der Lehrkräfte, also ihrer anfänglichen Bezugspersonen. Ihnen wird neues Lehrpersonal einfach so zugeteilt. Warum? Ebenso sind heute viele Familien nicht mehr stabil – Ehepartner trennen sich, neue Partner kommen ins Haus beziehungsweise in die Wohnung. So entstehen immer mehr Patchworkfamilien, Alleinerziehende beherrschen das Bild, bestehende Familienstrukturen werden aufgebrochen. Für die Kinder ist das mittlerweile eine ganz normale Sache. Doch Menschen, die dauerhaft am gleichen Ort sind, sprich vertraute Personen – man kann sie auch Freunde nennen –, sind nicht da.

In unseren Arche-Einrichtungen legen wir viel Wert auf Liebe, Beziehung und Nachhaltigkeit, die der Schlüssel zum Herzen eines jeden Menschen sind. Aber wo ist dieser Schlüssel an anderen Orten in unserem Land versteckt? Warum sind viele Kinder schon in der fünften Klasse davon überzeugt, dass aus ihnen nichts wird? Vielleicht, weil sie in ihren jungen Jahren nur wenigen Menschen begegnen, die für sie eine Vorbildfunktion haben?

„Wir haben in Deutschland keine Chancengleichheit. Wir nehmen die Ungleichheiten viel zu leicht in Kauf und diese Entwicklung als gegeben hin, als wären sie eine natürliche Auslese."

Bernd Siggelkow

Weiter auf dem Rücken der Kinder?

Das Thema Bildung ist für mich seit vielen Jahren ein rotes Tuch. Inzwischen habe ich den Eindruck, dass diejenigen, die über die Zukunft unserer Jugend entscheiden, in ein tiefes Schweigen verfallen sind und hoffen, dass die Probleme sich schon irgendwie von allein lösen. Im „Land der Dichter und Denker", wie Deutschland immer bezeichnet wurde, kostet außerschulische Nachhilfe Geld. Für die Kinder der Arche und viele andere ist diese Art der Hilfe nicht finanzierbar. Zwar gibt es seit einigen Jahren einen Rechtsanspruch auf einen Betreuungsplatz für Kinder, doch die Realität zeigt, dass es nicht genügend Betreuungsplätze gibt. Und was macht die Politik?

- Statt den Etat für die Bildung unserer Kinder zu erhöhen, kürzt der Finanzminister ihn herunter, um den Bundeshaushalt nicht weiter zu belasten und die Staatsverschuldung einigermaßen in den Griff zu bekommen.
- Statt die Schülerinnen und Schüler mit digitalem Lehrmaterial auszustatten, werden weiterhin tonnenweise Bücher eingesetzt, welche die Kinder zu schleppen haben.
- Statt in kostenloses Schulfrühstück zu investieren, nimmt man in Kauf, dass die Kinder unkonzentriert sind und dem Unterricht nicht folgen können.

Warum gibt es in Deutschland nicht zusätzliches Personal wie in den Ländern, die bei PISA sehr gut abschneiden? Es braucht Vertrauenspersonen, Psychologen und weitere Lehrkräfte in den Bildungsstätten, damit nicht der eine Lehrer alles richten muss. Denn er ist nicht die „eierlegende Wollmilchsau", die alles schaffen und richten kann. Schon gar nicht, wenn von seinen 25 Schülerinnen und Schülern mindestens die Hälfte verhaltenskreativ ist.

Unsere nachfolgende Generation hat eine echte Chance verdient, sogar mehr als das. Es ist nicht länger hinnehmbar, dass Haushaltsdiskussionen und Etatangelegenheiten des Staates auf dem Rücken unserer Kinder ausgetragen werden. Das ist ein Verbrechen an der jungen Generation. Sonst wird für vieles Geld zur Verfügung gestellt, ohne zu fragen, woher es kommt und was es bringt, aber an unseren Kindern wird gespart. Sie sind die Gegenwart und gleichzeitig die Zukunft unseres Landes. Und was sie eines Tages zurückzahlen werden, ist das, was wir in sie investiert haben.

Kinder haben keine Lobby, aber sie haben meine Stimme. Und es müssen viele Stimmen gegen dieses Verbrechen an unseren Kindern erhoben werden.

„Es ist nicht länger hinnehmbar, dass Haushaltsdiskussionen und Etatangelegenheiten des Staates auf dem Rücken unserer Kinder ausgetragen werden. Das ist ein Verbrechen an der jungen Generation."

Bernd Siggelkow

4.

60 Jahre Kinderarmut – oder wie alles begann

Erfahrungen der Kindheit prägen unsere Persönlichkeit maßgeblich. Dinge und Erlebnisse, die unser Tun in den ersten Lebensjahren bestimmen, bleiben bewusst oder unbewusst für immer in unserem Gedächtnis, eingebrannt wie auf einer Festplatte. Und Kinder sollten unbeschwert leben, ihre Kindheit genießen und so viele positive Erfahrungen wie möglich sammeln können. Doch das Leben zeigt sich nicht nur von der sonnigen Seite. Erleben Kinder schon früh Schattenseiten, ist ein Leben mit Schmerz und Leid häufig vorprogrammiert. Probleme und Fehlentwicklungen im Erwachsenenalter sind sehr oft auf Störungen in der Kindheit zurückzuführen.

In den letzten Jahren wurde in der Öffentlichkeit viel über den sexuellen Missbrauch von Kindern in katholischen, aber auch in humanitären Kinderheimen in den Fünfziger- und Sechzigerjahren berichtet. Jahrzehntelang haben die Opfer sexueller Gewalt mit diesen schrecklichen Erfahrungen gelebt. Darüber wurde nicht gesprochen. Die Geschädigten lebten zurückgezogen, ohne Vertrauen, in ständiger Angst und mit Albträumen bis ins hohe Alter. Viele waren berufs- und beziehungsunfähig.

Heute sprechen viele von ihnen darüber, aber in erster Linie nicht, um eine finanzielle Entschädigung zu erkämpfen, sondern um sich zu entlasten. Um das Geschehene ans Licht zu bringen, vor allem, um es besser verarbeiten zu können.

Was all diese Männer und Frauen als Kinder erlebt haben, wie sie über dreißig oder vierzig Jahre damit leben konnten und insbesondere was das alles mit ihnen gemacht hat, können wir nicht einmal erahnen. Wie viel schöner wäre es für diese Menschen gewesen, wenn sie eine glückliche und unbeschwerte Kindheit gehabt hätten! Nicht nur ihr eigenes Leben wäre dann fröhlicher gewesen, schließlich überträgt der Mensch sein Leid auch auf Familienangehörige und Freunde – ein ausgeglichenes Leben sieht anders aus.

Meine eigene Geschichte

Es ist schon fast fünfzig Jahre her, aber es könnte erst gestern gewesen sein, so nah ist mir die Erinnerung. Meine Gedanken kehren oft zu diesem Erlebnis zurück: Ich (Bernd Siggelkow) war ungefähr zehn Jahre alt. Mein Leben war schon seit einigen Jahren von finanzieller und emotionaler Armut geprägt. Doch da ich nichts anderes kannte, war ich mir der prekären Lebensumstände meiner Familie nicht immer so bewusst. Diese Herausforderungen gehörten einfach zu meinem Leben dazu, dachte ich. Sicherlich hatte ich auch in diesem Alter noch nicht verarbeitet, dass meine Mutter einige Jahre zuvor, mit zwei Koffern in ihren Händen, vor mir gestanden und sich einfach verabschiedet hatte: „Ich gehe und komme nicht wieder!" Ich war damals mit ihr allein, mein Bruder steckte in der Schule und mein Vater war bei seiner Arbeit.

Nach jahrelangem Streit mit meinem Vater zog sie in diesem Moment einen Schlussstrich unter unser gemeinsames Familienleben. Ihre Kräfte waren am Ende. Sie traf damit eine Entscheidung, die sich natürlich auf das Leben aller Familienmitglieder auswirkte. Die vielen Tränen, die ich als Sechsjähriger in dem Moment verlor, als die Haustür ins Schloss fiel, konnte niemand sehen und meinen inneren Schrei niemand hören. Ich war allein, mutterseelenallein blieb ich in einer Hamburger Altbauwohnung zurück.

Ich weiß nicht mehr, wie lange ich Rotz und Wasser geheult habe, ob es Minuten oder Stunden waren, bis meine Großmutter kam, um mich zu beruhigen. Aber eigentlich ging die Unruhe jetzt erst richtig los …

Meinen Vater hatte ich immer schon nur selten gesehen, weil er viel arbeitete, um die vielen Schulden zu begleichen, die er hatte – aber auch, weil er sich ausschließlich über seine Arbeit definierte. In der Beziehung mit meiner Mutter war er nicht derjenige gewesen, der sich Kinder gewünscht hatte. Das hat er aber nie laut gesagt.

Gegenüber meinem Bruder und mir war er streng. So zerbrachen in unserer Kindheit einige Kochlöffel an unseren Hintern – eine Maßnahme, zu der er griff, wenn wir widersprachen oder uns einen Fehler erlaubten. Aber mein Vater war nicht oft zu Hause, er kam erst abends, wenn wir meistens schon im Bett lagen. So entkamen wir der ein oder anderen Strafe.

Meine Mutter, mein Vater und wir Kinder wohnten in einer Fünfzimmerwohnung in der vierten Etage im Hamburger Kiez St. Pauli, der damals kein Nobelviertel war. Die Miete war bezahlbar, alles schien gut zu sein. Zumindest so lange, wie die Beziehung meiner Eltern in Ordnung war.

Die Mutter meines Vaters wohnte nur ein Stockwerk höher, in einer kleinen Dreizimmerwohnung mit einer Toilette auf dem Flur und nur einem Waschbecken in der Küche. Ich erinnere mich daran, dass in diesem Waschbecken sowohl das schmutzige Geschirr, die Wäsche als auch unsere Körper gewaschen wurden.

Nachdem meine Mutter uns verlassen hatte, mussten mein älterer Bruder und ich zu meiner Großmutter in die obere Etage ziehen, da mein Vater ja tagsüber nicht zu Hause war. Bei der Oma bekamen wir ein kleines Zimmer mit einem Etagenbett. Mein Vater blieb währenddessen allein in seiner großen Wohnung. So lebten wir von da an.

Später, als wir Teenager wurden, durften wir seine Wohnung mitbenutzen, wenn auch nur tagsüber. Dieses Angebot nahmen wir aber nur für ein oder zwei Stunden am Tag an, denn meistens verbrachten wir unsere Freizeit doch eher auf der Straße.

Kurz nachdem meine Mutter uns verlassen hatte, erhielt meine Großmutter die Diagnose Krebs – unheilbar. Sie sollte nur noch eine Lebenserwartung von etwa drei Jahren haben. Das war für uns alle ein großer Schock. Entgegen den Prognosen der Ärzte blieb sie uns dann doch noch sechs Jahre erhalten, aber das wussten wir ja zu diesem Zeitpunkt noch nicht.

Schon damals gehörte es zu meinen Pflichten, mich um den Haushalt zu kümmern – das hieß einkaufen, abwaschen, kochen, putzen und meine Großmutter bei den Arztbesuchen begleiten. Das alles machte mir nicht viel aus, denn ich kannte es ja nicht anders. Nur eines fehlte mir bei all dem ganzen Programm, doch das wurde mir erst viel später richtig bewusst.

Mir fehlte die Liebe in meinem jungen Leben. Sie gab es nicht. Ich saß nie auf dem Schoß meiner Eltern, versunken in ihren Armen. Und nett an mich gerichtete Worte blieben eine Ausnahme, zumal die Situation zu Hause immer gravierender wurde, als es meiner Großmutter immer schlechter ging. Der Krebs breitete sich immer mehr aus und ihr Körper baute ab, ihre Geduld und Aufmerksamkeit uns gegenüber auch. Alles drehte sich um die Versorgung der Familie, unsere Existenz, die bedingt war durch die immer größer werdenden Schulden meines Vaters und die minimale Rente meiner Oma.

Schlechte Schulnoten wurden von meinem Vater nicht akzeptiert. Ich war so froh, dass ich eigentlich nie für eine Arbeit, einen Test oder einen Aufsatz lernen musste, denn der Lernstoff fiel mir glücklicherweise ohne Anstrengung zu. Ich war in der Schule nicht fleißig, eher faul und trotzdem waren meine Noten nicht zu beanstanden. Wäre es anders gewesen, hätte mein Leben einen anderen und sicher keinen positiven Verlauf genommen.

Es war für mich nicht nur schwer, in der Familie Siggelkow aufzuwachsen, es war enorm herausfordernd. Mein Vater ging immer mehr neuen Hobbys nach und seine verzweifelte Suche nach einer neuen Frau über Heiratsvermittlungsagenturen trieb die Schulden weiter in die Höhe. Den Gerichtsvollzieher sahen mein Bruder und ich gefühlt öfter als unseren eigenen Vater. Die Situation zu Hause war ständig angespannt, alle Wünsche mussten zurückgestellt werden. Für nichts war Geld da, nur für die Grundversorgung. Ein einziges Mal bin ich zu meinem Vater gegangen und habe ihn mutig um Taschengeld gebeten. Seine Antwort war klar und unmissverständlich: „Wenn du Geld haben willst, dann geh arbeiten!" Ich war zu dem Zeitpunkt elf Jahre alt. Ich habe ihn nie wieder danach gefragt.

Mein Bruder und ich arrangierten uns mit der herausfordernden Situation. Streit war trotzdem vorprogrammiert, zumal die Epilepsie meines Bruders das Zusammenleben nicht einfacher machte. Schon bei unbedeutenden Kleinigkeiten rutschte meinem Vater die Hand, der Schuh oder der Holzlöffel aus. Wir durften nie Freunde mit nach Hause bringen. Es war zwar nie schmutzig bei uns zu Hause – daran kann es also nicht gelegen haben –, doch es sollte wohl niemand unsere ärmlichen Verhältnisse sehen, in denen wir lebten. Keiner durfte wissen, wie es hinter unseren Türen aussah. Meine Klassenkameraden hingegen wohnten in ordentlichen Häusern mit einem Bad, bei ihnen zu Hause war Geld für Geburtstagsgeschenke oder den Urlaub vorhanden. Somit war es nicht verwunderlich, dass wir nur wenige Freunde hatten.

Nach dem Putzen, Einkaufen, Kochen und Toiletteputzen stürmte ich meist in Windeseile nach draußen. Wie eine Rakete schoss ich jeden Tag die 136 Stufen aus dem fünften Stock hinunter, um meine Freizeit bei Wind und Wetter auf der Straße, den Höfen und den Spielplätzen zu verbringen. Meistens war ich allein, aber das störte weder mich noch sonst jemanden. Fühlte ich mich sorglos? Nein, sicher nicht, aber für ein paar Stunden ohne Druck.

Leider kann ich mich heute nicht mehr genau daran erinnern, was der genaue Auslöser für einen heftigen Streit war. Ich weiß nur, dass es danach richtig Ärger gab. Damals war ich kein böser Junge, eher gehorsam und lieb. Bis zu meinem 15. Lebensjahr war ich zudem eher von kleiner Statur und schmächtig. Auf der Straße habe ich mehr als einmal erlebt, was es heißt, ohne Grund zusammengeschlagen zu werden. Ich habe nie daran gedacht, mich zu wehren. So habe ich denn auch als Kind niemals eine Schlägerei angezettelt, doch wenn mein „kranker" Bruder verprügelt wurde, bin ich völlig ausgerastet. Ich schlug dann so stark zu, dass jeder Junge, der meinem Bruder etwas angetan hatte, ihn sofort in Ruhe ließ und das Weite suchte.

Aber solche Situationen waren die Ausnahme, denn eigentlich war ich ja eher schwach und friedlich. Doch dieses Mal hatte mein Beschützerinstinkt wohl überreagiert, denn anders konnte ich mir die anschließende Reaktion meines Vaters nicht erklären. Ich bekam seinen ganzen Frust ab, der sicherlich nicht nur mit meinem Streit zu tun hatte. Es folgten harte Worte und ebenso harte Taten und ich fand mich in unserem Kinderzimmer wieder. Ich heulte ohne Ende – wie so oft.

Mir war da immer noch nicht bewusst, dass mir einfach nur Liebe fehlte. Auch in dieser Situation fehlten aufbauende Worte – Wertschätzung und Dankbarkeit für meinen Einsatz, meinen Bruder zu schützen – oder vielleicht eine Umarmung, die alles verändert hätte. So verzweifelt war ich selten, am Ende meiner körperlichen und psychischen Kräfte. Das kann ich heute sagen.

Damals aber fühlte ich eine große Wut in mir. Ich wollte allen zeigen, dass es so nicht weitergehen konnte. Ich war zehn Jahre alt, verantwortlich für den Haushalt und den Dreck der anderen. Niemand sonst kümmerte sich um das verschimmelte Geschirr, das sich in der Küche stapelte, oder um die verdreckte Toilette. Ich kümmerte mich um alles. Jetzt aber wollte ich raus und allen zeigen, dass sich etwas ändern musste. „Ich gehe!", stieß ich hervor und rannte mit krebsrotem Kopf aus der Wohnung und nach unten, mit tränenüberströmtem Gesicht und in fester Absicht, erst dann wiederzukommen, wenn mich jemand abholen und in den Arm nehmen würde.

Es war bereits Nachmittag, die Sonne schien und ich war auf dem Weg zum Spielplatz im Nachbarblock, wo ich mich oft aufhielt. Wenn mich jemand aus der Familie suchte, würde er zuerst dort nachschauen, dachte ich. Allerdings würde ich es dieses Mal nicht akzeptieren, wenn mein Bruder kommen und mich holen würde. Ich würde stur im Spielhaus mit der angebauten Rutsche sitzen bleiben, bis mein Vater oder meine Oma kommen würden, um mir zu sagen, dass sie mich lieb haben, und mich bitten würden, wieder mit nach Hause zu kommen. Weiter malte ich mir aus, dass ich dann alles wieder machen würde: einkaufen gehen – selbst drei- oder viermal an einem Nachmittag, wenn meine Großmutter wieder etwas vergessen hatte –, den Abwasch – überhaupt kein Problem –, selbst den Rotkohl würde ich schneiden und stundenlang kochen. Sogar Spinat würde ich essen, wenn, ja wenn nur einer kommen und mich einmal in den Arm nehmen würde.

Es waren einige Kinder auf dem Spielplatz, aber ich wollte mit niemandem spielen. Nur zuschauen, wie sie Fangen spielen, lachen, sich den Ball zuwerfen oder die Rutsche runterrutschen. Lachen, ja, lachen. Einfach unbeschwert lachen.

Als die Kinder nach Hause gingen, merkte ich, wie kalt es auf einem Spielplatz werden kann. Es war nun niemand mehr da, den ich beobachten konnte. In der Nachbarschaft sah ich, wie überall die Lichter angingen. Die Familien aßen jetzt bestimmt zu Abend, ehe die Kinder ins Bett gebracht wurden. Vielleicht würden sie noch ein wenig fernsehen dürfen oder etwas gemeinsam spielen, so stellte ich mir jedenfalls das Familienleben in der Nachbarschaft vor.

Auch bei uns gab es um diese Uhrzeit Abendessen. An manchen Abenden spielten wir mit der Oma. Oft waren es Rechenspiele, denn sie liebte das Rechnen und wollte es uns auf diese Art und Weise beibringen. Sie selbst war nur bis zur siebten Klasse in die Schule gegangen, doch ihr mathematisches Talent war nicht zu übersehen.

Die Sonne ging unter, ich fror und wahrscheinlich hätte meine Sturheit jetzt auch ein Ende gehabt, wenn sie meinen Bruder geschickt hätten, um mich abzuholen. Aber … niemand kam. Die nächtlichen Geräusche wurden immer seltsamer. Und die Gestalten, die jetzt über den Spielplatz liefen, sahen schrecklich aus. Die ein oder andere Droge wechselte nun hier zwischen Sandkasten und Schaukel den Besitzer. Das Spielhäuschen war mein Zufluchtsort, denn niemand vermutete zu dieser Zeit ein Kind darin. Wieder kullerten mir Tränen über die Wangen, denn eine vage Ahnung überkam mich: „Keiner kommt! Keiner wird dich holen! Keiner wird sich bei dir entschuldigen! Keiner wird dich in den Arm nehmen! Keiner wird sich bei dir bedanken! Keiner wird dir sagen, dass du geliebt wirst!"

Es wurde immer dunkler und unheimlicher. Ein paar Schritte weiter stand die Kirche, in der ich einige Jahre später konfirmiert werden sollte, obwohl in meiner Familie niemand an Gott glaubte. An diesem Abend hörte ich sehr bewusst die Glocken des Kirchturms läuten. Es waren nun elf Schläge. 23 Uhr, so spät. Ich war schon seit Stunden allein auf dem Spielplatz. Ich hatte Angst. Mein Körper zitterte, mir war kalt und mein Herz war gebrochen.

Als die Kirchturmglocken zwölfmal schlugen, ging ich schluchzend um den Block, öffnete mit meinem Schlüssel die Haustür, schaltete das Licht im Treppenhaus an und ging langsam die vielen Stufen nach oben. Ich steckte den Wohnungsschlüssel ins Schloss, mit dem Wissen, jetzt den Ärger meines Lebens zu bekommen, drehte trotzdem den Schlüssel um und war gerade dabei, die Tür zu öffnen, als ich feststellte, dass von innen die Kette davorgelegt war, sodass ich die Wohnung nicht betreten konnte. Durch den offenen Spalt sah ich Licht im Wohnzimmer. Es roch wie immer nach Zigarettenqualm, mein Vater war in der Wohnung und ich fing wieder an zu weinen.

Da ich nicht in die Wohnung kam und sich niemand rührte, obwohl die gesprochenen Worte zweier Erwachsener zu hören waren, klingelte ich mit zitternder Hand. Nichts passierte. Einige Minuten später klingelte ich wieder. Wieder nichts. Es vergingen fürchterliche Minuten, die mir wie Stunden vorkamen, bis ich die Schritte meines Vaters hörte. Er zog die Kette von der Tür und öffnete sie. Mein Vater würdigte mich keines Blickes. Tief gebeugt betrat ich die Wohnung, da ich eine Ohrfeige erwartete. Doch ohne ein Wort zu sagen und immer noch ohne einen Blick deutete er mit der Hand auf mein Zimmer und machte mir klar, dass ich dorthin verschwinden sollte.

Niemand in unserer Familie verlor je ein einziges Wort über diesen Abend. Niemand sprach am nächsten Morgen oder an irgendeinem anderen Tag darüber, niemals. Doch die einsamen Stunden auf dem Spielplatz hatten mich nachdenklich gemacht und sie haben sicherlich mein weiteres Leben geprägt. Denn auch wenn ich selbst in meiner Kindheit auf Liebe und Wertschätzung verzichten musste, wurde mir durch das damalige Ereignis bewusst, dass sie doch das Recht eines jeden Menschen sind.

Wenn Kinder nach Liebe hungern

Etwa zwanzig Jahre später war ich wieder auf einem Spielplatz. Diesmal war ich allerdings nicht von zu Hause weggelaufen, sondern spielte dort mit etwa 25 Kindern. Sie kamen jeden Tag, jeden einzelnen Nachmittag auf den Spielplatz. Ohne Eltern. Keine Begleitung weit und breit. Keine Mutter, die Zeit für ihr Kind auf dem Spielplatz hatte. Doch ich sah diese Kinder und ihr Alleinsein, ihre Herausforderungen, ihr Kindsein, ihre emotionale Armut. Das klingt sehr hart, aber so war es bei vielen dieser Kinder.

Ich versuchte mir die Hintergrundgeschichten und die Familiensituation dieser Kinder vorzustellen und bekam eine vage Vorstellung davon: junge Mütter, manchmal selbst noch Teenager, die in Hoffnung auf Liebe einst diese Kinder zur Welt gebracht hatten. Die Mütter selbst waren noch sehr jung. Kinder, die Kinder bekamen. In Berlin-Hellersdorf, dem bereits in den 1990er-Jahren kinderreichsten Bezirk Europas, ist das bis heute keine Seltenheit. Und ich, der ich selbst erlebt hatte, was Kinderarmut bedeutet, begab mich nun mitten unter sie. Als jemand, der ihnen Liebe bringen wollte, die sie im Grunde nicht kannten. Genauso wenig wie ich zwei Jahrzehnte zuvor.

Auf den Spielplätzen, die ich Mitte der Neunzigerjahre regelmäßig besucht habe, erzählten mir viele Kinder ihre verzweifelten Geschichten, oft ohne Aussicht auf Hoffnung. Storys von schlechten Schulnoten, wechselnden Partnerschaften zu Hause, mangelnden Freizeitangeboten und wenig Geld. Zu der Zeit damals besaß ja noch nicht jeder ein Handy oder hatte Internet.

Das Leben fand auf der Straße statt, wie zu meiner Jugend, nur wesentlich geballter und turbulenter. Und ich schenkte diesen Kindern meine Aufmerksamkeit.

Mein Engagement blieb nicht ohne Folgen: Mehr als einmal fragte mich ein Kind, ob ich nicht sein Vater sein oder ob es nicht bei mir leben könne. Viele der Kinder begegneten mir dabei distanzlos, sie nahmen mich einfach in den Arm. Sie nahmen sich das, was sie brauchten. Und für viele war meine Umarmung die einzige, die sie bislang bekommen hatten.

Aus den Spielplatzbesuchen und den Beobachtungen, die ich dort machte, entstand der Gedanke, einen Verein aufzubauen. Einen Verein, den es eigentlich nicht geben dürfte, da er sich dafür einsetzt, einer Not zu begegnen, die eigentlich nicht existieren dürfte. So sollte es in der von mir und weiteren Personen gegründeten christlichen Hilfsorganisation *Die Arche* in erster Linie nicht um ein cooles Programm für Kinder gehen – auch wenn davon später zahlreiche angeboten werden würden –, es sollte vielmehr um Liebe und Beziehung gehen, den Schlüssel zum Herzen eines jeden Menschen.

Vor vielen Jahren ließ ein Politiker in einer Zeitung verlauten, dass ich als Pastor seiner Meinung nach über den Magen der Kinder missionieren würde, indem ich sie zwingen würde, vor dem Essen in der Arche zu beten. Das finde er ehrenrührig. Auch würde ich nicht die „sozialpädagogischen Regeln" einhalten, weil in Fernsehaufnahmen zu sehen war, wir die Kinder mich umarmten. Das war ein Schlag ins Gesicht. Natürlich berichteten daraufhin weitere Medien über den Pastor, der den Kindern angeblich zu nahe gekommen sei. Aber die Öffentlichkeit begriff schnell, dass hier Schiffe versenkt werden sollten, dass hier gespielt wurde.

Viele Eltern und Kinder waren entsetzt über die Hetze in den Medien. Auch Lehrkräfte äußerten sich zu den Vorwürfen und wiesen darauf hin, dass viele Kinder in der Schule vom Lehrpersonal auch mal in den Arm genommen werden wollten.

Die Arche zwingt niemanden zum Beten und kein Kind wird aktiv von den Pädagogen in den Arm genommen. Die Initiative geht immer vom Kind aus. Es nimmt sich, was es braucht, weil es sonst emotional verarmen würde. Das klingt schrecklich, aber leider habe ich in den letzten dreißig Jahren miterleben müssen, wie Kinder in unseren Einrichtungen im wahrsten Sinne des Wortes nach Liebe hungerten.

Die Geschichte von Susi

Dazu fällt mir die siebenjährige Susi ein. Sie kam mit ihrer gleichaltrigen Freundin im Schlepptau in die Arche. Das Kind war sehr verunsichert. „Kann man hier wirklich kostenlos zu Mittag essen?", fragte sie. Susi hatte einen Bärenhunger, schämte sich aber, das vor den anderen Kindern zuzugeben. Als die Freundin ihr ein leeres Tablett hinhielt und sagte: „Stell dich nicht so an, nimm!", fasste das verschüchterte Mädchen Mut und stellte sich in die Schlange vor der Essensausgabe.

Als die beiden sich dann zu mir an den Tisch setzten, ahnte ich noch nicht, dass da mehr war als der Hunger nach einer warmen Mahlzeit. Sie verschlangen die Nudeln, das Fleisch und den Salat im Nu und Susi fragte sofort: „Darf ich noch mehr?" Ihre Furcht schien verflogen zu sein, denn schon stand sie wieder in der Schlange und holte sich Nachschub, den sie ebenso schnell verschlang.

„Noch einen Nachtisch?" Die Frage hätte ich gar nicht stellen müssen, denn mit einem breiten Grinsen stellte sie sich schon wieder in die Reihe und holte sich einen Pudding.

Susi verbrachte anschließend den ganzen Nachmittag in der Arche. Sie spielte, machte gemeinsam mit den Pädagogen ihre Hausaufgaben und versuchte immer wieder, in meiner Nähe zu sein. Sie erzählte ungefragt von ihrer alleinerziehenden Mutter, ihren drei älteren Geschwistern, den wechselnden Männern an der

Seite ihrer Mutter und der erneuten Schwangerschaft der Mutter. Ich hörte, wie blöd die Schule in der zweiten Klasse sei und wie gut das Mittagessen geschmeckt habe. Wir waren uns noch nie begegnet, aber alles sprudelte so aus ihr heraus, als hätte sie nur darauf gewartet, es endlich mal loszuwerden. Irgendwann, völlig aus dem Zusammenhang gerissen, sagte sie dann: „Bernd, ich hab dich lieb!"

Was für eine Aussage! Normalerweise würde man vielleicht mit einem „Ach, wie süß!" auf dieses kindliche Bekenntnis reagieren. Doch ich fand es nur traurig. Denn mir wurde in diesem Moment klar, dass dieses Kind mehr als eine Mahlzeit brauchte.

Susi hörte gar nicht mehr auf zu erzählen. Schockiert waren wir in der Arche auch, als sie von sich gab, dass ihr Geburtstag nie gefeiert werde. Ihre Mutter vergesse ihn immer. Anfangs glaubte ich ihr das nicht, doch je häufiger sie die Arche besuchte, desto weniger musste mich jemand von der Glaubwürdigkeit dieses Kindes überzeugen.

Am Ende des Tages, nach vielen Geschichten, umarmte mich Susi mit den Worten: „Ich wünschte, du wärest mein Vater. Ich komme morgen bestimmt wieder." Susi kam noch viele Jahre in die Arche, Tag für Tag. Und sie bekam Geburtstagsgeschenke, denn sie wurde nicht vergessen. Gemeinsam mit den anderen Kindern feierten wir ihn jedes Jahr – mit Kuchen, Spielen, Liedern, Geschenken und verlässlichen Freunden.

„Die Arche ist nicht in erster Linie entstanden, weil es mir persönlich als Kind an vielen Dingen gefehlt hat, sondern weil jedes Kind ein Recht auf die eben beschriebenen Zuwendungen hat. Die Arche ist eine große Familie, die da ist, die zuhört, die unterstützt, fördert und fordert, aber immer mit Liebe, Verständnis und Zeit."

Bernd Siggelkow

Keine Zeit für ein kindgerechtes Leben

Durch meine eigene Geschichte verstehe ich viele Kinder und ihre Situationen, auch wenn die Umstände damals andere waren als heute. Die Bedürfnisse eines Kindes haben sich allerdings nicht geändert. Nur oftmals verkümmern sie, weil die vermeintlichen Notwendigkeiten, die Kindern von Erwachsenen auferlegt werden, ihnen jegliche Entfaltungsräume rauben. Auch das kenne ich von zu Hause:

In der Küche meiner Großmutter stand ein riesiger Tisch, der als Arbeitsfläche für die Zubereitung des Essens uns als Ablagefläche diente. Eine weitere Arbeitsplatte gab es nicht, denn neben dem Herd und dem Kühlschrank stand der große Ofen, mit dem geheizt und auch gekocht wurde. Zog man die Schublade des Tisches heraus, fand man darin zwei große Schüsseln, in denen abgewaschen werden konnte. Um das schmutzige Geschirr zu säubern, musste man das Wasser in einem Kessel erhitzen und anschließend in die große Schüssel gießen, denn aus der Leitung kam nur kaltes Wasser. An diesem kleinen Waschbecken wuschen wir uns, putzten uns die Zähne und holten das Wasser zum Putzen und Kochen. Einmal in der Woche füllten wir eine Waschschüssel, um uns komplett zu waschen. Alles war spartanisch, aber wir kannten es nicht anders.

Unter dem Waschbecken stand ein Eimer, der nachts als Toilette diente, damit niemand in den dunklen Hausflur gehen musste, wo sich die Toilette befand. Genau genommen benutzte ihn nur meine Oma, die es leider nicht mehr so lange aushalten konnte wie wir Kinder.

Morgens um 6 Uhr, wenn wir aufstehen mussten, war es meine Aufgabe, zuerst den Urineimer in die Toilette zu entleeren. Ich hoffte immer, dass mir niemand im Treppenhaus begegnete, der diese peinliche Nummer beobachten konnte. Dann schnell anziehen, den Ofen anheizen, den Wohnzimmertisch decken, Wasser für den Tee kochen, frühstücken, das Geschirr in eine der Spülschüsseln legen und ab in die Schule. Dort kam ich meistens zu früh an, doch ich brauchte die Zeit, um vor Ort noch meine Hausaufgaben zu machen, die ich nachmittags zu Hause nicht gemacht hatte. Ich habe damals jeden Tag gelogen und gesagt, dass wir nichts aufhätten, nur um die Hausaufgaben nicht zu Hause erledigen zu müssen.

Nach der Schule haben wir zu Mittag gegessen. Das Essen wurde meistens schon am Vortag von meiner Großmutter und mir vorbereitet. Dann wusch ich das Geschirr, das noch vom Vorabend und vom Frühstück in der Schüssel lag, zusammen mit den Tellern und Gläsern vom Mittagessen. Danach ging ich einkaufen, manchmal klaute ich dabei Süßigkeiten, die es bei uns zu Hause nicht gab.

Beim Einkaufen verglich ich stets die Preise, denn das Geld war ja knapp. Vielleicht war dies auch der Grund, warum meine Oma immer darauf bedacht war, mich im Kopfrechnen zu fördern. So kam es denn auch nur sehr selten vor, dass ich ein zweites oder drittes Mal losmusste, um etwas zu besorgen, das nicht auf dem Einkaufszettel gestanden hatte. Und wenn, dann war es meine Oma, die es einfach vergessen hatte zu erwähnen und aufzuschreiben. War der Einkauf erledigt, brachte ich den Müll runter, manchmal bestellte ich auch Briketts beim Kohlenhändler. Ich musste auch putzen, Essen vorkochen und ab und zu meine Oma oder meinen Bruder zum Arzt oder ins Krankenhaus begleiten.

Treppauf und treppab – so verlief meine gesamte Kindheit. Ich war ständig unterwegs, die 136 Stufen hinunter und wieder hinauf, und mir blieb dabei einfach keine Zeit für ein kindgerechtes Leben. Die wenigen freien Stunden, die ich an den Wochenenden und in den Ferien hatte, verbrachte ich auf den Straßen und

Plätzen Hamburgs. Natürlich kannte ich die Spielplätze in meiner Umgebung, auch dort hielt ich mich auf, aber nicht, um zu schaukeln, zu rutschen oder Sandburgen zu bauen. Meistens saß ich auf einer Bank und beobachtete die Menschen – wie die Kinder spielten, die Erwachsenen hin und her liefen, die Bauarbeiter ihrer Arbeit nachgingen und Autos vorbeifuhren. Doch Zeit, mit Autos, Legosteinen oder anderem Spielzeug zu verbringen, besaß ich nicht. Denn viel zu früh war ich in die Verantwortung der Erwachsenenwelt hineingezogen worden.

*

Ein Jugendlicher der Arche erzählte mir vor Kurzem, seine Therapeutin habe zu ihm gesagt, er sei ein „Overthinker", also ein Mensch, der viel zu viel nachdenke. Bis dahin hatte ich diesen Begriff noch nie gehört, aber plötzlich wurde mir bewusst, dass er genau auf mich zutrifft. Ich bin ein Mensch, der seit frühester Kindheit nachdenkt, überlegt, grübelt, inzwischen aber plant, Ideen spinnt, organisiert und vielleicht manchmal auch träumt.

Für mich gab es schon als kleines Kind die „virtuelle Welt", lange bevor es Mobiltelefone, das Internet oder Tablets gab. Auf Bänken sitzend, beim Rumlaufen und im dichtesten Straßenverkehr schwirrten mir Gedanken durch den Kopf. Diese Gedanken waren keine Wünsche, es war also nicht so, dass ich mich in Tagträume flüchtete. Nein, ich beobachtete und überlegte, wie die Gedanken der Menschen wohl aussahen, was sie fühlten, was ihre Aufgabe war, ob sie glücklich oder unglücklich waren.

Ich selbst hatte nur einen Traum: endlich arbeiten zu gehen, Geld zu verdienen, um auf eigenen Beinen stehen zu können. Ich wollte aus der Wohnung ausziehen, um fließendes und warmes Wasser sowie eine Toilette in den eigenen vier Wänden zu haben. Ich wollte nie jemandem auf der Tasche liegen, ich wollte immer für mich selbst sorgen können. Mein Ziel war, um nichts bitten zu müssen, alles aus eigener Kraft und eigenem Antrieb zu schaffen. Ich brauchte keine Ablenkung wie Spielzeug oder Ähnliches. Ich war auf der Suche nach etwas anderem, aber was das war, wurde mir erst als Jugendlicher klar.

Obwohl ich in einer Großstadt aufwuchs, umgeben von öffentlichen Verkehrsmitteln, lief ich jeden Tag gefühlt unendlich viele Kilometer. Für den Schulweg brauchte ich 25 Minuten hin und 25 Minuten zurück, dann die Treppen rauf und runter, den ganzen Tag, die Einkäufe und Erledigungen, die Wege in der Freizeit – im Grunde war ich immer unterwegs. Ich hatte kein Fahrrad oder Nahverkehrsticket, diese Möglichkeiten waren mir nicht gegeben. Mit 14 habe ich dann versucht, ein Fahrrad zu stehlen. Da ich aber vorher noch nie Fahrrad gefahren war, wurde ich prompt dabei erwischt. In letzter Sekunde konnte ich dem Besitzer entwischen und rannte schnell davon.

Das viele Laufen hatte aber auch einen Nachteil. Mein Bruder und ich besaßen jeweils nur ein Paar Schuhe. Meine hielten nicht lange, sie waren schnell kaputt. So war alle vier Monate Ärger zu Hause vorprogrammiert – nämlich immer dann, wenn meine Sohlen durchgelaufen waren. Der ständige Geldmangel und die Notwendigkeit, Schuhe kaufen zu müssen, passten einfach nicht zusammen.

Trotzdem bin ich heute im Rückblick sehr froh darüber, dass ich in meiner Jugend immer viel zu tun hatte. Wer weiß, was aus mir geworden wäre, wenn ich ohne all die Aufgaben und Ablenkungen nur in meinem Zimmer herumgelungert hätte. Ich konnte zwar niemandem von meinem Wunsch und dem ein oder anderen Traum erzählen, dennoch sammelte ich bereits als Kind viele Erfahrungen, die für meine zukünftige Lebensaufgabe von großer Bedeutung sein würden. Und obwohl meine ganze Kindheit aus emotionaler Leere, Einsamkeit, Armut und Hoffnungslosigkeit bestand, hat mir das in all den Jahren als Pastor und Leiter der Arche geholfen, Menschen und vor allem Kinder besser zu verstehen.

Eine Frage, die alles veränderte

„Weißt du, dass es jemanden gibt, der dich liebt?" Diese Frage eines Jugendpastors veränderte von einer Minute auf die andere mein ganzes Leben. Ich war da 16 Jahre alt und besuchte seit einigen Monaten die „Heilsarmee". Dort konnte man kostenlos Musikunterricht erhalten. Ich hatte schon immer den Wunsch in meinem Herzen gehabt, ein Instrument spielen zu können und Musikunterricht zu nehmen, jedoch hatte nie das Geld dafür gereicht. Ich hatte mich auch zu Hause nie getraut, danach zu fragen. Doch mein Bruder wusste um meinen Wunsch und als er eines Tages einen Gottesdienst dieser internationalen Bewegung besuchte, die vor allem für ihre praktische soziale Tätigkeit bekannt ist, erzählte er mir später von dieser Möglichkeit.

Als der junge Pastor, der mir auch Gitarrenunterricht gab, mir dann diese Frage stellte, muss er wohl sicher diese Traurigkeit in mir gespürt haben. Es war kurz bevor meine Großmutter starb und ich von zu Hause auszog. Ich bin mir sicher, dass er mit seiner Frage etwas anderes ausdrücken wollte als das, was ich in diesem Moment fühlte. Er wollte mir vermitteln, dass es einen unsichtbaren Gott gibt, der mich sieht, mich liebt und sich für mich interessiert. Doch davon wusste ich nicht viel. Glaube, Gott und Kirche spielten in meiner Familie keine Rolle. Ich war zwar getauft und wurde später konfirmiert, aber nur, weil es zu jeder hanseatischen Familie dazugehörte. So machte man das eben.

Kein Wunder also, dass ich die Frage anders verstand. Ich hörte nur das Wort Liebe und merkte schlagartig, dass das etwas war, was ich im Grunde nicht kannte. Strenge, Autorität, Härte und Überlebenskampf waren mir bekannt, ebenso wie Sätze, die sich eingeprägt hatten:

- „Ein Mann weint nicht!"
- „Guck auf deinen Teller und glotz keine Löcher in die Luft!"

- „Sei pünktlich und höflich!"
- „Reiß dich zusammen!"
- „Aus dir wird sowieso nichts!"
- „Geh arbeiten!"

Noch mehr Sätze, die wirklich schlimme Dinge beinhalten, möchte ich nicht nennen, denn all diese Glaubenssätze haben leider auch mein Leben negativ geprägt und manches möchte ich einfach auch vergessen. Aber dann hörte ich in ebendieser Frage, dass mich jemand lieben würde. Doch ich wusste sofort, dass es niemanden gibt, der mich liebt …

Meine Mutter hatte mich verlassen, weil sie es mit meinem Vater nicht mehr ausgehalten hatte. Und was war mit meinem Vater? Bis zu seinem Tod hoffte ich auf ein Zeichen von ihm, das mir seine Liebe beweisen würde. Ich war schon über fünfzig Jahre alt – 35 Jahre lang hatten wir keinen Kontakt mehr gehabt – und dann erreichte mich die Nachricht von seinem Tod. Ich erfuhr, dass er vor seinem Tod verfügt hatte, dass seine Kinder nicht von seinem Ableben erfahren sollten. Und mir wurde da klar, dass die Liebe, nach der ich mich gesehnt hatte, in ihm verschlossen geblieben war. Er hatte es nie übers Herz gebracht, meinem Bruder und mir auch nur eine Ahnung davon zu geben. Diese nackte Tatsache traf mich nach über fünfzig Jahren wie ein Schlag ins Gesicht. Die Hoffnung, die ich in mein Elternhaus gesetzt hatte, war zerbrochen. Sie blieb ein lebenslanger Wunschtraum.

Also wollte ich diese Liebe haben, die von einem Gott kam, den ich nicht kannte. Zu verlieren hatte ich ja schließlich nichts. Im Gegenteil! So entschied ich mich, Christ zu werden, mich mit einem himmlischen Vater zu beschäftigen und später etwas zu tun, was mir in diesem Moment extrem wichtig erschien: Etwas für Kinder zu tun, damit sie nicht so aufwachsen müssen wie ich, war eine Entscheidung für mein ganzes Leben. Heute bin ich Christ und das ist gut so!

Wenn dieses Buch erscheint, werde ich sechzig Jahre alt sein. Auch wenn meine Kindheit viele Narben in mir hinterlassen hat, weiß ich, dass all die leidvollen Erfahrungen meiner Kindheit einen Nutzen hatten. Vielleicht nicht direkt für mich, aber für Tausende von Kindern in Deutschland, die ähnlich aufwachsen müssen. Bis heute gibt es Momente, in denen ich schweißgebadet aufwache, weil ich mich im Traum als Kind sehe, das viele Schläge, Worte und Taten ertragen muss.

Auch in der Zeit, als meine Oma krank war, wachte ich jeden Morgen mit Angst auf. Mit der Angst, sie tot im Bett vorzufinden. Sie wurde ja über einen langen Zeitraum vom Krebs förmlich aufgefressen. Monat für Monat ging es ihr schlechter. Damals war ich zehn Jahre alt und hatte mitbekommen, dass meine Oma nur noch 36 Monate zu leben habe. Doch sie lebte mit ihrer Krankheit noch insgesamt sechs Jahre. Sechs Jahre, in denen meine Angst täglich zunahm: eine Angst vor dem Alleinsein. Die Angst, den letzten Funken Hoffnung zu verlieren. Und diese Angst, jemanden zu verlieren, den ich liebe. All diese Ängste haben sich in mein Herz eingebrannt.

Nicht jede Erfahrung macht uns stärker und reifer, manchmal ist es gut, seine Schwächen zu erkennen und zu lernen, damit umzugehen. Ich bin heute kein gebrochener Mensch. Ich habe gelernt, mit meiner Vergangenheit zu leben und meine Erfahrungen zu teilen, um anderen dadurch zu helfen.

Die Angst, zu spät zu kommen, einen geliebten Menschen zu verlieren oder nicht vorbereitet zu sein, prägt auch mein persönliches Handeln. Eine wichtige Devise unserer Arbeit in der Arche lautet, schnell und unkompliziert zu helfen, keine große Bürokratie aufkommen zu lassen, sondern vorbereitet und flexibel zu sein. Bis heute ist *Die Arche* diesem Motto treu geblieben – in der Einzelfallhilfe, während der Coronapandemie, der Flüchtlingskrise und der enormen Preissteigerungen bei Energie und Lebensmitteln und immer dann, wenn ein Kind mit seinem seelischen und körperlichen Hunger vor uns stand.

Die letzten sechzig Jahre haben mir gezeigt, was Liebe, Hoffnung und Glaube bewirken können, vor allem an mir und in mir selbst – und meine Aufgabe sehe ich darin, genau das an andere Menschen weiterzugeben, ohne etwas dafür zu erwarten.

„Eine wichtige Devise unserer Arbeit in der Arche lautet, schnell und unkompliziert zu helfen, keine große Bürokratie aufkommen zu lassen, sondern vorbereitet und flexibel zu sein. Bis heute ist *Die Arche* diesem Motto treu geblieben."

Bernd Siggelkow

5.

Sind uns unsere Kinder gleichgültig?

Wir kommen nicht umhin, immer wieder darauf hinzuweisen: In Deutschland leben rund 4,5 Millionen Kinder in oder in der Nähe von Armut. Die Bertelsmann Stiftung schreibt, dass im Jahr 2022 rund 1,9 Millionen junge Menschen in Haushalten lebten, die Sozialleistungen bezogen. Im Osten ist der Anteil etwas höher als im Westen. Ein Blick auf die kommunale Ebene zeigt gravierende Unterschiede. Im bayerischen Roth waren es beispielsweise 3 Prozent der Kinder, in Gelsenkirchen sind es unglaubliche 42 Prozent. Bremerhaven ist übrigens die Hauptstadt der Kinderarmut, dort ist jedes zweite Kind betroffen.

Lassen wir in Deutschland einen großen Teil unserer Kinder verkommen? Hier sagen wir ganz klar: Ja! Leider ist das so. Wir werden 2024 auch in Bremerhaven eine Arche eröffnen. Dort gibt es viel zu wenige Einrichtungen für Kinder, vor allem auch für Jugendliche. Was ist die Konsequenz daraus? Die Kinder lernen vom ersten Tag ihres Lebens an, von Sozialleistungen leben zu müssen. Sie haben kein Geld für Bildung, für Urlaub in einem anderen Land, nicht einmal für Kino, Theater, Restaurantbesuche oder viele andere Dinge, die für die meisten von uns normal sind.

Kürzlich waren wir bei einer Veranstaltung von „Ein Herz für Kinder" im Axel-Springer-Haus in Berlin. Dort wurde der Chancenmonitor für Kinder und Jugendliche vorgestellt. Nun kennen wir aus unseren Archen Tausende von Kindern, die in der Schule scheitern, ja sogar zum Scheitern verurteilt sind. Jetzt rufen bestimmt viele: „Das kann doch nicht sein, Bildung kostet in Deutschland kein Geld. Auch müssen unsere Kinder in den staatlichen Schulen kein Schulgeld bezahlen." Aber als wir dann die Zahlen schwarz auf weiß vor uns hatten, war das doch noch mal ein Schockerlebnis.

Die erste Frage, die dort vorgestellt wurde, lautete: Wie steht es um die soziale Durchlässigkeit und die sozialen Aufstiegschancen in Deutschland? Die rund achtzig Gäste starrten gebannt auf die Leinwand. Auch wir warteten gespannt auf das Ergebnis. Sollte nun wissenschaftlich bestätigt werden, was wir tagtäglich in unseren Häusern erleben? Scheitern bundesweit Kinder am Bildungssystem, nur weil ihre Eltern zwanzig Jahre zuvor (und wahrscheinlich auch schon ihre Großeltern) scheitern mussten? Haben wir es jetzt endlich schriftlich, wie kaputt unser Bildungssystem ist? Sind unsere Lehrerinnen und Lehrer so schlecht, dass sie Kinder aus ärmeren Verhältnissen scheitern lassen? Oder ist das Bildungssystem wie ein anonymer Satellit, den man weder sehen noch erfassen kann?

Und dann tauchte ein weiterer Satz auf. Der ifo-„Ein Herz für Kinder"-Chancenmonitor[6] dokumentiert, wie (un)gerecht die Bildungschancen von Kindern aus verschiedenen Familien in Deutschland sind. Das ifo-Institut ist eine Forschungseinrichtung, die, wie es heißt, die wirtschaftliche Debatte in Deutschland und in Europa mitgestalten will. Und das ist ihr mit dieser Studie im Auftrag der Axel-Springer-NGO gelungen.

Gemessen wurde die Wahrscheinlichkeit, ein Gymnasium zu besuchen, in Abhängigkeit vom familiären Hintergrund. Und da ging ein Raunen durch den Saal. Die Unterschiede sind gewaltig: Die Wahrscheinlichkeit, ein Gymnasium zu besuchen, liegt bei 21,5 Prozent, wenn ein Kind bei einem alleinerziehenden Elternteil ohne Abitur aufwächst, aus dem untersten Einkommensviertel kommt und einen Migrationshintergrund hat. Demgegenüber liegt sie bei 80,3 Prozent, wenn das Kind bei zwei Elternteilen mit Abitur aufwächst, aus dem obersten Einkommensviertel kommt und keinen Migrationshintergrund hat.

Unterlassene Hilfeleistung?

Diese Zahlen sprechen für sich und sind eine schreiende Ungerechtigkeit. Uns liegt ein Gesetzesentwurf vor, der im Strafgesetzbuch die unterlassene Hilfeleistung nach § 323c beschreibt. Danach kann man ins Gefängnis kommen, wenn man Kindern oder Erwachsenen in einer extremen Situation nicht hilft. Und nun scheitern 80 Prozent der Kinder aus einem bildungsferneren Umfeld, alleingelassen von ihrer Familie, vergessen vom Schulsystem und wahrscheinlich ungeliebt von den Lehrerinnen und Lehrern. Und andernorts, in den jeweiligen Landeshauptstädten, sitzen wohlgenährte Kultusministerinnen und -minister in ihren schönen Büros mit üppigen Bezügen und noch besseren Pensionsansprüchen und lassen das alles satt und zufrieden über sich ergehen. Ist das nicht unterlassene Hilfeleistung?

Die eigenen Kinder machen natürlich mehrheitlich Abitur und lassen es sich später gut gehen. So ist es sicher auch bei dem Nachwuchs der Lehrenden. Das Ganze ist eine schreiende Ungerechtigkeit und ein Verbrechen an unseren Kindern. Und dieses schreiende Unrecht kennen wir schon seit Jahrzehnten. Was hat sich geändert? Nichts. Das Ganze ist also gewollt. Die Ärmsten unter uns sollen immer arm bleiben und den Bessergestellten soll es immer gut gehen.

Wir von der Arche wollen nicht den gut situierten Familien an den Kragen. Aber wir fordern seit Jahren: Nehmt die Kinder aus den bildungsfernen Familien mit in die Erfolgsspur. Dazu brauchen wir mehr Lehrerinnen und Lehrer, mehr Erzieherinnen und Erzieher, also Menschen, die Zeit haben, sich um die vergessenen und verlorenen Kinder und Jugendlichen zu kümmern. Sonst begehen wir ein Verbrechen an einer unserer wenigen, aber sicher der wertvollsten Ressource unseres Landes, den Kindern und Jugendlichen. Andere (Boden-)Schätze, so schlimm das klingt, haben wir in Deutschland nicht. So viel zum Thema Bildung.

„Wir fordern seit Jahren:
Nehmt die Kinder aus den bildungsfernen Familien
mit in die Erfolgsspur."

Wolfgang Büscher

Die Einkommen in Deutschland sind derzeit so ungleich verteilt wie nie zuvor – und das trotz guter Konjunktur und günstiger Lage auf dem Arbeitsmarkt. Auch das zeigen Studien, unter anderem die Studie des Wirtschafts- und Sozialwissenschaftlichen Instituts (WSI) der gewerkschaftsnahen Hans-Böckler-Stiftung.[7]

Wo also liegt das Problem? Von der seit Jahren guten Konjunktur profitieren wieder einmal nur die Wohlhabenden. Damit geht die Schere zwischen ihnen und den unteren Einkommensgruppen immer weiter auseinander. Das ist ein Armutszeugnis für unser Land. Immer mehr Einkommen konzentrieren sich bei den wirklich Reichen. Und die Zahl der Geringverdiener wird immer größer. Diese leben dann von den Brosamen, die ihnen die Reichen auf den Boden werfen. So kann kein Wirtschaftssystem überleben. Wir können die Anrufe der Menschen, die in den Archen um Lebensmittel betteln, nicht mehr zählen.

Ist es etwa gewollt, dass die Schere zwischen Arm und Reich immer weiter auseinandergeht? Unsere Einrichtungen brauchen in diesem Jahr mit der Hilfe der Spenderinnen und Spender über 20 Millionen Euro, um das zu leisten, was eigentlich Aufgabe des Staates ist. Die Bereitschaft der Menschen in Deutschland, einen Teil ihres sauer verdienten Geldes abzugeben, ist groß. Sie wollen helfen, nur wissen sie häufig nicht, wer seriös ist und ob die Hilfe wirklich ankommt. Auch viele Unternehmen spenden Geld, um den Kindern und Jugendlichen in den Archen zu helfen. In Städten wie Hamburg, Frankfurt oder in der Kleinstadt Meißen gibt es sehr aktive Arche-Freundeskreise, die Zeit und Geld opfern, um den vom Staat vergessenen Kindern zu helfen.

Große Vermögensunterschiede verletzen die menschliche Würde und machen so die Abgehängten kaputt, anders kann man es leider nicht ausdrücken. Das erleben auch wir täglich in den Arche-Häusern. Fast alle Eltern schämen sich, weil sie nicht dazugehören. Sie sind Ausgestoßene, Parias, und ihren Kindern geht es da nicht anders. Diese werden in der Schule von ihren Mitschülerinnen und Mitschülern gemobbt und von ihren Lehrerinnen und Lehrern nicht selten geächtet. Dagegen hilft auch die von der Politik eingeführte schicke Bezeichnung „Bürgergeld" nur wenig. Menschen, die von Transferleistungen leben, gehören einfach nicht dazu. Mit denen wollen viele nichts zu tun haben.

Fragen wir uns doch mal selbst: Wer hat Freunde, die seit Jahren von Sozialhilfe leben müssen? Man bleibt in seinem Milieu lieber unter sich – die Erfolgreichen einerseits und der „menschliche Abschaum" andererseits. So fühlen sich Millionen abgehängter Menschen in unserem Land. Geld auf dem Konto zu haben, bedeutet letztlich politische, ökonomische und soziale Macht. Man kann dann von sich sagen, man ist wer.

Zum Misserfolg geboren?

Nur wie können wir die soziale Schere, die momentan immer größer wird, mehr und mehr schließen? Wenn wir in Deutschland so weitermachen wie bisher, werden in Zukunft Millionen von Kindern in Armut leben, schlecht ausgebildet sein und am Ende scheitern. Wollen wir das? Ist das vielleicht sogar gewünscht? Wollen die Reichen auf Kosten der Armen reich bleiben?

Zunächst ein Blick in unsere Arche-Häuser: Uns kommen fast die Tränen, wenn wir in unseren Arche-Häusern jeden Tag Hunderte von Eltern und Kindern bei uns zu Gast haben und ihnen in die Augen schauen. Wir wissen, die meisten von ihnen werden in ihrem Leben scheitern oder, drastischer gesagt, auf die Schnauze fallen. Viele dieser Kinder sind in eine Welt des Misserfolgs geboren worden. Ohne Hilfen und Unterstützung von außen werden sie genauso scheitern, wie schon ihre Eltern und Großeltern gescheitert sind. Man zieht die Kinder groß und lässt sie dann sterben.

Wir können diesen Kindern nur mit Zeit und Geld helfen. Doch wer ist überhaupt für diese Missstände verantwortlich? In erster Linie die Politik. Schauen wir mal zurück und gehen nach Berlin. Dort hat man sich beispielsweise 14 Jahre lang an einem Flughafen versucht. Der damals Regierende Bürgermeister Klaus Wowereit maßte sich an, einen Flughafen im Alleingang bauen und vor allem planen zu können. Schließlich war er auch von 2001 bis 2014 Berlins Regierender Bürgermeister. Kompetente Fachleute waren nicht erwünscht. Wowereit hatte Angst, dass sich möglicherweise andere profilieren und zum Flughafen-König ausrufen lassen könnten. Das Ergebnis dieses Alleingangs: Er verbrannte 6 Milliarden statt 1,9 Milliarden Euro und wurde so zum größten Geldverschwender der Länder Berlin und Brandenburg. Und das will vor allem für Berlin etwas heißen! Vier Milliarden einfach so in die Tonne zu kloppen, dazu gehört schon eine gehörige Portion Inkompetenz. Und man hat ihn einfach machen lassen.

In der freien Wirtschaft hätte man ihn mit Schimpf und Schande vom Hof gejagt. Aber in Berlin kann man wenigstens in der Politik Karriere machen, wenn die eigenen Fähigkeiten für die freie Wirtschaft nicht ausreichen. Warum muss ein Politiker wie Klaus Wowereit nicht für seine Fehler haften und auch geradestehen? Es heißt doch, dass Unwissenheit (und Unfähigkeit) nicht vor Strafe schützt.

Was hätte man mit dem Geld nicht alles machen können! Kitas und Schulen bauen, soziale Einrichtungen fördern und vieles mehr. Doch als Wowereit die Politik verließ, wurde er von seinen Kolleginnen und Kollegen auch noch gefeiert und mit Lametta behängt. Wowereit ist ein Täter. Ein Mann, der unter anderem dafür mitverantwortlich ist, dass die Kassen des Landes Berlin fast immer leer sind. Wenn ein Unternehmer seine Steuern nicht zahlt und den Staat betrügt, wandert er schon wegen ein paar Millionen unterschlagener Gelder zu Recht ins Gefängnis. Das ist Wowereit erspart geblieben, obwohl er unserer Meinung nach für seine Vergehen eigentlich dort hingehört. Hier kann man schon von einem Verbrechen durch massive Geldverschwendung sprechen. Und das ist kein Einzelfall. Über solche Verschwendungsgeschichten ließe sich ähnlich dem Schwarzbuch ein ganzes Buch schreiben.

Nehmen wir den Stuttgarter Hauptbahnhof als weiteres Beispiel. Der Um- oder besser gesagt Neubau des Bahnhofs soll 2025 abgeschlossen sein. Endlich, denn Baubeginn war bereits im Jahr 2010. Damals kalkulierten die Experten eine Bausumme von 4,5 Milliarden Euro. Eine Menge Geld für einen neuen Bahnhof. Doch dann kam es knüppeldick. Fast 10 Milliarden Euro müssen die Deutsche Bahn und letztlich auch der Steuerzahler für den Neubau des Prestigeprojekts hinblättern. Warum das so ist? Natürlich wurde mit der Zeit alles teurer. Aber ein anderer, ebenso entscheidender Teil der Erklärung ist: Die Planer haben bei ihren Entwürfen und Planungen geklotzt statt gekleckert, und das alles natürlich mit freundlicher Genehmigung der Politik.

Für all das ist Geld da, ob in Hamburg, in Berlin oder in Stuttgart. Doch bei der Bildung und Ausbildung unserer Kinder geizt die Politik. Und schießt sich damit ins eigene Knie. Ob Wowereit, Scholz oder wer auch immer, bei der Geldverschwendung für vermeintliche Vorzeigebauten scheint man sich einig zu sein: Nur das Feinste vom Feinen ist gut genug.

Grunderbe vom Staat

Um den Millionen vergessenen Kindern in Deutschland zu helfen, müssen wir auch das böse Wort „Umverteilung" in den Mund nehmen. Es kann nicht sein, dass eine Minderheit den Großteil des Sparvermögens besitzt und die unteren 25 Prozent keinen Cent auf dem Konto haben. Schließlich kosten eine Kindergrundsicherung für alle in Deutschland lebenden Kinder und ein eventuelles Grunderbe den Staat viel Geld.

Ja, wir sollten, nein wir müssen darüber nachdenken, ob nicht jeder junge Mensch in Deutschland zu seinem 18. Geburtstag einen Betrag (Grunderbe) von 20 000 Euro vom Staat bekommen sollte. Das wäre nur fair und gerecht. Oder anders gefragt: Warum dürfen Jugendliche durch die Gnade ihrer Geburt von ihren Eltern hohe Summen erben und andere Kinder nicht? Was wäre, wenn der Start ins Erwachsenenleben für alle junge Menschen gleich wäre?

Wie soll das Ganze finanziert werden? Es wird nicht allen gefallen, aber Erbschaften sollten in Zukunft für reiche Familien sehr teuer werden. Warum wird das Barvermögen, das an die nächste Generation weitergegeben wird, nicht viel höher besteuert?

Zum Beispiel ab 300 000 Euro mit 70 Prozent. Die jungen Leute werden dann ihr Grunderbe von 20 000 Euro in ihre Ausbildung investieren, in Reisen oder sie werden es für Dinge des täglichen Bedarfs ausgeben. Das Geld würde also die Wirtschaft ankurbeln.

Wir sind wahrlich keine Linken, aber wir stellen die Frage: Ist es sozial, wenn so viele junge Menschen in Armut leben müssen? Kann man das als Christ verantworten? Wir meinen, nein, denn dafür sehen wir in unseren Arche-Häusern zu viel Armut und menschliche Tragödien.

6.

Was sagt
die Wissenschaft?

Kinderarmut und familiäre Armut sind mit starken negativen Gefühlen und Emotionen sowie starkem Stress verbunden. Das zeigen auch die Geschichten in diesem Buch. Wir wollen an dieser Stelle aber auch die wissenschaftliche Seite unseres Themas nicht vergessen. So entstand dieses Kapitel in enger Zusammenarbeit mit unserer wissenschaftlichen Mitarbeiterin und Leiterin der Arche München, Larissa Rauter.

„Wirtschaftlicher Erfolg hängt entscheidend vom Humankapital ab"[8], sagt der ehemalige OECD-Generalsekretär José Ángel Gurría. Bildung stellt in unserer heutigen Wissensgesellschaft eine wichtige Determinante dar. Sie ist die substanzielle Voraussetzung für die Chance auf soziale, politische und kulturelle Teilhabe und den ökonomischen Status.[9]

In der UN-Menschenrechtscharta heißt es in Artikel 26 Absatz 1: „Jeder hat das Recht auf Bildung."[10] Weiter ist im deutschen Grundgesetz unter Artikel 3 das Gleichheitsrecht verankert. In diesem wird dargelegt, dass „niemand *aufgrund* [L. R.] seines Geschlechtes, seiner Abstammung, seiner Rasse, seiner Sprache, seiner Heimat und Herkunft, seines Glaubens, seiner religiösen oder politischen Anschauung benachteiligt oder bevorzugt werden *darf* [L. R.]"[11].

Auf dieser Grundlage könnte man annehmen, dass es in Deutschland Bildungsgerechtigkeit gibt. Dies entspricht jedoch nicht ganz der Realität. So bestehen „Bildungsungleichheiten zwischen Menschen unterschiedlicher sozialer Herkunft [...] in allen Bildungsbereichen – in der frühkindlichen Bildung, im Schulsystem, in der Berufsausbildung, im Hochschulsystem und in der Weiterbildung"[12]. In kaum einem anderen OECD-Staat hängt der Bildungserfolg so stark von dem sozialökonomischen Status der Familie ab wie in Deutschland.[13]

Die Familie ist von Geburt an die erste Bildungsinstanz für Kinder. Die „Familie kann nur das weitergeben und beim Kind initiieren, was innerhalb des Rahmens ihrer sozialen und kulturellen Ressourcen liegt"[14]. So werden die interkulturelle Entwicklung und die Bildungsmöglichkeit eines Kindes bereits prägnant vor dem Schuleintritt durch den sozialökonomischen Status nachhaltig beeinflusst.[15]

Frühkindliche Bildung findet in Kinderkrippen beziehungsweise in Kindertagesstätten statt. „Eine institutionelle Betreuung und Förderung in den ersten Lebensjahren hat im Allgemeinen – speziell bei Kindern aus armen und sozial benachteiligten Familien – eine protektive Wirkung; sie kommt vor allem der kognitiven Entwicklung der Kinder zugute [...]"[16] Frühkindliche Bildung ist somit der Schlüsselfaktor, um soziale Ungleichheiten dauerhaft nachhaltig zu verringern und damit herkunftsbedingten Ungleichgewichten entgegenzuwirken.[17] Dadurch werden die gesellschaftlichen Teilhabechancen von Kindern, die sich in sozioökonomisch und herkunftsbedingt benachteiligten Lebenslagen befinden, verbessert.[18]

Vor diesem Hintergrund wurde der Bereich der frühkindlichen Bildung, Betreuung und Erziehung in Deutschland in den letzten Jahren kontinuierlich ausgebaut und weiterentwickelt. Seit 1996 besteht ein Rechtsanspruch auf einen Kindergartenplatz ab dem dritten Lebensjahr. Seit 2013 besteht ein Rechtsanspruch auf frühkindliche Förderung in einer Kindertageseinrichtung oder Kindertagespflege für Kinder ab dem vollendeten ersten Lebensjahr.[19] Dieser Rechtsanspruch soll dazu beitragen, dass „sozioökonomische Nutzungsunterschiede" dezimiert werden.

In der Realität werden jedoch diese Rechtsansprüche nur unzureichend erfüllt. Laut der Bertelsmann Stiftung fehlten im Jahr 2023 rund 384 000 Kitaplätze.[20] Der Bedarf an Betreuungsplätzen für Kinder unter drei Jahren lag im Jahr 2022 in Deutschland bei 49,1 Prozent und ist damit weiter angestiegen. Nur 35,5 Prozent der Kinder erhielten einen Betreuungsplatz. Damit liegt die Differenz zwischen dem Betreuungsbedarf der Eltern und der tatsächlichen Betreuungsquote bei 13,6 Prozent.[21]

Darüber hinaus sind die Erwerbstätigkeit der Eltern, der Bildungsstatus der Mutter sowie der Migrationshintergrund von großer Bedeutung und spielen eine zentrale Rolle bei der Vergabe eines Betreuungsplatzes in einer Kindertageseinrichtung für Kinder unter drei Jahren.[22] So scheint es, dass sozialökonomisch besser situierte Familien einen höheren Nutzen aus dem Rechtsanspruch und dem Ausbau der Kindertagesbetreuung gezogen haben als benachteiligte Familien.[23] Nach einer Analyse des Bundesinstituts für Bevölkerungsforschung (BiB) auf der Basis der Kinderbetreuungsstudie (KiBS) des Deutschen Jugendinstituts (DJI) für die Jahre 2013 bis 2020 liegt die Inanspruchnahmequote bei sozialökonomisch benachteiligten Kindern bei ca. 23 Prozent im Jahr, während sie bei den besser situierten Kindern mit 46 Prozent doppelt so hoch ist.[24]

In Stadtteilen, in denen viele Familien sozialökonomisch benachteiligt sind oder einen Migrationshintergrund haben, findet zudem bereits eine Trennung der verschiedenen sozialen Schichten statt. Dies spiegelt sich meist in Bildungseinrichtungen wie Kindertagesstätten oder Grundschulen wider. „Häufig bedingt durch sozialräumliche Segregation entsteht eine starke Ungleichverteilung von Gruppen so, dass es in einzelnen Einrichtungen zu einer Konzentration von Kindern mit bestimmten sozialen oder ethischen Merkmalen kommt."[25] Groos, Trappmann und Jehles haben in einer wissenschaftlichen Begleitstudie und ihrem Bericht „Keine Kita für alle" die Besonderheit der Kita-Segregation dargestellt. Dabei zeigte sich, dass die Kita-Segregation deutlich stärker ausgeprägt ist als die Segregation im Sozialraum. Dementsprechend sind Kinder aus benachteiligten Familien in diesen Einrichtungen unter sich, was weitere Folgen mit sich bringt.[26] So wirkt sich ein homogenes Lernumfeld in segregierten Kindergartengruppen oder Grundschulklassen nicht förderlich auf den Lernerfolg von schlechter situierten Kindern aus.[27] Die Entwicklungschancen der Kinder sind dadurch geringer.[28] Darüber hinaus konnte gezeigt werden, dass Kinder aus bessergestellten Familien deutlich früher eine Kindertageseinrichtung besuchen und somit langfristig von einer längeren Kitazeit profitieren.[29]

In vielen Bundesländern, außer in Bayern, Brandenburg und Thüringen, wurde die Grundschulempfehlung abgeschafft. Somit können Eltern in den entsprechenden Bundesländern die weiterführende Schule für ihr Kind selbst bestimmen, auch wenn die schulischen Leistungen dagegensprechen und die Pädagoginnen und Pädagogen davon abraten würden.[30]

Anhand des Rational-Choice-Ansatzes entwickelte der französische Soziologe und Philosoph Raymond Boudon (1973) ein Modell, wie elterliche Bildungsentscheidungen zustande kommen. Darüber hinaus zeigte er auf, wie Bildungsungleichheiten entstehen. Für Boudons Ansatz sind primäre und sekundäre Herkunftseffekte entscheidend.[31] Boudon sieht im primären Herkunftseffekt die Abhängigkeit zwischen der Sozialisation in der Familie und dem Kind für ein erfolgreiches Durchlaufen des Bildungssystems. So hängt nach Becker die schulische Leistung von der „sozialökonomischen Lage des Elternhauses" ab.[32] Weiter lassen sich die Schichten „in der Vermittlung von Sprachkultur, in der Lern- und Bildungsmotivation hin zum selbstregulierten Handeln und Lernen sowie in den habitualisierten Lerngewohnheiten voneinander unterscheiden"[33]. Diese Gewohnheiten werden bereits in der frühen Kindheit erworben und im schulischen Kontext angewendet. Daraus lässt sich schließen, dass die schulischen Voraussetzungen der Kinder unterschiedlich sind und soziale Ungleichheiten der Bildungschancen von Anfang an bestehen.[34] Auch Becker bezieht sich auf Boudon und beschreibt, inwieweit die elterliche Bildungsentscheidung vom sozialökonomischen Status abhängig ist.

Nach Boudon treffen Eltern die Übertrittsentscheidung auf der Basis einer Kosten-Nutzen-Abwägung. Dabei werden die Kosten, die durch die weitere Bildung entstehen, gegen die Kosten, die durch das Nichtwahrnehmen der Bildungsmöglichkeit entstehen, sprich die Opportunitätskosten, abgewogen. Die Übertrittsentscheidung erfolgt somit aus einer subjektiven Perspektive und steht in Relation zu den bisher erreichten Bildungsabschlüssen der Familie.[35] Zudem werden von sozialökonomisch benachteiligten Familien die Bildungskosten als deutlich höher wahrgenommen als von bessergestellten Schichten, da diese aufgrund ihres Kapitals in der Lage sind, höhere Schulen zu unterstützen.[36] Dies bedeutet in der Konsequenz, dass es für ein Kind, dessen Eltern einen Hauptschulabschluss als höchsten Bildungsabschluss besitzen, deutlich schwieriger ist, ein Gymnasium zu besuchen, als für ein Kind, dessen Eltern das Abitur gemacht haben, da es bei Kindern aus besser situierten Familien keine soziale Distanz gibt, die das Kind hierfür überwinden muss.

Maaz und Nagy (2009) ziehen ebenfalls den primären und sekundären Herkunftseffekt von Boudon heran. Ergänzend zu Boudons Theorie erwähnen sie, dass die Erziehungsberechtigten bei ihrer Übertrittsentscheidung die Empfehlung der Lehrkräfte berücksichtigen. Darüber hinaus stellen sie fest, dass auch diese Empfehlung „in Abhängigkeit von der sozialen Schicht ausgesprochen wird und folglich die soziale Schichtzugehörigkeit ein bedeutsamerer Faktor für die Bildungswegentscheidung ist"[37].

Die Sozialwissenschaftlerin Kerstin Hoenig und der Soziologe Hartmut Esser haben im Jahr 2018 untersucht, inwieweit die verbindliche Grundschulempfehlung zu mehr Leistungsgerechtigkeit führt.[38] Sie kamen zu der Auffassung, dass grundsätzlich eine höhere Leistungsgerechtigkeit durch eine verbindliche Grundschulempfehlung erzielt werden kann. Voraussetzung dafür ist, dass eine Abweichung von dieser Empfehlung ausgeschlossen ist. Dadurch profitieren hauptsächlich begabte Kinder aus sozialökonomisch schwächeren Schichten.[39]

Inwieweit sich Armut auf die Entwicklung und den Werdegang von Kindern auswirkt, untersuchte Gerda Holz unter anderem in der Langzeitstudie AWO-ISS am Frankfurter Institut für Sozialarbeit und Sozialpädagogik (ISS). Sie stellte fest, dass Kinder aus sozialökonomisch schwachen Familien häufig später eingeschult werden, deutlich schlechtere Noten haben und häufiger eine Klasse wiederholen müssen als besser situierte Kinder. Zudem erhalten benachteiligte Kinder, selbst bei gleichbleibenden oder besseren Leistungen, seltener die Gymnasialempfehlung als ihre privilegierteren Mitschüler.[40] So haben es sozialökonomisch benachteiligte Kinder bei gleicher Leistung häufig schwerer, von ihren Grundschullehrkräften eine Gymnasialempfehlung zu erhalten, als Kinder von Akademikern.[41] Daher landen Kinder aus benachteiligten Verhältnissen häufig an Schulen, die nicht ihren Begabungen entsprechen und ihnen somit keine Chancen für eine bessere Zukunft bieten.[42]

Darüber hinaus ist darauf hinzuweisen, dass einige empirische Studien zum Schulwesen wie die „Internationale Grundschul-Lese-Untersuchung" (IGLU), die Studie „Trends in International Mathematics and Science Study" (TIMSS) sowie die von der „Organisation for Economic Co-operation and Development"

(OECD) in Auftrag gegebene Studie „Programme for International Student Assessment" (PISA), welche seit 2000 alle drei Jahre unter anderem die Kompetenzen von 15-jährigen Jugendlichen erhebt, einen Zusammenhang zwischen sozialer Herkunft und Bildung belegen. So gibt es in der PISA-Studie immer wieder Hinweise darauf, dass in Deutschland ein starker Zusammenhang zwischen dem sozialökonomischen Status des Elternhauses und dem Bildungserfolg der Kinder besteht.

Die erste PISA-Studie im Jahr 2000 führte in Deutschland zum sogenannten „PISA-Schock". In den Bereichen Lesekompetenz, Mathematik und Naturwissenschaften schnitten die deutschen Schülerinnen und Schüler deutlich schlechter ab als der OECD-Durchschnitt. Zudem zeigte sich, dass die Leistungen der Jugendlichen stark mit dem sozialökonomischen Status korrelierten. Schlecht schnitten Personen mit Migrationshintergrund ab. Die Folge war eine bildungspolitische Diskussion mit anschließenden grundlegenden Reformen.[43]

Die siebte PISA-Studie im Jahr 2018 ist mit über 600 000 teilnehmenden 15-Jährigen in 79 Ländern die bisher größte Studie. Nach einer Leistungssteigerung bis 2012 hat sich der Mittelwert der Lesekompetenz signifikant verschlechtert. So erreicht nur noch jeder fünfte Jugendliche das Leseniveau der Grundschule.[44] Zudem ist der Zusammenhang zwischen sozialökonomischem Status und Bildungserfolg stark ausgeprägt.[45] Die Ergebnisse der aktuellen PISA-Studie, die aufgrund der Pandemie um ein Jahr verschoben werden musste, wurden erst nach Redaktionsschluss dieses Buches bekannt gegeben.

Zusammenfassend lässt sich festhalten, dass die Herkunft eines Kindes die Bildungschancen und damit die soziale, politische und kulturelle Teilhabe und den daraus resultierenden ökonomischen Status bestimmt. Die damit verbundene Bildungsungleichheit zieht sich durch alle Institutionen, die Kinder besuchen.

Und in kaum einem anderen OECD-Land hängt der Bildungserfolg so stark von dem sozialökonomischen Status der Familie ab wie in Deutschland.

Diese bereits beschriebenen Ungleichheiten sind in der Arche täglich zu beobachten. So stellt die Suche nach einem Betreuungsplatz für Kinder unter drei Jahren die Mitarbeiterinnen und Mitarbeiter der Arche regelmäßig vor größere Herausforderungen. Immer wieder bitten Eltern um Unterstützung bei der Suche nach einem Betreuungsplatz. Die einen scheitern am Onlinesystem, den anderen fehlt ein für das System geeignetes Endgerät und wieder andere Eltern werden abgewiesen, weil jemand zu Hause ist und das Kind selbst betreuen kann.

Meist sind es die Mütter, die verzweifelt zu uns kommen. Immer wieder berichten sie uns, dass sie sehr gerne einen Deutschkurs absolvieren oder arbeiten würden. Dies sei aber aufgrund des fehlenden Betreuungsplatzes nicht möglich. Und einen Betreuungsplatz würden sie wiederum nur dann erhalten, wenn sie bereits eine Arbeitsstelle oder einen Deutschkurs nachweisen können.

Aufgrund dieser Herausforderung besuchen viele unserer Arche-Kinder erst spät eine frühkindliche Betreuungseinrichtung. So kommt es immer wieder vor, dass unsere Archen von vierjährigen, manchmal auch fünfjährigen Kindern besucht werden, die vorher noch nie eine andere Einrichtung besucht haben. Dies stellt die Mitarbeitenden vor spannende Aufgaben. Denn abgesehen von den unzureichenden Sprachkenntnissen müssen diese Kinder zunächst einmal grundlegende soziale Kompetenzen erwerben: Wie nehme ich Kontakt zu anderen Kindern auf? Wie gehe ich in der Gruppe mit anderen um? Wie löse ich Probleme? Oder inwieweit kann ich gesetzte Grenzen und Regeln akzeptieren und einhalten?

Vor dem Übergang in die Grundschule stellen sich die Mitarbeitenden der Arche immer wieder die Frage, wie diese Kinder noch intensiver unterstützt werden können, um einen guten Start in die Grundschule zu haben.

Es zeigt sich, dass gerade bei den Erst- und Zweitklässlern ein enormer Förderbedarf besteht. Viele Kompetenzen, die in Kindertagesstätten erworben werden, sind bei einigen Kindern noch ausbaufähig. Zudem erleben einige Kinder zu Schulbeginn eine große Demotivation aufgrund mangelnder Deutschkenntnisse. Ein weiteres stress- und emotionsgeladenes Thema stellen die Hausaufgaben dar. Viele der Arche-Kinder sind dabei aus unterschiedlichen Gründen auf die Unterstützung einer weiteren Person angewiesen. So kann sich das eine Kind nicht selbst strukturieren, das andere Kind hat den Inhalt nicht verstanden und dem nächsten fehlt es schlicht an Konzentration. Dies führt schnell zu Frustration und einer negativen Grundstimmung, die sich in Verweigerung und Ablehnung von Schule und Hausaufgaben widerspiegelt.

Immer wieder unterstützen die Mitarbeiterinnen und Mitarbeiter der Arche die Eltern bei Elterngesprächen in der Schule. In manchen Gesprächen stellt sich heraus, dass Kinder in der Grundschule nicht mehr benotet und einfach versetzt werden. Was aus diesen Kindern in der weiterführenden Schule wird, bleibt fraglich.

Eine nachhaltig beeindruckende Entwicklung zeigte Mohammed. Er bekam nach der Grundschule eine Empfehlung für das Gymnasium, das er auch anfänglich besuchte. Nach kurzer Zeit wurde er auf die Hauptschule umgeschult: „Meine Eltern sagen, dass das der bessere Weg für mich ist", nannte uns Mohammed als Begründung.

Nach intensiver Unterstützung durch die Arche absolvierte Mohammed sein Abitur. Er bedankte sich bei der Mitarbeiterin für die Unterstützung und fügte hinzu, dass das Wichtigste für ihn gewesen sei, dass jemand da war, der an ihn geglaubt und ihn immer wieder motiviert hat. Und das, nachdem er täglich von seinen Eltern gefragt wurde, ob er nicht lieber auf die Haupt-schule beziehungsweise Realschule wechseln wolle, um dann eine Ausbildung zu machen.

Die Mitarbeiterinnen und Mitarbeiter der Arche erleben immer wieder Situationen von Bildungsbenachteiligung. Die genann-ten Geschichten sind nur ein Bruchteil der Herausforderungen, denen sich die Mitarbeitenden der Arche täglich stellen müssen. Es sind nicht die Kinder, die Kraft und Energie kosten. Es ist das System, das einem oft die Energie raubt. Und wir fragen uns:

- Wie kann es sein, dass in einem so reichen Land wie Deutsch-land der Bildungserfolg immer noch so stark von der sozial-ökonomischen Herkunft abhängt?
- Warum reagieren unsere Politikerinnen und Politiker oft re-aktiv und nicht präventiv?
- Warum investieren wir nicht mehr in unsere Kinder?
- Warum ist es nicht möglich, in Deutschland eine Autobahn-maut einzuführen, wie es die europäischen Richtlinien vor-sehen, um zusätzliche und dringend benötigte Einnahmen zu generieren, anstatt bei Kindern und Familien zu sparen?
- Warum wird in einem reichen Land wie Deutschland nicht mehr in das vorhandene Humankapital investiert, obwohl da-von der wirtschaftliche Erfolg abhängt?

„Es sind nicht die Kinder, die Kraft und Energie kosten. Es ist das System, das einem oft die Energie raubt."

Larissa Rauter

Die Geschichte von Leon

Als ich Leon das erste Mal traf, schaute ich in zwei kleine, übermüdete Augen.

Er wohnte mit seiner Mutter und einem kleinen Baby in der Nachbarschaft und tauchte irgendwann in der Arche auf. Ich habe nie erfahren, ob er nur aus Neugier vorbeigekommen war oder ob ihn jemand eingeladen hatte.

Der achtjährige Blondschopf war eine Mischung aus Fröhlichkeit und Bedrücktheit. An einem Tag war er gut gelaunt, am nächsten dann zu Tode betrübt. Freunde hatte er so gut wie keine und es war auch innerhalb unserer Einrichtung schwierig, ihn mit anderen Kindern zusammenzubringen. Meistens wich er weder mir noch den Mitarbeiterinnen und Mitarbeitern von der Seite. Es schien, als könne er nicht mit Gleichaltrigen umgehen. Leon war oft müde und erschöpft, kraftlos und zu nichts zu motivieren. Er besuchte die zweite Klasse in der benachbarten Schule. Kein weiter Schulweg also, aber er kam oft zu spät zum Unterricht oder schwänzte sogar die Schule.

Eines Tages, an einem Vormittag, stand der kleine Mann in meinem Büro. Es war noch nicht einmal 9 Uhr. „Hier bin ich", waren seine Worte.

Erstaunt fragte ich ihn, ob er denn keine Schule habe und was er schon so früh hier wolle. Seine Antwort überraschte mich: „Schule ist doof. Ich will dir heute helfen. Die Arche unterstützt so viele Kinder und dabei will ich dir jetzt helfen." Selten verschlägt es mir die Sprache, aber in diesem Moment fehlten mir einfach die Worte. Ich kam aus dem Staunen nicht mehr heraus. Leider ließ Leon sich nicht davon überzeugen, dass es für ihn besser wäre, an diesem Vormittag in seine Klasse zu gehen. Aber ich musste auch konsequent bleiben, denn eine Regel in der Arche lautet:

Wer an einem Tag die Schule schwänzt, darf am nächsten Tag nicht mehr zu uns kommen.

*

Je öfter der kleine Junge in die Arche kam, desto mehr erfuhr ich über sein Leben. Obwohl er nicht viel über sich und seine Familie erzählte, fasste er immer mehr Vertrauen zu mir, denn schließlich verbrachte er oft mehrere Stunden am Tag an meiner Seite.

Nach und nach erfuhr ich, dass er noch eine kleine Schwester hatte. Ein Baby, nicht einmal ein Jahr alt. Abends, wenn er nach Hause kam, musste sich Leon um sie kümmern. Das Fläschchen warm machen, das Baby füttern, dann ins Bett bringen und natürlich aufpassen, dass nichts passiert. Wenn die kleine Schwester aufwachte und zu schreien begann, beruhigte er sie.

Wenn Leon über seine Schwester sprach, dann wie ein Erwachsener, der genau wusste, was zu tun war. Er stellte keine Fragen, jeder Handschlag musste sitzen. Natürlich war der blonde Junge damit völlig überfordert.

Nach und nach fand ich heraus, dass die junge Mutter abends erst sehr spät nach Hause kam oder sogar über Nacht wegblieb. Sie ließ Leon und das Baby dann völlig allein. Das war unverantwortlich. Jetzt war mir auch klar, warum der Achtjährige ständig übermüdet war und oft viel zu spät zum Unterricht kam. Mitten in der Nacht, wenn die Mutter heimkam, legte sie sich ins Bett und schlief. Am Morgen stand sie nicht auf, um den Kindern Frühstück zu machen, auch das übernahm Leon.

*

Im Grunde war diese Familie ein Fall für das Jugendamt und natürlich melden wir solche prekären Situationen, aber wir wollten erst einmal sehen, was an der ganzen Sache dran war.

Eine Mitarbeiterin ging eines Nachmittags unangemeldet zu Leons Mutter. Sie konfrontierte sie mit den Auffälligkeiten ihres Sohnes sowie mit seiner ständigen Müdigkeit und Überforderung. Die Worte der Arche-Mitarbeiterin schockierten die junge Mutter, sie war sichtlich erschüttert und brach schließlich zusammen. Dann versuchte sie sich zu erklären …

Sie sei noch ein Teenager gewesen, als ihr Sohn geboren wurde. Es stellte sich heraus, dass ihre Mutter, also Leons Großmutter, sich nie Zeit für ihre Tochter genommen hatte und somit kein gutes Vorbild gewesen war. Und so kam es, wie es kommen musste. Die junge Frau suchte nach Liebe, nach dem, was ihre Mutter ihr nicht geben konnte. Was war die Folge? Sie lernte einen Mann kennen, der ihr diese Liebe zu geben schien. Doch das kurzweilige Liebesleben hatte Folgen. Sie wurde schwanger. Der Mann machte sich schnell aus dem Staub und ließ die junge Frau sitzen.

Leon kam zur Welt, es folgte eine kurze Zeit im Mutter-Kind-Heim, dann fand sie eine eigene kleine Wohnung. Sie war von da an allein und mit der Verantwortung für ihr Kind überfordert.

In diesem Gespräch brach all das förmlich aus ihr heraus. Sie erzählte weiter, dass sich das Schicksal nur wenige Jahre später buchstäblich wiederholte. Ein neuer Partner trat in ihr Leben. Ein weiteres Kind wurde geboren. Doch auch dieser werdende Vater machte sich vom Acker und entzog sich seiner Verantwortung. Die Frau verlor nun den Lebensmut und brach innerlich zusammen.

Jeden Abend lief sie verantwortungslos von zu Hause weg und besuchte eine Freundin. Sie hatte keinen Freund, das gaukelte sie Leon nur vor. Sie wollte ihr bisher so unglücklich verlaufenes Leben nachholen. Aus der eigenen Perspektivlosigkeit flüchten. Niemand unterstützte sie in ihrer Situation, nicht einmal ihre Freundin. Diese brauchte Leons Mutter auch nur, um ihr eigenes Leben scheinbar zu „versüßen".

Nun waren es schon drei Menschen, die dringend Hilfe brauchten. Doch schon beim ersten Gespräch merkte Leons Mutter, dass die Mitarbeiterin der Arche ihr wirklich zuhören und helfen wollte. Zum ersten Mal fühlte sie sich verstanden.

An diesem Nachmittag kam sie mit dem Baby in unsere Einrichtung, sah, wie wohl Leon sich fühlte, und konnte endlich zugeben, dass sie wirklich Hilfe brauchte. Wir gaben ihr diese Hilfe.

Mit Unterstützung des Jugendamtes wurde schnell eine Mutter-Kind-Einrichtung gefunden, in die die beiden einziehen konnten. In den folgenden zwei Jahren lernte die dreiköpfige Familie, ihren Alltag zu strukturieren. Sie konnten sich nun ein besseres Leben durchaus vorstellen. Sie waren auf einem guten Weg.

In dieser Zeit haben wir den Kontakt zu der jungen Mutter nicht verloren. Ganz im Gegenteil. Regelmäßig telefonierte unsere Mitarbeiterin mit ihr und begleitete sie auch beim Auszug in eine eigene Wohnung nach zwei Jahren in der Mutter-Kind-Einrichtung.

Inzwischen wohnen die drei nicht mehr in der Nähe einer Arche, aber jeder von ihnen steht nun fest auf eigenen Beinen und blickt zuversichtlich in die Zukunft. Leon besucht nun regelmäßig die Schule und das Lernen macht ihm Spaß. Er hat Freunde und kann wieder Kind sein. Leons Mutter ist mittlerweile glücklich verheiratet. Der Ehemann hat ein gutes Verhältnis zu den beiden Kindern.

7.

30 Jahre
Die Arche und
30 Jahre Verbrechen
an unseren Kindern

In den vergangenen Jahrzehnten, fast dreißig Jahre sind seit der Gründung der Arche mittlerweile vergangen, haben die Mitarbeiterinnen und Mitarbeiter Hunderte, vielleicht sogar Tausende von Biografien verändert. Kinder, die in anderen sozialen Einrichtungen Hausverbote erhielten, haben in unseren Häusern ein zweites Zuhause gefunden. Es gibt keine hoffnungslosen Fälle, aber enorm große Herausforderungen. Denn es ist oft ein langer Weg, den Kindern Selbstwertgefühl, Erfolgserlebnisse und Vertrauen zu vermitteln, gerade wenn ihre Familien sich selbst aufgegeben haben und ihnen damit wenig Perspektiven bieten.

Der Weg aus der Armut ist schwer und fast ausweglos. In Deutschland kann er bis zu vier Generationen dauern. Für *Die Arche* ein Grund, manches anders zu machen, als man es vielleicht von einer sozialen Einrichtung erwartet.

Die ersten fünf Jahre nach der Gründung der Arche im Jahr 1995 waren allerdings sehr beschwerlich, denn damals standen die Menschen im Umfeld der Berliner Einrichtung, die Institutionen im Bezirk wie auch einige Politiker unserer christlichen

Einrichtung sehr kritisch gegenüber. Das ist heute nicht mehr so, ganz im Gegenteil.

Obwohl vom ersten Tag an viele Kinder unsere Spiel- und Sportangebote und auch die Hausaufgabenhilfe in Anspruch nahmen, blieben oft Grundschüler vor der Tür stehen, weil ihre Eltern ihnen verboten haben, mit Christen zu spielen. Diese Kinder waren sehr traurig, wenn sie zusehen mussten, wie ihre Freunde fröhlich die Arche betraten. Es dauerte einige Jahre, bis die Angst vor einer angeblichen Missionierung oder Zwangsbekehrung in Vertrauen umgewandelt werden konnte. Dieses Vorurteil wurde auch von anderen Organisationen geschürt, die behaupteten, unsere Besucher würden zum Beten gezwungen. Von Anfang an besuchten täglich bis zu einhundert Schülerinnen und Schüler die Arche. Selbst im Bezirksamt von Hellersdorf, dem Teil Berlins, in dem die Arche bis heute ihre Zentrale hat, wurden solche Stimmen laut. Und noch schärfer wurde die Kritik, als wir begannen, den Kindern ein kostenloses Mittagessen anzubieten.

Damals gab es noch keinen Armutsbericht, der unsere Erfahrungen mit benachteiligten Kindern wissenschaftlich belegen konnte. Wir fühlten uns oft als Außenseiter. Wir beobachteten Entwicklungsdefizite und damit eine wachsende Kinderarmut, niemand sonst sah diese Misere. Wir reagierten darauf, indem wir immer neue Programme einsetzten. Unsere „Zeugnisparty" zum Beispiel, bei der alle Zeugnisse der Kinder gefeiert wurden, selbst wenn viele dieser Zeugnisse sehr bescheiden aussahen und die Kinder sie hoffnungslos in ihren Händen hielten. Dabei wurde zugleich der Weg in die richtige Richtung gelenkt: Es wurde ein kleines Geschenk für das Vorzeigen des Zeugnisses übergeben, anschließend der Vorschlag zur Nachhilfe im Hausaufgabenraum der Arche angesprochen und der Anreiz gesetzt, sich um mindestens eine Note bis zum nächsten Halbjahr zu verbessern. Auch wurde die Ausstattung mit den wichtigsten Schulmaterialien ermöglicht.

Doch mit leerem Magen lernt es sich schlecht, das wurde uns schnell bewusst, denn viele Kinder kamen nach der Schule teilweise völlig ausgehungert zu uns. „Habt ihr etwas zu essen?", war eine Frage, die uns täglich gestellt wurde. Hier musste sofort gehandelt werden. Eine „Suppenküche für Kinder" nannte es die Presse, später folgten andere soziale Einrichtungen unserem Beispiel und nannten es „pädagogisches Mittagessen". Aber egal, wie man es nannte, die Kinder brauchten regelmäßige Mahlzeiten.

Dieses Vorhaben zu realisieren, war eine der größten Herausforderungen in meiner Geschichte mit der Arche. Mir war bewusst, dass viele politische und soziale Institutionen Amok laufen würden, wenn die Arche in einer Wohlstandsgesellschaft ein kostenloses Mittagessen austeilen würde, denn wir befanden uns nicht in der Nachkriegszeit, sondern am Ende der 1990er-Jahre. Es war klar, dass eine solch außergewöhnliche Aktion nur dann funktionieren würde, wenn man den Skeptikern von vornherein den Wind aus den Segeln nahm.

So mietete ich das Versorgungsfahrzeug der Heilsarmee, stellte es fünf Tage lang mittags auf einen öffentlichen Platz und verteilte eine warme Mahlzeit an Kinder, die gerade aus der Schule kamen. Sie waren hungrig und ich befragte sie während der Essensausgabe, warum sie hier bei uns aßen und nicht in der Schule oder zu Hause. Jeden Tag begleitete mich die *Berliner Morgenpost*, die am Ende der Woche unsere Auswertung und die Erfahrungen und Antworten der Kinder veröffentlichte. Das Ergebnis der Aktion war erschreckend: Nur ein Drittel der 200 Kinder, die in dieser Woche die von uns ausgegebene und kostenlose Mahlzeit in Empfang genommen hatten, bekam auch an anderen Tagen ein regelmäßiges Mittagessen. Damit stand mein Entschluss fest: *Die Arche* nimmt ein Mittagessen in ihr Angebot für die Kinder auf.

Vom ersten Tag an war der Erfolg (der im Grunde eher beschämend ist) so groß, dass immer mehr hungrige Kinder unsere Arche in Berlin-Hellersdorf besuchten, die bis dahin die einzige

Einrichtung in Berlin war, in der es eine kostenlose Mahlzeit für Kinder gab. Es sprach sich wie ein Lauffeuer herum, dass es in der Arche etwas zu essen gab. Sogar Lehrer hinterließen so manchem Kind im Hausaufgabenheft die Nachricht, dass es bei uns eine warme Mahlzeit bekommen konnte. Innerhalb weniger Monate stieg die tägliche Besucherzahl auf bis zu 400 Kinder und Jugendliche im Alter zwischen sechs und achtzehn Jahren.

Mit der Zahl der zu versorgenden Kinder stieg auch das öffentliche Interesse am Thema Kinderarmut und deren Ursachen. Im Juni 2001 veröffentlichte die Bundesregierung ihren ersten Armuts- und Reichtumsbericht. Er zeigte damals, dass über eine Million Kinder in finanzieller Armut aufwuchsen. Dieser Bericht bestätigte unsere Beobachtungen und unterstrich die Notwendigkeit unseres Angebots. Aber die Kritik riss nicht ab.

In einem Interview mit einer großen Zeitung sagte die damalige Jugendstadträtin, die Kinder würden nur in die Arche gehen, weil es auf der Straße nach Essen rieche. Andere behaupteten, wir würden die Kinder zwingen, zu uns zu kommen, oder man müsse vor dem Essen beten. Auch wurde uns vorgeworfen, in der pädagogischen Arbeit unprofessionell zu sein oder die Kinder mit Geschenken zu bestechen. Der Vorwurf der Bestechung beruhte vermutlich darauf, dass wir mit unseren Kindern Geburtstag feierten, denn das fand in den meisten Familien einfach nicht statt.

Auf der anderen Seite gewannen wir immer mehr das Vertrauen der Eltern. Sie baten uns immer öfter um Hilfe, aber vor allem um unser offenes Ohr. Wir waren gute Zuhörer, hörten uns ihre Probleme an und konnten sehr oft etwas an ihren Missständen verändern. Wir öffneten die Türen zu den Herzen der Menschen.

In dieser Zeit erhielt ich als Gründer der Arche viele anonyme E-Mails. Darin stand, ich solle verschwinden und den Bezirk Hellersdorf verlassen. Auch zwei Morddrohungen erreichten mich auf diesem Weg. Als wir später eine Arche-Grundschule unter der Trägerschaft der „Freien Evangelischen Schule" in Berlin-Hellersdorf gründeten, wurde auf die ersten beiden Gebäude, die als Schule angemietet und genutzt werden konnten, jeweils ein Brandanschlag verübt. Da wollte wohl jemand ein Zeichen setzen.

Eine politische Partei, die in diesem Berliner Bezirk immer sehr stark vertreten war – nennen wir sie ruhig DIE LINKE –, behauptet bis heute, dass sie durch unsere Arbeit und die damit verbundene intensive Pressearbeit viele Wählerstimmen verloren habe. Aber all die Anschuldigungen und Verleumdungen haben uns nicht davon abgehalten, weiterhin Beziehung und Liebe zu leben.

Inzwischen ist das Vertrauen in die Arche sowie in unsere Inhalte und Ziele in der Bevölkerung stark gewachsen. *Die Arche* ist ein Gütesiegel, das für die Bekämpfung der Kinderarmut in Deutschland steht.

„Wir waren gute Zuhörer, hörten uns ihre Probleme an und konnten sehr oft etwas an ihren Missständen verändern. Wir öffneten die Türen zu den Herzen der Menschen."

Bernd Siggelkow

Der „Erfolg" der Archen

Nach zehn Jahren Erfolgsgeschichte entstand 2005 die zweite Arche in Berlin-Friedrichshain. Den „Erfolg" der Arche bezeichne ich aber immer als das Versagen der Gesellschaft, denn dass so viele Kinder zu uns kommen, zeigt, dass in unserer Gesellschaft etwas grundlegend schiefläuft.

Es folgten weitere Arche-Einrichtungen in den Städten Hamburg, München, Frankfurt, Köln, Leipzig, Potsdam, Meißen, Stuttgart, Osnabrück, Herne und Göttingen. In Berlin kamen noch vier weitere hinzu und dann ging es auch ins benachbarte Ausland, nach Polen und in die Schweiz. Die Häuser in Warschau und Kreuzlingen sind zwar eigenständige Vereine, unterscheiden sich aber nicht von der deutschen Arche.

Wir gehen sehr bewusst in die sogenannten städtischen Brennpunkte, weil es dort brennt, in jeglicher Hinsicht. Überall finden wir Kinder und Eltern, die sich mit all ihren Problemen alleingelassen fühlen. Sie fühlen sich ihrer Würde beraubt, sind im Sozialstaat nicht mehr als eine Nummer. Sie müssen sich anhören, Sozialschmarotzer und zu faul zum Arbeiten zu sein.

Wir sehen überall in den Städten Hunderttausende alleinerziehender Mütter, für die es kaum existenzsichernde Arbeitsplätze gibt. Flüchtlingsfamilien werden ins Land geholt und oft in sozialen Einrichtungen wie der Arche „geparkt". Das sind Menschen, die sich nur noch mit dem identifizieren können, was sie haben. Sie glauben nicht mehr an sich. Sie glauben, nichts wert zu sein.

Täglich kommen Tausende von Menschen in unsere Einrichtungen, die über sich selbst denken, sie seien hoffnungslose Fälle. Mütter, die auf ihre tägliche Mahlzeit verzichten, nur damit ihre Kinder genug zu essen haben. Die Inflation, die vor allem seit dem Russisch Ukrainischen Krieg stark zugenommen hat, hat ihr Leben noch schwieriger gemacht. Und die komplizierte Bürokratie der Ämter in Deutschland macht es gerade den Menschen aus bildungsfernen Schichten schwer, die Leistungen abzurufen, die ihnen und ihren Kindern zustehen und die sie dringend benötigen. Unterschiedliche Leistungen müssen bei ebenso unterschiedlichen Ämtern beantragt werden.

Und dann sind da noch die sogenannten Brennpunktschulen, die meist ohne die Unterstützung eines potenten Fördervereins dastehen und es mit ihrem geringen pädagogischen Personalschlüssel nicht schaffen, die Kinder individuell zu fördern.

Am Ende höre ich dann noch Politikerinnen und Politiker sagen, dass die Kinder unsere Zukunft sind, aber im Grunde haben sie schon deren Gegenwart versaut.

Was bedeuten nun 30 Jahre Arche?

Ich kann die vielen Jahre getaner Arbeit zusammenfassen als einen Hilfeschrei an die Gesellschaft. Wir leben in einem System, das viele Kinder vergessen hat. Das sollte jedem bewusst werden.

Vor vielen Jahren hat sich *Die Arche* dazu entschieden, nicht nur in ihren Einrichtungen gegen Kinderarmut zu kämpfen, sondern auch in der Öffentlichkeit ihre Stimme gegen Kinderarmut und Ausgrenzung zu erheben. Dadurch stehen wir natürlich auch im Fokus und werden mit allem, was wir sagen und tun, sehr stark wahrgenommen. Dass *Die Arche* kaum staatliche Unterstützung erhält, liegt sicher auch daran, dass wir mit unseren Worten und Taten den Nagel auf den Kopf treffen und die Probleme in den Städten benennen.

Was uns aber immer wieder erschreckt: Unsere Forderungen und Maßnahmen wie kostenloses Schulessen, Kinderrechte und Kindergrundsicherung werden in der Politik so diskutiert, als wären sie gerade erst er- oder gefunden worden. Dabei werden sie bei uns in der Arche schon seit über zwei Jahrzehnten thematisiert und es gibt auch entsprechende Konzepte zur Umsetzung.

Mittlerweile hat sich die Situation drastisch verschärft: Inzwischen können viele Archen in Deutschland den Ansturm der Besucher kaum noch bewältigen. Allein die monatliche Lebensmittelausgabe in der Arche in Berlin-Hellersdorf wird von bis zu eintausend Familien genutzt. Immer dann, wenn das Geld zum Monatsende knapp wird oder ganz ausgeht, holen sie sich die mit Lebensmitteln und Hygieneartikeln gefüllten Taschen ab.

Und die 360 fest angestellten Mitarbeiterinnen und Mitarbeiter und ebenso viele Ehrenamtliche werden täglich mit immer mehr Problemen der Kinder und ihrer Erziehungsberechtigten konfrontiert, sodass es nicht immer leicht ist, bei der Arbeit zu bleiben. Man wird auf die Probe gestellt, den Zielen und Aufgaben zu folgen, zu denen uns unser Herz geführt hat.

Und dann geschieht noch trotz allen Einsatzes unserer Mitarbeiterinnen und Mitarbeiter Dramatisches im Umfeld unserer Einrichtungen: Vor vielen Jahren starb in Berlin eine unserer Jugendlichen, als sie versuchte, Feuerzeuggas zu schnüffeln. In Hamburg starb ein Arche-Kind in seiner Pflegefamilie, nachdem es das starke Schmerzmittel Methadon im Badezimmerschrank gefunden und eingenommen hatte. Beim rechtsradikal motivierten Amoklauf 2016 in München wurden drei Arche-Teenager erschossen. Der Amoklauf fand in unmittelbarer Nähe der Arche statt. In Berlin starb eine Jugendliche an einer Überdosis Drogen.

Die fürchterlichen Geschichten nehmen kein Ende – weder im Alltag der Kinder noch im Alltag der Arche-Mitarbeitenden, die eine große Verantwortung tragen. Doch warum schauen die Politik und Gesellschaft nur weiter dabei zu, verurteilen Missstände und Eskalationen, aber schaffen es seit vielen Jahren beziehungsweise Jahrzehnten nicht, ganz grundsätzlich etwas daran zu ändern?

„Am Ende höre ich Politikerinnen und Politiker sagen, dass die Kinder unsere Zukunft sind, aber im Grunde haben sie schon deren Gegenwart versaut."

Wolfgang Büscher

8.

Warum sich jeglicher Einsatz für ein ganzes Leben lohnt

In diesem Buch beschäftigen wir uns intensiv mit der Bildungspolitik, denn Bildung ist für die Kinder der Arche ein wichtiger Schritt in ein selbstbestimmtes Leben. Doch es ist nicht leicht, über Schule zu sprechen. In Deutschland gibt es etwa 80 Millionen Bildungsexperten, die alle eine Meinung dazu haben, was gut ist und was nicht, weil sie alle aus ihrer eigenen Erfahrung ein Bild von Schule haben. Es ist leicht, vom Einzelnen auf das Ganze zu schließen und entweder positive Beispiele überzubewerten oder Probleme zu verallgemeinern. Nur damit tut man den Akteuren fast immer unrecht. Doch weil Schule das ganze Leben berührt und betrifft, müssen wir darüber reden. Zu diesem Diskurs möchte ich (Wolfgang Büscher) eine Perspektive beitragen.

„Aus dir wird nie was!" – Große Plakate im Stadtbild mit diesem Schriftzug wollen aufrütteln und für psychische Gewalt gegenüber Kindern sensibilisieren. In unserem Stadtteil kommt mir das wie bittere Ironie vor. Denn wenn mir etwas täglich begegnet, dann sind es solche Sätze. Nicht nur von Eltern, an die sich die Kampagne offenbar richtet, sondern auch von Fachleuten, Erziehern und Lehrern. Von der ersten Klasse an hören

Kinder täglich, dass sie sich besser benehmen sollen, werden mit Tieren verglichen, bedroht, zur Strafe von der Pause ausgeschlossen, miteinander verglichen, angeschrien und gedemütigt. Der eingangs zitierte Satz darf natürlich auch nicht fehlen. Die Liste ließe sich fortsetzen ...

Die Ordnung nach der Façon des pädagogischen Personals scheint oft über allem zu stehen, meist über den Bedürfnissen der Kinder, manchmal sogar über ihrer Menschenwürde. Mir wäre es lieber, die Kinder hätten „nur" zu Hause Stress, aber die meisten, die zu uns in die Arche kommen, haben schon jahrelang nicht nur von einer Seite, sondern von mehreren Seiten – zu Hause, in der Schule, im Hort – gehört und erlebt, dass sie nichts wert sind. Jedenfalls nicht so, wie sie als Person sind. Sondern nur so, wie sie sich den Erwartungen bestimmter Erwachsener anpassen.

Kinder werden laufend mit Bewertungen konfrontiert. Das klingt erst einmal nicht ungewöhnlich, schließlich bekommen sie in der Schule Noten. Aber das meine ich nicht. Ich meine den Alltagsrassismus und Sexismus, die Kommentare und Sprüche zu Aussehen, Religion und Herkunft, die die Kinder jeden Tag in der Schule hören. Nicht (nur) von den anderen Kindern, sondern von den Menschen, die sie unterrichten, anleiten und betreuen.

Sollten nicht auch aus diesem Grund Schulsozialarbeiter flächendeckend eingesetzt werden? – Um Schulgemeinschaften und Kollegien zu sensibilisieren und zumindest neutrale Ansprechpartner für die Probleme der Schüler zu stellen. Ich hoffe, dass es Schulen gibt, an denen das funktioniert. Meine eigenen Beobachtungen sind leider nicht so positiv.

Wie Umstände das Schulleben beeinflussen

Zunächst gibt es, wie bedauerlicherweise im sozialen Bereich üblich, eine hohe Fluktuation mit einer durchschnittlichen Verweildauer der Kolleginnen und Kollegen von eineinhalb bis zwei Jahren. Tragfähige Beziehungen zum Kollegium und zu den Kindern entstehen so nicht. Die Bereitschaft, sich in das bestehende Gefüge von Akteuren und Strukturen vor Ort einzufügen und gemeinsam zum Wohle der Kinder und entsprechend ihrer Bedürfnisse an einem Strang zu ziehen, scheint gering ausgeprägt – stattdessen bringen viele eine individuelle und begrenzte Agenda von Themen und Angeboten mit, die sie bereit sind umzusetzen. Und sozusagen als Krönung ist ein starkes Konkurrenzdenken im Verhältnis zu anderen Akteuren zu beobachten – Abgrenzungen und Kompetenzgerangel, um die eigene Stelle, das eigene Projekt oder auch nur die wahrgenommene Position an der Schule zu sichern, sind die Folge.

Auf der Strecke bleiben wieder einmal die Kinder. Spätestens hier stellt sich die Frage, was solche Sozialarbeiterinnen und Sozialarbeiter ihnen und den Schulen eigentlich bringen sollen. Meine bisherigen Erfahrungen und Beobachtungen lassen sich in einer Frage zusammenfassen: Warum wollen wir eigentlich, dass möglichst alle Kinder möglichst lange täglich in der Schule von solchen Pädagoginnen und Pädagogen betreut werden?

Haben diese Missstände vielleicht auch etwas damit zu tun, welche Unterstützung die Schulen von übergeordneter Stelle erfahren? Soweit ich das beobachten kann, werden Schulen nämlich in vielen Fragen einfach allein gelassen. Offenbar ist man in der Bildungsverwaltung häufig der Meinung, dass einschränkende Vorschriften mehr helfen als Lösungsansätze:

Beispiel Digitalisierung: Sie soll bitte möglichst schnell kommen. Endgeräte, schnelles Internet und Fortbildungen für die Kollegien – damit die neuen Möglichkeiten auch wirklich im Unterricht ankommen. Allerdings gibt es sie auch nach der Coronapandemie, die auf diesen Bereich ein Brennglas gerichtet hat, immer noch nicht flächendeckend.

Beispiel Schulessen: Das soll es bitte für alle geben, für viele auch kostenlos. Entsprechend ausgestattete Mensen? – Sie werden teilweise beim Schulbau nicht einmal vorgesehen oder falsch dimensioniert. Allen Schülerinnen und Schülern unter diesen Bedingungen in der Mittagspause genügend Zeit zum Essen einzuräumen, ist dann Sache der Schule.

Beispiel schwierige Schüler: Immer wieder kommt es zu schwerwiegenden Vorfällen, nach denen Schüler eine besondere Betreuung oder einen Schulwechsel benötigen. Wie findet da ein souveräner Umgang mit solchen Fällen und Schülern statt, die für eine Schulgemeinschaft oft schwer zu verkraften sind? Stattdessen spielt man in Sachen Verantwortung Schwarzer Peter, sodass weder den auffälligen jungen Menschen noch ihren Opfern geholfen ist.

Beispiel Nachhilfe: Es wird allgemein akzeptiert, dass ein gewisser Teil der Schülerinnen und Schüler den Lernstoff, so wie ihn ihre Lehrkraft erklärt, nicht versteht und dass diese Kinder nicht mitkommen und sich außerhalb der Schule, privat und gegen Bezahlung Hilfe suchen müssen: Nachhilfe. Ich habe mehrfach gehört, dass es ungerecht sei, dass sich nicht jeder Nachhilfe leisten könne. Ich glaube, dass diese Forderung an der falschen Stelle ansetzt: Ungerecht ist vielmehr, dass wir an Schulen mit schlechteren Voraussetzungen nicht umso besseren Unterricht fordern, sondern die Schüler und ihre Familien allein lassen. Anders gefragt: Wie kann es sein, dass wir akzeptieren, dass es eine ganze Branche gibt, die die Schule ergänzt und ganz selbstverständlich als notwendig angesehen wird? – Nachhilfe sollte sich niemand leisten müssen! Unterricht sollte so sein, dass Nachhilfe nicht notwendig ist. Das bedeutet, es sollte mehr staatliche Gelder dafür geben, um die besten Lehrer an die schlechtesten Schulen zu holen, sodass dadurch die Unterrichtsqualität flächendeckend verbessert wird und damit private Nachhilfe kein lohnendes Geschäftsmodell mehr sein kann.

„Nachhilfe sollte sich niemand leisten müssen! Unterricht sollte so sein, dass Nachhilfe nicht notwendig ist."
Wolfgang Büscher

Wenn Schule ein genialer Ort für Kinder ist

Die aufgezählten Erfahrungen und Beobachtungen können einen desillusioniert und zynisch zurücklassen. Es gibt aber auch Erfahrungen, die mich berühren und mir Hoffnung geben, dass Schule ein genialer Ort für Kinder sein kann. Das sind vor allem die Begegnungen und die Zusammenarbeit mit engagierten Kolleginnen und Kollegen:

Da ist der Lehrer, den wirklich alle Schüler mögen und der dafür weder Kuschelnoten noch laschen Unterricht benötigt, sondern durch seine den Kindern und Kollegen zugewandte, freundliche Art überzeugt.

Da ist die Kollegin, die seit Jahren trotz der Verantwortung für schwierige Klassen positiv bleibt und Initiative zeigt, um Aktionen für ein gutes Schulklima zu initiieren, und eine andere Kollegin, die trotz ihres Alters kurz vor der Pensionierung offen für

Neues bleibt und lösungsorientiert in den schwierigsten Klassen arbeitet, statt zu resignieren oder Dienst nach Vorschrift zu machen.

Da ist der Lehrer, der nicht nur sagt, dass es immer zuerst um die Schüler gehen muss, sondern der spontan und unaufgefordert zwei Stunden lang geduldig Schülern hilft, die mit Fragen zu seinem Fach in die Arche kommen, nur weil er mitbekommen hat, dass sie Hilfe benötigen.

Da sind Schulleitungsmitglieder, deren Türen stets für alle offen sind und die sich auch um vermeintlich kleine Anliegen von Schülern oder vermeidbare, um nicht zu sagen, dumme Fragen von Kollegen kümmern.

Da ist die Küchenkraft, die mit ihrer herzlichen und direkten Art die Schulmensa menschlicher und kindgerechter macht, wenn die Kinder mal einen Tag die Essenskarte zu Hause vergessen. Oder die Kinder animiert, dass Gemüse je nach Sichtweise „nur" oder „mindestens" einmal probieren müssen.

Die Geschichten vom Seestern und von Florian

Auch wir in der Arche weigern uns, bestehende Verhältnisse als gegeben hinzunehmen und wollen für das Wohl von Kindern immer weitermachen. Es gibt eine Geschichte, die das zum Ausdruck bringt. In ihr begegnet ein Wanderer am Morgen nach einem Sturm am Strand einem Mädchen, das immer wieder etwas vom Strand aufhebt und ins Wasser wirft.

„Was machst du da?", fragt der Wanderer das Mädchen. „Ich werfe die gestrandeten Seesterne zurück ins Wasser, damit sie nicht sterben müssen, sondern weiterleben können", antwortet das Mädchen.

„Siehst du nicht, wie lang dieser Strand ist? Da sind Tausende und Abertausende von Seesternen gestrandet. Es macht doch keinen Unterschied, ob du das tust oder nicht!", wendet der Wanderer ein.

„Für die Seesterne, die ich zurückwerfe, schon", antwortet ihm das Mädchen – und setzt seine Arbeit fort.

*

So ein Seestern ist für mich Florian. Er ist seit seiner Geburt krank, weshalb seine Mutter nicht nur sehr gut auf ihn aufpasste, sondern ihn auch gleich stark einschränkte. Als er in die Schule kam, durfte er nicht alleine raus, Spielkontakte zu anderen Kindern gab es nicht. Er wurde in der Schule gemobbt, hatte Aggressionsprobleme. Zu Hause war er also alleine und in der Schule versuchte er, den anderen aus dem Weg zu gehen.

In der zweiten Klasse zeigte ihm jemand die Arche. Dort fühlte er sich, so drückt er es aus, „direkt geborgen". Er sei in der Arche angenommen worden, als ob er kein Fremder wäre. In der Arche konnte er, so sagt er, einfach er selbst sein, sich selbst kennenlernen und entfalten, weil er in Kontakt mit anderen kommen und Sachen ausprobieren durfte. So wuchs sein Selbstvertrauen, auch außerhalb der Arche. Zum Beispiel fuhr er in den Sommerferien mit ins Feriencamp, es waren damals seine ersten Übernachtungen weg von zu Hause.

In den darauffolgenden Jahren war er bei jedem Sommercamp dabei, solange er die Schule besuchte. Wer ihn fragte, erfuhr, dass sie das absolute Highlight seiner Sommerferien waren, da sich seine alleinerziehende Mutter sonst keinen Urlaub leisten konnte.

Für ihn als Kind war die Arche deshalb einladend, weil man immer hingehen konnte – nicht nur, wenn man Probleme oder Streit hatte. Man konnte dort auch seinen Kummer einfach mal vergessen. Und um Aufmerksamkeit und Zuwendung zu bekommen, musste man einfach nur da sein und nicht ein Anliegen oder Problem präsentieren. So sei die Arche, für ihn ein „safe place" gewesen, ein sicherer Ort, und ihr Besuch eine Möglichkeit, aus dem Teufelskreis „*Stress zu Hause – aggressiv in der Schule – mehr Stress zu Hause, …*" auszubrechen. Selbst Personalwechsel haben ihm dieses Gefühl nicht nehmen können. Er habe sich daran als Kind gewöhnt, obwohl es so schwer für ihn war, richtige Beziehungen aufzubauen. Dennoch seien die Mitarbeiter für ihn nicht das Wichtigste gewesen, sondern die Arche selbst und die Art und Weise, wie dort mit den Kindern umgegangen wird. Deshalb finde er Angebote wie die Arche und die Schulsozialarbeit wichtig und unterstützenswert.

Durch die Arche habe er als Schüler die Menschlichkeit seines Gegenübers als das Wichtigste erlebt. Kalte Professionalität habe ihm in der Schule nicht geholfen. Und wer Menschlichkeit nicht beweise, dessen Hilfe nehme man als Schüler nur einmal in Anspruch und vergesse ihn danach einfach.

Bis zu seinen Abschlussprüfungen in der zehnten Klasse nahm Florian die Hausaufgabenbetreuung regelmäßig in Anspruch. Sie war in seinen Worten immer da, wenn er sie brauchte. Er glaubt nicht, dass er ohne die Arche heute einen Schulabschluss hätte. Seinen Berufswunsch Erzieher führt Florian explizit auf seine Zeit in der Arche zurück. Er möchte anderen Kindern helfen, denen es ähnlich geht wie ihm.

Für die eingangs geschilderten Probleme kenne ich keine einfache, keine Patentlösung. Vielleicht gibt es gar keine. Aber wie in der Geschichte mit dem Seestern macht für Kinder wie Florian, in die wir uns investieren, aller Einsatz einen Unterschied. Dieser Unterschied wird für uns zum Beispiel darin sichtbar, …

- wenn ein Kind, das ansonsten nicht spricht, in der Arche anfängt zu reden, sich öffnet und seine Bedürfnisse mitteilt.

- wenn wir Kinder dazu motivieren können, regelmäßig Hausaufgaben zu machen, und sie anhand ihrer Noten sichtbar besser in der Schule werden.
- wenn sich Jungs, die in ihrer Klasse für einen Großteil der Störungen verantwortlich sind, am Nachmittag um den Tisch versammeln, um wissbegierig ein neues Brettspiel zu lernen und sich damit gemeinsam an Regeln halten.
- wenn ein Klassenlehrer berichtet, dass seine Schüler selbstständig einen Konflikt mit Methoden lösen, die sie bei uns im Sozialkompetenztraining gelernt haben.
- wenn Unterschiede keine Bedeutung haben, sondern unabhängig von Alter, Herkunft oder Weltbild alle gemeinsam spielen und Spaß haben.

9.

Brennpunktschule – Wie *Die Arche* hilft

Die Stiftung „stern" hat uns als Arche, in Kooperation mit der RTL-Stiftung „Wir helfen Kindern" e. V., einen größeren Geldbetrag zur Verfügung gestellt, um Pädagoginnen und Pädagogen einzustellen, die an Schulen arbeiten und Kinder ergänzend unterrichten. Das funktioniert bisher in Berlin, Potsdam, Osnabrück und anderen Städten. Ohne einen vernünftigen Schulabschluss werden die Kinder später, wie meist auch ihre Eltern, von Transferleistungen leben müssen. Die Arche-Mitarbeiterin Josefin Engfer ist eine dieser Mitarbeiterinnen und hat uns von ihrer Arbeit erzählt:

Ich bin akademische Sprachtherapeutin und arbeite seit mehr als zwei Jahren an einer Schule in Berlin-Marzahn: einer Brennpunktschule. Bilder von rauen Umgangsformen, übermäßiger Gewalt, sinnlosem Vandalismus, hilflosen Lehrern, verzweifelten Kindern und desinteressierten Eltern kommen einem da schnell in den Kopf. Viele dieser Bilder treffen zu, aber nicht alle.

Die Schule ist umrahmt von in die Jahre gekommenen Plattenbauten. Dort liegt das langgezogene gelbe vierstöckige Schulgebäude mit großen Fensterfronten auf beiden Seiten. Die funktionale Schlichtheit des standardisierten DDR-Schulbaus ist trotz der durchgeführten Modernisierungsmaßnahmen unübersehbar. Der Schulhof ist großzügig gepflastert; hin und wieder mit Baumscheiben durchsetzt. Ein paar Bänke stehen in der prallen Sonne. Ein kleiner Spielplatz mit in die Jahre gekommenen Klettergeräten wirkt wie eine kleine Insel inmitten der Steine. Seitlich davon, umzäunt und gut verschlossen, lockt ein grünes, verwildertes Paradies mit blühenden Büschen, Bäumen und vereinzelten Hochbeeten: der Schulgarten.

An dieser Schule arbeite ich als „Lerncoach". Die Idee hinter diesem Projekt ist es, Kinder in der Schule zu unterstützen, die während der Coronazeit und den damit verbundenen Schulschließungen Lernrückstände aufgebaut haben. Das Konzept stellt zudem die Beziehung zwischen den Lernenden und dem Lerncoach in den Mittelpunkt: Um eine möglichst individuelle Förderung zu gewährleisten, muss gegenseitiges Vertrauen aufgebaut werden. Damit geht direkt und indirekt auch eine Förderung der Sozialkompetenz einher.

Das Angebot ist bewusst niedrigschwellig: Es gibt keine formellen Hürden, die Eltern oder Schüler erst überwinden müssen, um diese Unterstützung beim Lernen zu erhalten. Ich bin während der regulären Schulzeit an der Schule und biete parallel zum Unterricht Förderung in den Kernfächern Deutsch, Mathematik und Englisch an.

Das Konzept der Arche sieht vor, die jeweiligen Schülerinnen und Schüler mehrmals in der Woche zu unterstützen, damit sie möglichst schnell den Anschluss an die aktuellen Lernthemen finden. Soweit die Theorie.

Als ich letztes Jahr meine Arbeit an der Schule aufnahm, bestand die erste Hürde darin, das Vertrauen der Lehrer zu gewinnen. Da ich keine ausgebildete Pädagogin, sondern Sprachtherapeutin bin, schlug mir allerdings eine gewisse Skepsis entgegen. Ich könne den Kindern doch nichts beibringen, ich wisse doch gar nicht, wie das geht, da ich ja keine Pädagogin sei. So lautete einer der Vorwürfe in den ersten Tagen. Ich habe mich jedoch nicht entmutigen lassen: Ich bin seit einigen Jahren Therapeutin, ich kenne die Frustration und Mutlosigkeit von Kindern, die mit einer „Störung" in eine „Behandlung" kommen. Und diese beiden Emotionen spielen auch im Schulalltag eine wesentliche Rolle. Gründe und Ursachen dafür mögen zwar unterschiedlich sein, aber in beiden Fällen hat man es mit einem Menschen zu tun, der Unterstützung braucht, um einen Entwicklungsprozess zu meistern.

In den ersten Wochen arbeitete ich in einem Teilungsraum, also einem Raum zwischen zwei Klassenzimmern. Hier lagern die Lehrkräfte Materialien, erledigen Vor- und Nachbereitungen und verbringen ihre Pausen. Wenn ein Kind eine Arbeit nachschreiben muss, wird dies ebenfalls im Teilungsraum erledigt. Außerdem werden Kinder dorthin geschickt, wenn sie den Unterricht stören und nun im Teilungsraum eine Stillarbeit machen sollen. Es ging also manchmal zu wie in einem Taubenschlag. Und natürlich widmeten sich die „Störenfriede" auch nicht im erhofften Maße ihrer Stillarbeit, sondern beteiligten sich munter an meinem Unterricht. Die Aufmerksamkeit, die ihnen in der eigenen Klasse verwehrt wurde, wollten sie nun bei mir bekommen. So war weder eine effektive Förderung noch eine ausreichende Konzentration möglich. Ein neuer Raum musste her. Möglichst ein eigener. Nur sind zusätzliche Räume in Schulen absolute Mangelware. Das Angebot, den mit Matten ausgestatteten Entspannungsraum zu nutzen, lehnte ich dankend ab. Entspannung ist ja schön und gut, aber Deutsch und Mathematik lernt man nicht im Schlaf! Und schon gar nicht, wenn man zusätzlich mit Konzentrations- und Aufmerksamkeitsproblemen zu kämpfen hat.

Eine Lösung fand sich dann im Hauptgebäude: Ein kleiner Raum von circa drei mal drei Metern wurde nur unregelmäßig genutzt. Dort konnte ich mit meinen Arbeitsmaterialien einziehen.

Ich machte innerlich Luftsprünge, zwar war der Raum mehr Kammer als Zimmer, aber ich freute mich sehr über mein zukünftiges eigenes kleines Reich. Ich bestellte über die Arche ein Whiteboard, entstaubte die Fensterbänke und das Regal, stellte zwei Tische und die dazugehörigen Stühle zusammen und los ging's.

Für das Lerncoach-Projekt wählte die Schule zu Beginn die damalige Jahrgangsstufe 3 aus. Also die Kinder, die im Sommer 2019 eingeschult worden waren und die dann, kurz nach ihrem ersten Schulhalbjahr, im Frühjahr 2020, den harten Einschnitt der Schulschließungen erlebt hatten, der das deutsche Schulleben komplett unvorbereitet traf und fürs Erste ins Chaos stürzte. Man stelle sich also Erstklässler vor, die weder sichere Lese- und Schreibfertigkeiten erworben haben noch in die Phase „operatives Rechnen" vorgedrungen sind und die nun zu Hause im Homeschooling sitzen und mit Mama, Papa, den Geschwistern oder sonst irgendjemandem, der gerade Zeit hat, die Laut-Buchstaben-Zuweisung oder das Rechnen üben sollen.

*

Die Kinder, die zu mir in die parallele Förderung kommen, werden von den jeweiligen Fachlehrern ausgewählt, die auch den Förderschwerpunkt festlegen. Die Bandbreite an Fähigkeiten und Schwächen ist relativ groß. Es gibt Kinder, denen das Lernen grundsätzlich schwerer fällt. Sie kommen mit dem aktuellen Schulstoff schon lange nicht mehr mit, weil die Lücken, die sie im Laufe der Zeit aufgebaut haben, einfach immer größer geworden sind, und sie diese im Laufe ihrer Schulzeit nicht mehr selbstständig schließen konnten.

In der Schule selbst gibt es keine ausreichenden Kapazitäten für eine Förderung: Die Personaldecke ist zu dünn. Förderstunden fallen aus, weil die für den Förderunterricht eingeplanten

Lehrerkräfte den Unterricht anderer erkrankter oder abwesender Kolleginnen und Kollegen übernehmen. Dieser Umstand ist umso gravierender, wenn beispielsweise die sonderpädagogische Förderung von Kindern mit einem behördlich festgestelltem Förderbedarf ausfällt. Und wenn dann noch im häuslichen, das heißt privaten Umfeld niemand da ist, der den Kindern beim Lernen hilft und sie unterstützt, werden sie mit ihren schulischen Herausforderungen alleingelassen.

**„Jedes einzelne Kind, verdient es,
dass man es unterstützt und sich auf die Suche
nach seinen Potenzialen macht."**

Josefin Engfer

Mit diesen Kindern trainiere ich für das Fach Deutsch, und zwar in der Regel die Lesekompetenzen, wie Lesegenauigkeit und Lesegeschwindigkeit, sinnerfassendes Lesen, grammatische Grundbegriffe und basale Rechtschreibfertigkeiten. Für das Fach Mathematik sind ebenfalls alle Themen relevant, die ab der zweiten, teilweise auch schon ab der ersten, Klasse unterrichtet werden – vor allem Addition und Subtraktion im Zahlenraum bis 100, Festigung der Zahlenräume und Verbesserung des Mengenverständnisses. Die Arbeit am kleinen Einmaleins ist für Kinder mit solchen Lernschwächen und dem großen Nachholbedarf schon eher eine Zugabe als ein obligatorischer Lernstoff.

Die zweite größere Gruppe umfasst meiner Meinung nach Kinder, die eigentlich von den kognitiven Voraussetzungen her, eine erfolgversprechendere Schullaufbahn absolvieren könnten. Bedauerlicherweise mangelt es diesen Kindern aber an einer positiven Perspektive und einem förderlichen Vorbild im direkten nahen Umfeld. Dass Lernen sich lohnen und dass eine gute Bildung mit einem möglichen sozialen Aufstieg verbunden sein könnte, ist im privaten familiären Wertesystem oftmals nicht verankert. Im Grundschulalter, wo das Fundament für spätere Lernerfolge gelegt wird, fehlt demzufolge eine richtungsweisende Komponente.

Die Eltern stehen den Bildungseinrichtungen insgesamt skeptisch gegenüber und übertragen ihre negative Einstellung auf ihre Kinder. Auffällig ist bei Kindern dieser Gruppe unter anderem eine hohe Anzahl von Fehlstunden. Diese führen dann zu vorübergehenden bis dauerhaften Wissenslücken, die wiederum zusätzlichen Lern- beziehungsweise Förderaufwand nach sich ziehen.

Als dritte große Gruppe lassen sich Kinder mit Migrationshintergrund ohne ausreichende Deutschkenntnisse zusammenfassen. Hier liegt die Hauptschwierigkeit im fehlenden deutschen Wortschatz, der in kürzester Zeit sowohl mündlich (rezeptiv/produktiv) als auch schriftsprachlich aufgeholt werden muss. Auch für diese Kinder sind eigentlich zusätzliche Förderstunden vorgesehen, die aufgrund mangelnder personeller Ressourcen regelmäßig ausfallen.

*

Für die drei beschriebenen Gruppen ist das schulische Lernen häufig von negativen Erfahrungen geprägt. Die ohnehin schon ungünstige Lernausgangssituation hat sich während der Coronazeit verschlechtert und wirkt bis heute nach. Der Kreislauf von „Ich verstehe etwas nicht" über „Ich weiß nicht, wo ich Unterstützung bekomme" hin zu „Meine Noten sind schlecht" und „Ich kann nichts" beziehungsweise „Ich fühle mich wertlos" kann von den meisten Kindern selbstverständlich nicht eigenständig durchbrochen werden. Sie sind in hohem Maße auf Hilfe von außen angewiesen.

In meiner Arbeit geht es daher in erster Linie darum, den Kindern zu zeigen, dass sie mit ihren Schwierigkeiten nicht allein sind. Es geht nicht nur ums Lernen, sondern darum, dass die Kinder sich ihrer Selbstwirksamkeit bewusstwerden. Als Lerncoach bin ich eben keine Lehrerin, die ihre Arbeit mit Noten bewertet. Ich trage auch keine überzogenen Erwartungen an sie heran, wie es manchmal einige Eltern tun. Oberstes Ziel ist es, eine vertrauensvolle, zugewandte und lernförderliche Atmosphäre zu schaffen, und dafür ist es unabdingbar, in eine positive Beziehung miteinander zu treten.

Wenn die Kinder zu mir in den Raum kommen, beginnen wir zunächst mit einem Gespräch: Ich frage sie, wie es ihnen geht und wie der Tag bisher verlaufen ist. Sorgen und Nöte können für den Moment bei mir abgeladen werden. Oft geht es um kleinere Streitigkeiten, Beleidigungen und enttäuschte Erwartungen der Schüler untereinander. Wenn die Schülerinnen und Schüler nach den Hofpausen kommen, ist die Stimmung häufiger mal schlecht. Denn gerade in den großen Pausen entstehen aus gemeinen Provokationen und verbalen Entgleisungen schnell Handgreiflichkeiten. Gewaltanzeigen von Schülern oder Lehrern gegen aggressive Schüler gehören leider zur Tagesordnung.

Mein Eindruck ist, dass die Lehrkräfte mit den Konflikten, die gelöst werden müssen, alleingelassen werden. Auch hier scheint es ein strukturelles Problem zu geben. Zwei Schulsozialarbeiter sind für circa 600 Schüler einfach zu wenig. Hinzu kommt, dass sie sich nicht als „Feuerlöscher" verstehen, wenn es an allen Ecken und Enden brennt, sondern in erster Linie an die Streitschlichtungskompetenzen der Lehrkräfte appellieren. Ab Klasse 5 führen die Sozialpädagoginnen und -pädagogen zwar an der Schule ein Sozialkompetenztraining durch, aber das ist eindeutig zu spät. Besser wäre es, zu Beginn eines jeden Schuljahrs, und zwar von der ersten Klasse an, für einen festen Zeitraum, Konflikt- und Problemlösungsstrategien intensiv zu üben und auszuprobieren.

Wenn bei jedem Streit in der Klasse neue Lösungen für ähnliche Probleme gesucht werden, geht wertvolle Zeit verloren.

Grenzen werden immer wieder neu ausgetestet und verschoben. Um hier rechtzeitig gegensteuern zu können, brauchen Lehrer evidenzbasierte Konzepte und Zeit. Niemandem ist damit geholfen, wenn einzelne Schülerinnen und Schüler Gewaltanzeigen sammeln, so wie manche Autofahrende Knöllchen. Den Autofahrern wird dann irgendwann der Führerschein entzogen, die Schüler hingegen fliegen im schlimmsten Fall von der Schule. Damit wird das Problem aber nicht gelöst, sondern nur verlagert.

Zwar gibt es theoretisch ausgearbeitete Leitfäden und entsprechendes Material, nur liegt das Augenmerk des Lehrpersonals darauf, den herkömmlichen Lernstoff zu vermitteln. Für zusätzliche Trainings bleibt am Ende einfach keine Zeit, nicht mal am Ende eines Schuljahres. Das allgemeine Leistungs- und Lerntempo einerseits und die insgesamt schlechte Personalsituation lassen es nicht zu, solche Programme durchzuführen. Der Druck, dem Rahmenlehrplan zu folgen, ist unter diesen ungünstigen Bedingungen enorm. Doch viele Lehrerinnen und Lehrer wollen die Verantwortung, die sie für ihre Schüler haben, lieber selbst übernehmen und nicht auf andere abwälzen. Die Lehrkräfte, die ich kennengelernt habe, würden es vorziehen, die Kinder in ihren Klassen lieber selbst zu fördern und sich mehr Zeit für sie zu nehmen, aber das ist im aktuellen Schulalltag einfach nicht möglich.

Dass ich als Außenstehende am Schulgeschehen teilnehme und mitwirke, ist aus verschiedenen Gründen besonders vorteilhaft: Meine Stunden finden verlässlich statt. Ich kann eben nicht wie das Lehrpersonal für Ausfallstunden eingeteilt und verplant werden. Außerdem habe ich keine zusätzlichen organisatorischen oder administrativen Aufgaben. Ich kann mich auf die Schüler und ihre Bedürfnisse konzentrieren, ohne Bewertungskriterien im Hinterkopf berücksichtigen zu müssen. Ich bin Vertrauensperson und Ansprechpartnerin für die Schülerinnen und Schüler. Ich reiche Taschentücher, wenn die Nase läuft, im Winter auch mal einen Hustenbonbon, wenn der Hals kratzt, und das ganze Jahr über Pflaster für kleine Schrammen, die in der Hofpause entstanden sind. Während die Lehrkräfte in den Pausen die Aufsicht führen oder von Raum zu Raum hetzen müssen, kann ich mich mit den Schülerinnen und Schülern über alltägliche Dinge austauschen. Unser Lernraum ist ein geschützter Ort. Zurückhaltende Kinder trauen sich hier eher, etwas zu sagen. Und Kinder, die neu in die Klasse kommen, werden in der kleineren Gruppe schneller integriert und fassen schneller Vertrauen. Die Zusammenarbeit miteinander kann in der kleinen Gruppe schneller Früchte tragen.

In diesem ersten Jahr habe ich viele schöne und ermutigende Erlebnisse gemacht. Ich erinnere mich beispielsweise sehr gut an die erste Zeit mit Ronja. Sie kam nach einem Schulwechsel zu Beginn des neuen Schuljahres neu in die Klasse und zu mir in die Förderung. In den ersten Stunden blieben ihre Augen Richtung Boden geneigt, auf Ansprache reagierte sie oft nicht. Sie traute sich nicht zu lesen, sprach sehr leise und stockend und wirkte insgesamt unglücklich. Im Laufe des Jahres ist aus ihr ein selbstbewusstes, aufgeschlossenes und lebenslustiges Mädchen geworden, das sich aktiv am Unterricht beteiligt. Oder Maria, die ich zu Beginn in einem Gespräch einmal nach ihrem Berufswunsch gefragt habe. Damals antwortete sie, dass sie keinen Berufswunsch habe und zu Hause bleiben wolle. Kürzlich aber hat Maria davon gesprochen, dass sie vielleicht Lehrerin werden möchte.

Welchen Einfluss diese Veränderungen insgesamt haben, bleibt natürlich offen, aber ich versuche, meinen Teil dazu beizutragen, so gut ich kann. Denn jedes einzelne Kind, dass ich im letzten Jahr kennengelernt habe, verdient es, dass man es unterstützt und sich auf die Suche nach seinen Potenzialen macht.

Dass ein ganzes Leben, eine ganze Zukunft entscheidend davon abhängt, wie die ersten prägenden Schuljahre verlaufen, ob man sich positiv oder negativ zum Thema „Lernen" positioniert, darf nicht von einer fehlgeleiteten Bildungspolitik abhängen. Das Lerncoach-Projekt der Arche zeigt einen möglichen Weg auf, wie Kinder zusätzlich unterstützt werden können. Ich persönlich wünsche mir noch mehr und noch weiter verzweigte Wege.

„Dass ein ganzes Leben, eine ganze Zukunft entscheidend davon abhängt, wie die ersten prägenden Schuljahre verlaufen, ob man sich positiv oder negativ zum Thema „Lernen" positioniert, darf nicht von einer fehlgeleiteten Bildungspolitik abhängen."

Josefin Engfer

10.
Migration und Integration. Misslungene Flüchtlingspolitik

In der Flüchtlingspolitik gibt es einen gelebten Rassismus, das stellen wir in unserer Arbeit deutlich fest. Eigentlich dürfte es keine Flüchtlinge erster und zweiter Klasse geben. Aber das ist reine Theorie. In den Archen nehmen wir diesen skrupellosen und unsolidarischen Rassismus jedenfalls nicht hin. Aber mal von Anfang an, denn 2015 hat sich in unserer Arbeit fast alles verändert.

Im Herbst 2015 zählte das Bundesamt für Migration und Flüchtlinge rund 900 000 Schutzsuchende. Zwar gab es auch davor viele Menschen, die unser Land als Ziel hatten, aber das waren vor allem Menschen, die in Deutschland überwiegend einen Arbeits- oder einen Studienplatz suchten. Ein großer Teil der Menschen, die vor 2015 in unser Land kamen, waren das, was Zyniker in Deutschland überwiegend als Wirtschaftsflüchtlinge bezeichnen. Diese Menschen wollten für sich und ihre Familie ein besseres Einkommen erzielen. Das ist auch verständlich. Auch um 1990 herum gab es schon Flüchtlingswellen. Rund 300 000 Flüchtlinge kamen damals aus den Staaten des ehemaligen Jugoslawiens zu uns, aber auch aus Rumänien erreichten in der ersten Hälfte der 1990er-Jahre mehr als 230 000 Menschen Deutschland.

Für Migranten aus diesem europäischen Land ist Deutschland zweifellos ein Paradies. EU-Flüchtlinge erhalten, das ist die Regel, alle Vorteile unseres Sozialsystems, und das nutzen viele von ihnen bis heute aus. Zahlreiche Rumänen leben nur zum Schein in Deutschland. Dafür haben sie Scheinadressen, unter denen unzählige Familien registriert sind. Wenn wir zum Beispiel in einer Berliner Arche Lebensmittel an bedürftige Familien ausgeben, sind immer wieder organisierte Trupps aus Rumänien dabei, die zahlreiche Frauen in die Schlange vor der Ausgabe platzieren, um Lebensmittel zu ergattern. Die Organisatoren dieser kriminellen Banden stehen dann vor der Arche und werfen die für sie nicht so wertvollen Lebensmittel direkt in den Müll oder auf die Straße.

Das passiert leider immer wieder. Wir haben keine Handhabe dagegen, weil es keine Straftat ist. Außerdem haben die Menschen, die aus anderen EU-Ländern kommen, alle Vorteile auf ihrer Seite. Sie dürfen in der Regel hier arbeiten und stehen nicht vor einer riesigen Mauer der Bürokratie. Aus Rumänien leben inzwischen 900 000 Menschen in Deutschland, von denen die allermeisten schlecht ausgebildet sind und nicht arbeiten können. Aber damit müssen wir wohl leben. Die meisten werden auf Dauer unserem Sozialsystem auf der Tasche liegen.

Schwerer haben es die Kriegsflüchtlinge, die seit 2015 aus den arabischen Kriegsgebieten zu uns kommen. Sie wurden an vielen deutschen Bahnhöfen jubelnd begrüßt – und dann sich selbst überlassen. Rückblickend ist die Integration dieser bedauernswerten Menschen eine große Herausforderung und eher fehlgeschlagen. Deutschland ist heute ein Land mit rund 84 Millionen Menschen und wir können uns momentan nicht mal mehr selbst versorgen. Es fehlt an allen Ecken und Enden, in allen wirtschaftlichen Bereichen an Arbeitskräften, obwohl wir eine Zuwanderung in Millionenhöhe haben.

Darunter sind sicherlich auch viele Flüchtlinge, die dem Arbeitsmarkt kurzfristig zur Verfügung stehen könnten. Sie müssen nicht unbedingt unsere Sprache perfekt sprechen. Hier bieten sich vor allem die Gastronomie, der Pflegebereich und der Einzelhandel als Arbeitgeber an. Eine große Mehrheit dieser Geflüchteten will auch arbeiten, das hören wir von den Eltern der Kinder, die zu uns in die Arche kommen. Wir müssen also auch für sie, die Nicht-EU-Bürger, die verfluchte Bürokratie in Deutschland abbauen und den Menschen helfen, sich sofort zu integrieren. Bei den Erwachsenen geht das nur über den Arbeitsmarkt. Denn es kann doch nicht sein, dass wir die Menschen zu uns holen und sie dann nur in Turnhallen und leerstehenden Gebäuden lagern oder besser gesagt stapeln.

Auch die kleinen Kinder dieser ohnehin schon gebeutelten Familien sind benachteiligt. Im Berliner Stadtbezirk Marzahn-Hellersdorf sind Kitaplätze knapp. Also mussten sich die Verantwortlichen im dortigen Rathaus etwas einfallen lassen. Da kam man auf die glorreiche Idee, da diese Eltern nicht arbeiten dürfen und zu Hause bleiben müssen, dass „deren Kinder auch keinen Kitaplatz brauchen", obwohl sie rein rechtlich einen Anspruch darauf haben. Die Landespolitik und ihre Verwaltung gehen wahrscheinlich davon aus, wer die Sprache nicht beherrscht, kann auch nicht klagen. Und so schaffe man Platz für die Kinder aus dem Bildungsbürgermilieu, denkt man wohl im dortigen Rathaus. Was für ein toller Einfall! – Die Kinder aus den überwiegend arabischen Familien lernen unsere Sprache nicht, aber Integration funktioniert halt nun mal nur über die Sprache.

Wir haben deshalb in der Hellersdorfer Arche im Kleinkinderbereich über 90 Prozent Kinder aus geflüchteten Familien. Alles Kinder, die dort im Umfeld keinen Kitaplatz erhalten haben. Aber diese Kinder lernen bei uns in wenigen Monaten die deutsche Sprache. Auch deshalb haben wir Ende letzten Jahres eine eigene Kita auf dem Arche-Gelände in Berlin-Hellersdorf gebaut, mit Platz für 80 Kinder. Sie werden von 15 bis 18 Mitarbeiterinnen und Mitarbeitern betreut.

Das kostet *Die Arche* allerdings einige Millionen Euro an Spendengeldern. Wenn also unsere Außenministerin und Grünen-Politikerin Annalena Baerbock allen Menschen helfen will, in unser Land zu kommen, dann ist das aus moralischer und christlicher Sicht zunächst lobenswert. Dann muss sie allerdings aber auch dafür sorgen, dass wir diesen Menschen in Deutschland vor Ort helfen können. Aber dafür sorgt sie eben nicht. Das ist moralisch verwerflich.

In anderen Städten wird durchaus ähnlich verfahren. Arabische Flüchtlinge werden wie Menschen zweiter Klasse behandelt. Das fällt uns in den Archen stark auf und ist für alle Beteiligten, unsere Mitarbeiterinnen und Mitarbeiter eingeschlossen, emotional sehr schmerzhaft. Zudem hat sich nach dem Überfall und Massenmord der Terrororganisation Hamas in Israel am 7. Oktober 2023 die Situation verschärft und das Ansehen von Flüchtlingen aus dem arabischen Raum in unserem Land weiter verschlechtert.

Einige Fakten zum Thema Fairness

Asylsuchende und Geduldete erhalten Leistungen nach dem Asylbewerberleistungsgesetz. Schon das Wort schreckt ab. Zuständig dafür sind bei uns die Kommunen. Die anerkannten ukrainischen Flüchtlinge hingegen, und das sind alle, die zu uns kommen, erhalten Leistungen nach dem Sozialgesetzbuch. Dafür ist der Bund zuständig. Und das wiederum macht sich nicht nur auf dem Papier bemerkbar, sondern auch im Portemonnaie. Ein alleinstehender Erwachsener erhält beispielsweise über die Leistungen des Bundes 449 Euro, über die Kommunen allerdings nur 367 Euro. Ist das gerecht?

Das sorgt bei den Flüchtlingen zum Teil für Unmut. Die Menschen aus den arabischen Ländern fragen sich natürlich, warum die Menschen aus der Ukraine bessergestellt sind als sie. Natürlich ist es eine Ungleichbehandlung, wenn Flüchtlinge aus der Ukraine massenhaft kommen und Menschen aus Syrien, dem Irak oder Afghanistan 2015 nicht in den Genuss dieser finanziell bessergestellten Sonderregelung kommen.

Wir als Arche fordern: Alle Geflüchteten müssen finanziell gleichbehandelt werden. Alle diese Menschen sind Kriegsflüchtlinge und teilen ein ähnliches Schicksal. Die guten Erfahrungen mit den Flüchtlingen aus der Ukraine sollten daher auch auf die anderen Flüchtlinge übertragen werden. Das ist mehr als hinfällig.

In den Archen haben sich die Mehrheitsverhältnisse unter den Kindern deutlich verändert. Es sind viele Kinder aus arabischen Familien und nun auch aus ukrainischen hinzugekommen. Und natürlich sind da auch die Kinder aus den Familien, die schon lange oder immer in unserem Land leben.

Über 1,5 Millionen Geflüchtete aus Nicht-EU-Ländern leben in Deutschland. Wir müssen sie unverzüglich integrieren, sonst machen wir uns eines Verbrechens schuldig. Gerade die Kinder aus diesen Familien sind ein Stück weit die Zukunft unseres Landes. Wir brauchen heute und in Zukunft Arbeitskräfte, damit unsere Wirtschaft funktioniert. Bereits heute leben Hunderttausende dieser Menschen bei uns, die arbeiten könnten und die meisten wollen auch – nur wir lassen sie nicht.

Wir schicken ihre Kinder nicht in die Kitas und in den Schulen müssen viele von ihnen die sogenannten Willkommens-, Begrüßungs-, oder Deutschförderklassen besuchen. Dort unterrichten zum Teil schlecht Deutsch sprechende Lehrerinnen und

Lehrer, ebenfalls mit Migrationshintergrund, schlecht Deutsch sprechende Kinder aus unzähligen Ländern. Unsere gewählten Politikerinnen und Politiker sowie die untergeordneten Behörden machen hier alles falsch, was man falsch machen kann. In der Online-Ausgabe der Wochenzeitung „Die Zeit" erzählte eine engagierte Berliner Lehrerin von ihren Erfahrungen aus der Willkommensklasse. Ihr Interview, in dem sie davon berichtet, wie Kinder in diesen Klassen untergehen, ist überschrieben mit der Headline: „Das würde man keiner deutschen Schulanfängerin zumuten".[46] In einer normalen Grundschulklasse arbeite man schon mit drei oder vier Niveaus, in einer Willkommensklasse mit zwölf Kindern seien es zwölf.

Integration ist eine Herausforderung. In unseren über dreißig Arche-Häusern gelingt sie vor allem, weil Kinder grundsätzlich zu einer Gruppe und Gemeinschaft dazugehören wollen. Und dieses bedingungslose Angenommen-Sein vermitteln wir ihnen mit unseren Mitarbeiterinnen und Mitarbeitern. Und das wiederum bringt bei den Kindern eine hohe Motivation mit sich, die Sprache zu lernen. Natürlich stoßen auch wir auf Schwierigkeiten bei der Eingewöhnung geflüchteter Kinder. Aber wenn wir diesen Menschen, diesen Familien sofort nach ihrer Ankunft helfen und sie so behandeln würden wie Deutsche auch, dann würden wir viele der heutigen, vor allem wirtschaftlichen Probleme lösen. Deutschland muss die Einschränkungen im Asylbewerberleistungsgesetz abschaffen. Jede Frau, jeder Mann und jedes Kind, die in unser Land kommen, müssen gleich und fair behandelt werden.

Zudem müssen wir diesen Menschen einen diskriminierungsfreien Zugang zu unserer Gesundheitsversorgung ermöglichen. Die Mehrheit der zu uns gekommenen Kriegsflüchtlinge sind traumatisiert und werden nicht ausreichend medizinisch betreut. Wenn wir ihnen heute helfen, werden sie es uns morgen danken.

Sie werden arbeiten, Steuern zahlen und sich vor allem zugehörig fühlen. Ein Polizeibeamter, der eine Bundespolitikerin bei einem Besuch in der Arche begleitete, hat uns einmal gesagt: „Die geflüchteten Familien sind hier, ihre Kinder sind in Deutschland geboren. Also müssen wir ihnen helfen, so einfach ist das." – Der Mann hat recht.

Aber dafür müssen sich die geltenden Richtlinien ändern. Mit sich verändernden globalpolitischen Verhältnissen müssen auch auf nationaler Ebene neue Lösungen gefunden werden. Die Welt ist enger zusammengerückt. Heute kann man, wenn man will, innerhalb weniger Stunden überall auf der Welt sein. Früher hat das Tage, Wochen und Monate gedauert. Und wenn in Deutschland eine Katastrophe ausbräche, würden auch Millionen von Menschen versuchen, unser Land zu verlassen. Das war schon in beiden Weltkriegen so. Und wir dürfen nicht vergessen: Migration ist ein wesentlicher Teil der deutschen Geschichte.[47] Wir müssen nur im Fokus haben, die Rahmenbedingungen immer wieder anzupassen.

**„Jede Frau, jeder Mann und jedes Kind,
die in unser Land kommen,
müssen gleich und fair behandelt werden."**

Wolfgang Büscher

11.

Kindergrund-sicherung – Bleiben unsere Kinder arm?

Derzeit werden Kinder je nach der Erwerbssituation ihrer Eltern unterschiedlich und sehr ungerecht oder sogar überhaupt nicht gefördert. In unserer Gesellschaft sollte aber jedes Kind gleichbehandelt werden. In der Arche heißt es: Wir behandeln jedes Kind wie einen König oder eine Königin. Kinder leben jetzt und heute, also müssen wir sie auch jetzt und heute fördern. Seit bald dreißig Jahren kämpfen wir für diese Form der Unterstützung – für alle in Deutschland lebenden Kinder. Die aktuelle Bundesregierung hat sich zwar in ihrem Koalitionsvertrag zu einer Kindergrundsicherung bekannt und diese auch durchgesetzt. Aber ist ihre Höhe ausreichend?

Bisher werfen wir Hunderttausende, ja sogar Millionen von Kindern auf den sozialpolitischen Müllhaufen. Ihre Eltern haben meist keinen Schulabschluss, sind bildungsfern und oft mit der Erziehung ihrer Kinder überfordert. Ein großer Teil der Kinder, die in unsere Einrichtungen kommen, wächst bei einer alleinerziehenden Mutter auf. Diese hat in der Regel auch noch weitere Kinder und ist völlig überlastet. Eine Mutter, die zum Beispiel zwei oder drei Kinder hat, kann sich nicht gleichzeitig um ihren Nachwuchs kümmern und dann auch noch arbeiten gehen. Wenn sie keine Arbeit hat, wird allerdings das Kindergeld auf die Transferleistungen angerechnet.

Was bedeutet das in der Praxis? Ein gutverdienender Manager erhält mehr Kindergeld als eine Mutter oder ein Vater ohne festen Arbeitsplatz. Ist das gerecht? Nun werden sicher viele sagen: „Wer nicht arbeitet, hat auch kein Geld." Das ist ja auch irgendwie logisch. Doch die Kinder tragen keine Schuld an der Situation ihrer Eltern. Nur werden sie in Haftung genommen. Denn wir als Gesellschaft sagen: „Pech gehabt, liebe Kinder, ihr habt leider im falschen Moment ‚hier' gerufen." Ein Beispiel:

Zu uns in die Arche kommt seit vielen Jahren eine Mutter von vier Kindern. Sie ist Akademikerin und lebte jahrelang glücklich verheiratet in Norwegen. Dort hat sie als Lehrerin gearbeitet und ein erfülltes Leben geführt. Das erzählt sie uns immer wieder. Irgendwann verliebte sich ihr Mann neu, verließ die Familie und zog zu seiner neuen Freundin. Plötzlich war sie alleinerziehende Mutter von vier Kindern und nach ein paar Monaten wurde sie krank. Woran genau, darüber schweigt sie bis heute.

Die Mutter zog daraufhin mit den Kindern nach Deutschland zurück und lebt seit vielen Jahren in einer kleinen Dreizimmerwohnung. Die Kinder teilen sich je zu zweit ein Zimmer, die Mutter schläft im Wohnzimmer. Der Älteste der vier ist 18 Jahre alt und muss sich ein Zimmer mit seinem 13-jährigen Bruder teilen. Für die beiden ist das nicht gerade die beste Lösung. Aber sie haben sich zusammengerauft; und sind in ihrer jeweiligen Altersklasse im Fechten sehr erfolgreich.

Während ich diese Zeilen ins Manuskript schrieb, stürmte die Mutter mit einem breiten Grinsen im Gesicht in unser Büro: „Meine beiden Jungs sind Deutsche Meister im Florettfechten geworden." Sie hatte rote Wangen und strahlte über beide Ohren. So ausgelassen vor Freude kannten wir sie noch nicht. Aber ein paar Tage später stand sie wieder mit Sorgenfalten bei uns in der Arche. Die Jungs konnten an einem Trainingslager in Frankreich teilnehmen, aber das mussten sie größtenteils selbst bezahlen, und dafür war kein Geld da. Die Folge: Sie konnten nicht an dem Trainingslager teilnehmen und flogen deswegen sogar aus der jeweiligen Nationalmannschaft.

Was zeigt uns dieses Beispiel? Die Besten der Besten können also nur dann ihr Können zeigen, wenn Mama oder Papa Geld haben. In Deutschland zählt das Portemonnaie der Eltern mehr als die individuelle Leistung und Anstrengung des Nachwuchses. Milieu und Herkunft entscheiden über Talent, Motivation und Begabung. Wir verzichten auf Spitzenleistungen und wundern uns dann, wenn wir gerade im Sport im Vergleich zum Ausland nur noch eine Nebenrolle spielen. Die Jungs jedenfalls sind schwer enttäuscht und haben ihren Sport aufgegeben. Auch in der Schule haben ihre Leistungen nachgelassen. Wir werden uns also auch in Zukunft weiter intensiv um die Familie kümmern müssen.

Solche und ähnliche Beispiele gibt es leider viele. Der Staat und wir als Gesellschaft werfen unsere Leistungsträger weg. Das Einzige, was zählt, ist Geld. Kinder zählen nur, wenn die Eltern wohlhabend sind. Sonst sind sie weniger wert als der Dreck unter den Fingernägeln der Gesellschaft. Hin und wieder werfen wir dem ärmeren Teil der Kinder Brotkrumen zu, um unser Gewissen zu beruhigen. Doch an der grundsätzlichen Situation der Kinder hat sich unter den verschiedenen Bundes- und Landesregierungen nichts geändert. Das stellen wir seit fast dreißig Jahren Arche immer wieder fest. Deshalb fordern wir auch schon seit Jahrzehnten eine Kindergrundsicherung.

Kindergrundsicherung aus Sicht der Arche

Doch wie muss die Kindergrundsicherung aus Sicht der Arche aussehen? Zunächst einmal muss sie unverzüglich kommen. Die Kinder leben jetzt und heute und brauchen deshalb auch jetzt und sofort unsere Hilfe. Dazu müssen Leistungen gebündelt und vereinfacht werden. Mit unseren Forderungen wollen wir das Existenzminimum, also das, was Kinder für ein gutes Aufwachsen brauchen, neu definieren.

Wir fordern: 600 Euro im Monat für jedes in Deutschland lebende Kind, vom ersten Tag seines Lebens an bis zur Vollendung des 27. Lebensjahres. Und das für alle Kinder, unabhängig vom Einkommen der Eltern.

Und weiter: 300 Euro von diesem Geld müssen in das Bildungssystem investiert werden, in die bessere Ausstattung von Kitas und Schulen. Wir brauchen hier mehr Lehrerinnen und Lehrern, Erzieherinnen und Erziehern, Psychologinnen und Psychologen, auch mit Hilfe von sogenannten Quereinsteigerinnen und Quereinsteigern. Das kostet natürlich Geld. Aber das Wichtigste, was unsere Kinder neben der Wertevermittlung brauchen, ist eben Bildung. Gerade wenn man die sogenannten Brennpunktschulen besucht, die es offiziell eigentlich gar nicht gibt, bekommt man das kalte Grausen: schäbige Toiletten, heruntergekommene Räume und Schulhöfe sowie unmotiviertes Personal. Das muss unverzüglich geändert werden und dafür muss Geld in die Hand genommen werden.

Die anderen 300 Euro müssen dann auf ein Konto der Kinder gehen und nicht wie beim Kindergeld auf das der Eltern. Die Kindergrundsicherung muss in die Teilhabe der Kinder an unserer Gesellschaft investiert werden. Und die Kinder müssen auch mal in den Urlaub fahren oder in ein Restaurant gehen können. Teilhabe an der Gesellschaft ist eine Grundvoraussetzung für starke Kinder, Jugendliche und schließlich mündige Erwachsene. Die Kinder werden der Gesellschaft später diese Investition durch ihre Teilhabe als Erwachsene „zurückzahlen".

Alle Kinder, die wir in den Archen begrüßen, wünschen sich ein selbstbestimmtes Leben und träumen von tollen Berufen. Viele von ihnen wollen später Lehrer werden und viele der Mädchen Tierärztin. Doch dafür müssen wir die Jungen und Mädchen stärken – emotional, finanziell und in Sachen Bildung. Wir erleben in den Familien oft, dass wenn die Waschmaschine kaputtgeht, solch ein Schaden zu Hause vom Kindergeld bezahlt wird, das den Kindern dann für ihre Entwicklung fehlt. Das dürfen wir nicht zulassen! Wie anders könnte es vielen Kindern gehen, wenn nicht mehr allein die Eltern über die Verwendung des Kindergeldes bestimmen?

Wir haben in Deutschland nur eine Ressource, und das sind unsere Kinder. Wir müssen also vor allem die alleinerziehenden Mütter, aber auch die jungen Familien finanziell so unterstützen, dass sie sich ohne Geldsorgen um ihren Nachwuchs kümmern können. Wenn wir aber die Millionen Kinder aus sozial-schwachen Familien vergessen, werden sie später auch die Gesellschaft vergessen. Daher ist die Kindergrundsicherung-Forderung der Arche so wichtig.

„Alle Kinder, die wir in den Archen begrüßen, wünschen sich ein selbstbestimmtes Leben und träumen von tollen Berufen."

Bernd Siggelkow

Wir brauchen in unserem Land die Fähigkeiten eines jeden Kindes. Aller Kinder, nicht nur die einer besserverdienenden Schicht. Wir müssen wieder ein Land der Dichter und Denker werden, wie wir es früher schon einmal waren. Wir können auf kein Kind verzichten. Und es schmerzt die Mitarbeitenden in den Archen sehr, den Kindern in die Augen zu schauen und zu wissen, sie werden später scheitern, nur weil Papa oder Mama zu wenig Geld haben. *Das ist ein Verbrechen an diesen jungen Menschen.*

12.

Die radikale Veränderung unseres Sozialsystems

Wir müssen unser politisches System, was unsere Kinder betrifft, radikal verändern. Es ist verwerflich, wie wir momentan einen großen Teil von ihnen vergessen. Daran hat sich in den vergangenen dreißig Jahren leider wenig geändert. Deshalb muss die Kindergrundsicherung, die wir in der Höhe von 600 Euro fordern, sofort kommen. Gute Bildung für alle Kinder stärkt unsere Gesellschaft. Es werden dann perspektivisch mehr Menschen arbeiten und die staatlich finanzierten Transferleistungen werden folglich in Zukunft massiv sinken. Falls nicht, werden in spätestens fünf bis zehn Jahren die Kassen leer sein – darüber munkeln auch bereits hinter vorgehaltener Hand manche Politikerinnen und Politiker. Es ist daher an der Zeit und eine Notwendigkeit, unsere Kinder stärker als bisher finanziell zu unterstützen.

Aber die Kindergrundsicherung allein reicht nicht aus, um unsere Kinder zu stärken. Ein Viertel unserer Bevölkerung, über 20 Millionen Menschen, die in Deutschland leben, besitzt keinerlei Ersparnisse. Weil sie gar nichts zurücklegen können, da sie gar nicht mehr imstande dazu sind. Gespart wird bei ihnen, um den Kindern Schuhe zu kaufen, für den Fall der Fälle einen kleinen Notgroschen zu besitzen oder als höchstes der Gefühle im Sommer vielleicht mal ein Eis essen zu gehen. Und wer kein Sparvermögen besitzt, wird im Alter auf staatliche Leistungen und Fürsorge angewiesen sein – oder ist es teilweise heute schon. – Wie kann man es da auf der anderen Seite zulassen, dass ein paar tausend Menschen einen Großteil des Geldes besitzen? Ist es etwa in einer Gesamtgesellschaft erstrebenswert, dass diese zahlenmäßig winzige Gruppe den Armen nur ein paar Brocken Brot hinwirft, damit sie nicht verhungern und gerade so überleben können? – Das kann doch nicht gewollt sein. Das ist aus sozialpolitischer wie auch aus christlicher Sicht verwerflich. Deshalb gehen wir als Arche auch in unseren Forderungen noch weiter.

Wir fordern: ein Grunderbe zwischen 20 000 und 25 000 Euro. Diesen Betrag sollen alle in Deutschland lebenden Kinder zu ihrem achtzehnten Geburtstag auf ihr Konto überwiesen bekommen. Und zwar auf das Konto des jeweils jungen Erwachsenen. Ganz wichtig, nicht auf das Konto der Eltern. Es darf dabei auch keine Rolle spielen, wie viel Geld die Eltern bunkern, sonst ist es für einen Großteil der Bevölkerung nicht mehr möglich, Eigentum zu besitzen und, wenn sie jung sind, auch eine Familie zu gründen. Entscheidend ist, dass alle erben und nicht nur die, die das Glück haben, in einer wohlhabenden Familie geboren worden zu sein. Denn Sinn und Zweck des Ganzen ist, dass die Kinder beziehungsweise jungen Erwachsenen nach der Schule ihr Leben selbstbestimmt gestalten können, mit einer Existenzgründung, einem Studium, einem freiwilligen sozialen Jahr oder auch mit den hohen Lebenshaltungskosten neben einer Ausbildung. All das hängt derzeit viel zu sehr vom Eigentum der Eltern ab, sodass bislang wieder Geld und Milieu hier über Talent und Fähigkeiten bestimmen. Das darf nicht länger sein!

Das Grunderbe ist allerdings nicht als ein Geschenk vom Staat zu verstehen, sondern als eine Investition in die Zukunft. In unseren Arche-Häusern reden wir natürlich mit unseren Jugendlichen über solche Themen. Und wir gehen daher davon aus, dass die Hälfte aller jungen Menschen das Geld in ihre Zukunft, also in ihre Ausbildung und in die Familiengründung stecken wird. Viele verstehen solch ein Grunderbe als Chance.

Unsere wissenschaftlich arbeitenden Arche-Mitarbeiterinnen und -Mitarbeiter haben errechnet, dass die Kindergrundsicherung und das Grunderbe die soziale Ungleichheit in Deutschland deutlich reduzieren würden. Das Ganze kostet natürlich viel Geld, rund 15 bis 17 Milliarden Euro im Jahr. Finanziert werden könnte das Ganze über eine Erbschafts- und Vermögensteuer. Und die können nur die Menschen bezahlen, die über viel Kapital verfügen. Das ist nun mal so.

Der französische Ökonom Thomas Piketty geht in seinen Forderungen sogar noch einen großen Schritt weiter. Er will jedem jungen Menschen im Alter von 25 Jahren 120 000 Euro zur Verfügung stellen, ohne dass er es jemals zurückzahlen muss. Über Pikettys Vorschlag kann man natürlich schmunzeln, aber eben auch diskutieren. Fest steht: Ob 20 000 Euro oder sieben Jahre später 120 000 Euro – dieses Geld wird mit Sicherheit wieder unmittelbar in unser Wirtschaftssystem zurückfließen und nicht auf irgendwelchen Konten wohlhabender Menschen versauern. Eine Gesellschaft kann nur funktionieren, wenn sie möglichst vielen ihrer Bürgerinnen und Bürger solche Freiheiten ermöglicht. Innovation und Kreativität lassen sich nicht planen oder staatlich verordnen, sondern erfordern den Mut, unkonventionelle Wege zu gehen.

Ob eine Kindergrundsicherung oder ein Grunderbe – sie werden sicher nicht alle Wünsche der jungen Generation erfüllen, aber sie können vielen Menschen neue Optionen für die Gestaltung ihres Lebenswegs eröffnen.

Handeln, bevor die Zukunft
Schaden nimmt

Aus der Politik wird angesichts solcher Vorschläge schnell der Vorwurf laut, zu viele junge Menschen würden dieses Geld verschwenden. Solche Unkenrufe sind unserer Ansicht nach Blödsinn. Wir haben bereits erwähnt, die Hälfte unserer benachteiligten Arche-Kinder und Jugendlichen würden dies als echte Chance begreifen und das Geld selbstbestimmt in ihre Ausbildung stecken. Die Erfahrung zeigt, dass wir das auch hochrechnen können, diese Erfahrung haben wir in der Arche bei anderen wissenschaftlichen Untersuchungen machen dürfen. Wenn nur jeder zweite junge Mensch sein Geld sinnvoll anlegen würde, dann können wir von einem massiven Umbau unseres Sozialsystems sprechen, weg von einem passiv reagierenden System, hin zu einem aktiv fördernden System.

Wir müssen dahin kommen und lernen, die Menschen zu unterstützen, wenn sie jung sind und ihr Leben noch selbst gestalten können. Heute unterstützen wir mit dem Bürgergeld die Menschen, die schon „auf die Schnauze gefallen" sind. Wir sollten wirklich proaktiver handeln und Menschen unterstützen, bevor überhaupt ein Schaden entstehen kann. Doch das geht nur, wenn wir früh genug anfangen zu helfen.

Viele Politikerinnen und Politiker, die uns in den Archen besuchen, reden immer von einer Umverteilung, wenn wir mit ihnen über die Kindergrundsicherung oder das Grunderbe diskutieren. Das klingt so negativ. Ja, das Grunderbe ist eine Umverteilung von den Alten zu den Jungen. Jeder junge Mensch soll die gleichen Startchancen erhalten und Verantwortung für sein Leben übernehmen. Das Grunderbe und die Kindergrundsicherung bedeuten Freiheit und Chancen für alle. Kann man das in einer freiheitlichen Demokratie wirklich ablehnen?

Junge Menschen werden heute von der Generation ihrer Eltern und Großeltern von einer Katastrophe in die nächste getrieben. Unser Klima geht langsam, aber sicher kaputt und durch eine falsche Coronapolitik sind Hunderttausende von Kindern und Jugendlichen auf der Strecke geblieben. Viele unserer Kinder haben durch die Pandemie psychische Probleme bekommen und sind vor allem durch die Schulschließungen bildungsmäßig in Rückstand geraten. Das können wir mit dem Grunderbe zu einem kleinen Teil wiedergutmachen.

Allein der Gedanke, dass nur Kinder reicher Eltern gefördert werden, weil sie es sich leisten können – Milieu entscheidet über Talent –, ist böse und verwerflich, ja, er vernachlässigt die Kinder, die in Armut aufwachsen und ist ein Verbrechen an ihnen. Das hat mit Freiheit und Demokratie wenig gemeinsam. Letztlich belastet es den Staat und uns als Gemeinschaft, wenn Menschen nicht die Möglichkeit haben, für sich selbst zu sorgen. Mehr als die Hälfte aller privater Vermögen sind in Deutschland nicht mit eigenen Händen erarbeitet worden, sie wurden geerbt.[48] Das sollte schleunigst geändert werden. Gleiche Chancen für alle, das ist sozial und auch christlich gedacht.

Es ist an der Zeit für eine grundlegende Reform der Sozialsysteme in Deutschland. Wir müssen die Bürger unseres Landes proaktiver fördern und ein Grunderbe führt zu mehr Chancengerechtigkeit und Chancengleichheit. Wir müssen unser Sozialsystem revolutionieren, sonst geht es kaputt und mit ihm unsere Kinder.

„Jeder junge Mensch soll die gleichen
Startchancen erhalten und Verantwortung
für sein Leben übernehmen.
Das Grunderbe und die Kindergrundsicherung
bedeuten Freiheit und Chancen für alle."

Bernd Siggelkow

Wie kann ein solcher Umbau unseres Sozialsystems aussehen? Brauchen Menschen, die zum Beispiel älter als 75 Jahre alt sind, noch ein überdurchschnittliches Vermögen auf ihren Konten? Wenn jeder ältere Mensch nur zehn Prozent seines Sparguthabens in die junge Generation investieren würde, wäre den abgehängten Kindern schon geholfen ...

Wir möchten, nein, wir müssen mutig sein und über alles diskutieren dürfen. Wir wissen längst, dass ein „Einfach weiter so" nicht infrage kommt. Wir brauchen jedes Kind und jeden Jugendlichen für die Zukunft unseres Landes.

In den deutschen Kinderzimmern geht es seit Jahrzehnten sehr ungerecht zu. Deutschland ist zu einer Drei-Viertel-Gesellschaft geworden. Ungefähr jedes vierte Kind stammt aus einem finanziell benachteiligten Haushalt. Tendenz steigend. Der Abbau von Kinderarmut ist eine gemeinschaftliche Aufgabe, der wir alle verpflichtet sind. Und Kinderarmut hängt mit der gesamten Architektur der Sozial- und Wohlfahrtspolitik und hier vor allem mit den Traditionen der Familienpolitik zusammen. Doch diese Architektur muss dringend überdacht werden. Wenn wir jetzt nicht handeln, wird unser Land kaputtgehen.

In unserer Menschheitsgeschichte haben sich immer wieder Katastrophen ereignet. Aber wir haben wenig daraus gelernt. Es gibt in unserem Land kein wirklich funktionierendes Krisenmanagement. Die Politik lässt uns im Ungewissen. Sie ist nur darauf bedacht, ihre Haut zu retten. Deshalb müssen wir die Dinge selbst in die Hand nehmen und handeln.

Nehmen wir uns doch ein Beispiel an Gandhi. Er ist auf die Straße gegangen und hat mit seinem gewaltlosen Widerstand ein ganzes Land verändert. Wir spielen wirklich nicht gerne mit einem Schreckensszenario, aber es ist höchste Zeit zu handeln. Wenn wir 25 bis 30 Prozent unserer Kinder nicht ausbilden und sie nicht am wirtschaftlichen Erfolg teilnehmen lassen, dann wird es früher oder später einen Aufstand geben. Die Zahl der Kinder, die in Armut aufwachsen müssen, wird immer größer. Es ist höchste Zeit, dass wir Menschen umdenken und dass sich die Politik um die verlorenen Kinder kümmert. Prophylaxe und Prävention sind hier wichtiger, als immer erst dann zu handeln, wenn das Kind schon in den Brunnen gefallen ist.

Doch dafür muss sich vieles ändern in unseren Köpfen und an unseren Gewohnheiten. Denn wenn diejenigen, die ein überdurchschnittliches Vermögen auf ihren Konten haben, etwas für die benachteiligten Kinder abgeben müssen, dann hat das etwas mit Nächstenliebe zu tun. Nur so hat unsere Gesellschaft eine Zukunft.

Dass wir umdenken müssen, hat wohl jeder verstanden. Das sagen nicht nur wir und andere, das steht mittlerweile auch überall. Aber es passiert nichts. So werden wir Hunderttausende Kinder verlieren. Wir fördern sie nicht, sind aber bereit, für sie Sozialleistungen zu zahlen. Das ist für uns nur schwer zu verstehen. Denn kein Kind wünscht sich bloß Almosen, um leben zu können. Jedes Kind und jeder Jugendliche hat Träume. Helfen wir ihnen, ihre Träume auch zu verwirklichen.

Die Geschichte von Dilara

Vom ersten Tag an, als die Arche Frankfurt an der Berthold-Otto-Grundschule gegründet wurde, war Dilara dabei. Mit etwa 100 anderen Kindern gehörte sie zu der ersten Gruppe, die aus dem Frankfurter Stadtteil Griesheim in die Arche kam. Die Initiative, dort als Arche vor Ort zu sein, ging damals von der Schulleiterin der Grundschule aus, da die Schule durch Migration und hohe Arbeitslosigkeit vor großen Herausforderungen stand. Die Kinder und Jugendlichen hatten eher kriminelle Perspektiven, als dass sie in unsere Gesellschaft integriert werden konnten, und die Schulleiterin sprach von einem „verlorenen Stadtteil".

Dilara kam von Anfang an regelmäßig in die Arche, wir lernten sie nach und nach näher kennen. Oft stand sie in ihrem roten Kleidchen in der Arche und schrie einfach grundlos durch den Raum, um Aufmerksamkeit zu bekommen. Wir spürten schnell, dass in ihrer Biografie und in ihrem Elternhaus einiges nicht in Ordnung zu sein schien, und so hatten wir sie vom ersten Tag an besonders im Blick.

Wir versuchten, ihr einen verlässlichen Rahmen zu geben, durch die morgendliche Frühbetreuung in der Schule, aber auch durch die Mittagessensversorgung, die Hilfe bei den Hausaufgaben, das Spielen am Nachmittag und nicht zuletzt die Camps und Kindergeburtstage. Oft schien es, als sei dies der einzige verlässliche Rahmen für sie, denn sie erzählte immer wieder davon, wie schwer es für sie zu Hause war. Die Beziehung der Eltern war schwierig, sodass die Trennung eigentlich immer im Raum stand. Es gab viel Streit zwischen den Eltern und man merkte Dilara an, dass sie lieber in der Arche als zu Hause war. Die Mutter, die auch des Öfteren mit uns in Kontakt stand, wünschte sich, dass Dilara mehr Zeit zu Hause mit der Familie verbringen sollte und konnte sich nur schwer damit arrangieren, dass ihre Tochter sich zu Hause nicht wohlfühlte. Andererseits spürte man aber auch, dass die Mutter ihr sehr zugewandt war und sie unterstützen wollte, sich aber oft nicht gegen den Vater und die älteren Brüder durchsetzen konnte.

Dilara sprach, wenn sie von ihrem Bruder oder Vater erzählte, oft in Superlativen. Ihre Brüder seien die besten der Welt und der Vater würde alles für sie möglich machen. Wir hatten aber vielmehr den Eindruck, dies sei eher ein Wunsch, als dass es der Realität entsprach.

Bei einem unserer Kindergeburtstage stand dann eine Geschichte im Mittelpunkt, die von einer Holzfigur handelte. Diese lebte in einem Dorf und war ständig den negativen Bewertungen der anderen Dorfbewohner ausgesetzt. Gleichzeitig gab es aber auch den Schreiner, der die Holzpuppe hergestellt hatte, der Gutes über sie aussprach. Jedes Mal, wenn ein anderer eine negative Beurteilung abgab, war dies gleichbedeutend mit dem Aufkleben eines grauen Punktes. Wenn aber der Schreiner eine gute Beurteilung gab, war es wie das Aufkleben eines goldenen Sterns für die Holzpuppe.

Diese Kindergeschichte soll deutlich machen, dass der Wert eines Menschen nicht vom Urteil anderer abhängt, sondern vielmehr von dem, was der Schöpfer über ihn denkt. In der Arche ist dies ein Sinnbild für Gott, der uns Menschen geschaffen hat und immer wieder zum Ausdruck bringt, was er Positives und Gutes über die Kinder denkt.

Diese Geschichte hat Dilara sehr beeindruckt und sie hat sie so verinnerlicht, dass sie den Text auswendig gelernt hat. Die Kinder bekamen nämlich zum Abschluss des Geburtstages das Buch geschenkt, um es zu Hause noch einmal lesen zu können.

Der Kindergeburtstag lag schon einige Zeit zurück, als eines Tages beim Mittagessen das Gespräch auf die Geschichte kam und Dilara den kompletten Text auswendig zitierte. Auf die Frage eines Mitarbeiters, warum sie das könne, sagte sie: „Weißt du, mein Bruder ist gerade im Gefängnis, und wenn ich deswegen nachts aufwache und mir Gedanken mache, wie es ihm wohl geht und wie es mit unserer Familie weitergeht, dann schaue ich mir dieses Bilderbuch an. Dann werde ich innerlich ruhig und kann wieder einschlafen."

Dies war ein Ausdruck der Herausforderungen, mit denen Dilara zu kämpfen hatte. Immer wieder sprach sie auch davon, dass sie von ihren älteren Brüdern Schläge zu erwarten hatte, wenn zu Hause etwas nicht lief oder sie zum Beispiel ihre Hausaufgaben nicht gemacht hatte, was öfter vorkam. Sie durfte dann auch nicht in die Arche kommen und es gab immer wieder Gespräche mit der Schule, den Lehrern und der Arche, um gemeinsam zu überlegen, wie man Abhilfe schaffen könnte.

Auch in den regelmäßigen Austauschrunden mit der Schule war Dilara immer wieder Gesprächsthema. Die Schulleiterin erzählte oft, wie schwierig es Dilara falle, sich im Unterricht zu konzentrieren und wie herausfordernd ihr ständiges Schreien und Stören, ihr Schreien nach Aufmerksamkeit sei. Im schulischen Rahmen konnte man dem nicht gerecht werden. Das hat uns als Arche weiterhin dazu bewogen, diesem Mädchen eine besondere Aufmerksamkeit zu schenken, Dilara zuzuhören und Zeit für sie zu haben, nicht nur beim Thema Hausaufgaben. Immer wieder haben wir ihr gesagt, dass wir sie gernhaben und sie in der Arche ihren Platz hat.

Besondere Erlebnisse während ihrer Zeit in der Arche waren immer wieder auch die Feriencamps, die eine unglaublich positive Wirkung auf Dilara hatten. Sie nahm regelmäßig an allen Ferienfreizeiten teil und nutzte die Gelegenheit, aus ihrer Familie herauszukommen und sich in einem anderen Setting – oft verbunden mit Natur und viel guter Zuwendung – zu entspannen. Dennoch gab es auch hier einige kritische Begegnungen. So stand sie einmal am offenen Fenster und überlegte, ob sie nicht herausspringen sollte, damit alles besser werde, wenn sie einfach weg sei. Wir konnten die Situation damals gut abwenden, aber sie hat uns die

Lebensperspektive dieses jungen Mädchens gezeigt, wie fragil ihr Zustand war.

2015 wurde dann ein Herzklappenfehler bei ihr diagnostiziert. Dilara sollte operiert werden oder deutlich weniger Sport treiben, um ihr Herz zu schonen. Doch das war für sie ein Ansporn, noch mehr Sport zu treiben in der Hoffnung, dass ihr Leben dann vielleicht endlich schneller enden würde. Glücklicherweise konnten ihr auch hier Mitarbeiter der Arche Halt und Lebensmut vermitteln. So stand sie in engem Austausch mit einzelnen Kolleginnen und erfuhr dadurch immer wieder Ermutigung und Stärkung.

Die Campzeiten haben Dilara so sehr geprägt, dass sie auch als Jugendliche weiter mitfuhr, um für die jüngeren Kinder eine Art Kleingruppenleiterin zu sein. So konnte sie ihnen vorleben, was für sie selbst damals auf den Camps so besonders gewesen ist. Es war für uns ein schönes Bild, wenn sie während eines Geländespiels mit vier bis fünf Kindern an der Hand durch die Natur und den Wald stapfte.

Dilara hat leider nie regelmäßig die Jugendarche besucht, weil sie bei der Eröffnung schon ein wenig zu alt dafür war. Eigentlich wollten wir für Kinder wie sie die Jugendarche gründen, damit sie im Anschluss an die Kinderarche einen Ort haben, wo sie hingehen können, aber aufgrund der Bauarbeiten hatte sich alles so in die Länge gezogen, dass es für Dilara dann nicht gepasst hat. So sahen und sprachen wir uns immer wieder sporadisch, oft im Abstand von mehreren Wochen.

Dilara wurde älter und größer, und immer, wenn wir uns trafen, erzählte sie von ihrer Schule. Wir hatten einen guten Eindruck von ihr und das Gefühl, dass sie auch mit der Schule gut zurechtkam. Sie hatte stets einen sehr hohen Anspruch an sich selbst und wollte einen guten Abschluss und gute Noten, damit sie später auch einen guten Beruf erlernen und ein gutes Studium machen konnte, um im Leben weit zu kommen.

An einem Tag während der Coronapandemie standen wir vor der Jugendarche und Dilara erzählte, dass sie nicht zufrieden sei, wie es bei ihr in Mathematik und auch in Physik liefe. Sie sei mit dem Lehrer nicht zufrieden und frustriert darüber, dass sie vieles nicht verstand. Wir hatten in der Jugendarche ein gutes Konzept im Lernbereich, mit vielen Ehrenamtlichen, die über Videocalls mit unseren Kindern und Jugendlichen lernten. Als wir ihr davon erzählten und ihr angeboten haben, auch für sie darüber jemanden zu finden, der ihr in den entsprechenden Fächern Unterstützung geben könnte, war Dilara sofort begeistert.

Wir haben dann konkret nach jemandem gesucht und eine studentische Hilfskraft gefunden, mit der sie sogar mehrmals in der Woche lernen konnte. Die beiden haben sich so gut verstanden, dass sogar eine Freundschaft entstand.

Dilara kam immer wieder in der Jugendarche vorbei und erzählte, wie froh und begeistert sie sei, dass ihre Noten besser wurden. Sie war unglaublich dankbar, dass sie durch den Kontakt zur Arche lernen durfte …

Das Ganze zog sich über anderthalb bis zwei Jahre und mit den anstehenden Prüfungen wurde es immer spannender. Dilara hängte sich richtig rein, lernte Tag und Nacht und hatte hohe Erwartungen an sich selbst. Dann kam die Prüfung und wir fieberten mit ihr mit und hofften auf ein gutes Ergebnis. Sie ließ uns „live" teilhaben, wie es gelaufen war und hatte einen unglaublich guten Abschluss hingelegt: satte 15 Punkte in Mathematik, Abitur mit der Gesamtnote 1,3. Dilara war total begeistert und unglaublich dankbar.

Kurz nachdem sie die Ergebnisse hatte, kam sie zur Jugendarche und unterstützte uns beim Sommerfest, bei dem wir unser fünfjähriges Jubiläum feierten. Dilara war den ganzen Tag vor Ort, packte tatkräftig mit an und strahlte vor Freude. Sie wollte uns damit ein Stück ihrer Dankbarkeit zeigen und alle genossen es, gemeinsam diesen schönen Tag zu rocken.

Als es zu einem kurzen Austausch mit einem Mitarbeiter kam, sagte sie: „Wenn du wüsstest, was die Arche für mich alles getan hat und was alles geworden ist!" – „Was meinst du damit, was alles durch die Arche geworden ist ...", fragte der Mitarbeiter nach.

Dann erzählte sie davon, wie herausfordernd die ganzen Jahre für sie gewesen seien und wie stolz sie sei, dass sie in diesem Sommer ihr Abitur geschafft hat. Sie erzählte, dass sie ihren Eltern nie davon berichtet habe, wie sie sich schulisch entwickelt hatte. Sie habe in der Grundschule und auch später gelernt, dass sie sich selbst um ihr Wohl und ihre Zukunftsperspektive kümmern müsse. Darin habe sie innere Widerstandskraft entdeckt und ein Durchhaltevermögen, das ihr sehr bewundernswert erscheine. Sie erzählte weiter von dem durchaus emotionalen Moment, als sie ihrem Vater das Abiturzeugnis unter die Nase hielt und sagte: „Schau mal."

Der Vater und die Mutter fielen aus allen Wolken, was die eigene Tochter geschafft hatte, weil sie ihr das vermutlich nie zugetraut hätten. Dilara betonte noch einmal, wie viel Hilfe und Unterstützung sie durch die Arche-Mitarbeiter in unterschiedlichen Formen erhalten habe und dass sie dadurch auf einen Lebensweg gekommen ist, den sie jetzt selbstständig gestalten und in die Hand will.

Ein wirklich besonderer Moment an diesem Geburtstag der Arche.

Sie sagte: „Wenn die Arche was braucht, ich bin immer da, um zu helfen."

Heute lebt Dilara nicht mehr in Frankfurt, sie studiert Psychologie und geht ihren Weg. Mit den Arche-Mitarbeitenden ist sie weiterhin freundschaftlich verbunden, fährt sporadisch mit auf die Feriencamps und war zuletzt bei einer Mitarbeiterfortbildung der Arche Frankfurt und hat dort ihre Geschichte erzählt. Sie erzählte davon, was es ihr bedeutet hat, dass Menschen für sie da waren, sie begleitet haben und ihr in den Jahren der Unsicherheit und Frustration einen Ort geschaffen haben, der für sie wichtig war.

Uns motiviert eine Geschichte wie die von Dilara, auch bei den Kindern, die heute zu uns kommen, diesen Blick einzunehmen: dass vielleicht im Rückblick in einigen Jahrzehnten solche Biografien erzählt werden von jungen Erwachsenen, die ihren Lebensweg selbstständig gegangen sind und die sich als Teil unserer Gesellschaft verstehen sowie einbringen, ohne zu vergessen, woher sie kommen.

13.

Mobbing bestimmt das Leben vieler Kinder

„Hier bist du in der Arche, hier wirst du nicht gemobbt, da brauchst du keine Angst zu haben." Eine unserer Besucherinnen hat eine Freundin zum ersten Mal in die Arche mitgebracht und führt sie mit diesen Worten durch unsere Räume. Ihre Worte gehen mir nach und sind so bezeichnend für die Realität, in der unsere Jugendlichen leben. Ein Ort, an dem man keine Angst davor haben muss, gemobbt und ausgegrenzt zu werden, ist eine Ausnahme in ihrer Lebenswelt. Und dem erleichterten Blick unserer neuen Besucherin entnehme ich: eine Ausnahme, nach der sich viele Jugendliche sehnen.

Längst ist das Thema Mobbing nicht mehr wegzudenken, jeden Tag wird uns mehr bewusst, welche Ausmaße Mobbing angenommen hat. Es vergeht kaum ein Tag, an dem wir nicht mit dieser Not unserer Jugend konfrontiert werden. Ich müsste lügen, wenn ich sagen würde, dass ich mich dabei nicht oft hilflos und ohnmächtig fühle. Aber wir Erwachsenen können und dürfen es uns nicht leisten, beim Thema Mobbing nichts zu tun und wegzuschauen, weil „wir auch nicht wissen, was man machen soll" oder „weil wir nicht gesehen haben, wer angefangen hat", „nicht gehört haben, wer jetzt wen zuerst beleidigt hat". Wir dürfen unsere Jugend da nicht auch noch im Stich lassen!

Ich hoffe, dass dieses Kapitel ein Stück der unfassbaren Dramatik vermittelt, die für so viele unserer Kinder alltägliche Realität ist. Und ich wünsche mir, dass es uns handlungsfähig und mutig macht und den Notleidenden eine Stimme gibt.

Die Macht des Mobbings

Mobbing ist wohl eines der schlimmsten Probleme, mit denen unsere Jugend zu kämpfen hat. Ob auf der Täter- oder der Opferseite, auf einer Seite der Abwärtsspirale befinden sich nahezu alle irgendwann einmal, freiwillig die wenigsten. Mobbing hat mittlerweile sehr viele Gesichter und Formen angenommen und seine Folgen sind kaum einzugrenzen. Oft ist es so subtil und in der Alltagssprache und in den Umgangsformen der Jugendlichen verankert, dass es kaum zu greifen ist.

Die Angst, nicht dazuzugehören, begleitet in der Zeit ihrer Entwicklung Jugendliche fortdauernd. Und zeigen sie Verhaltensauffälligkeiten, sind diese oft ein Hilferuf. Der Gruppendruck der Peergroup, der primären sozialen Bezugsgruppe, verleitet viele sogar bis hin zu kriminellen und illegalen Handlungen. Ganz nach dem Motto: Wer nicht mitmacht, wird schnell selbst zum Opfer. Wobei hier sehr schwer zu unterscheiden ist, wer die eigentlichen Opfer sind: Mobber oder gemobbte. Beide sind nämlich Opfer eines Mechanismus, in den sich kaum jemand freiwillig begibt.

„Wenn du nicht mobbst, wirst du gemobbt", erklärte mir ein 15-jähriges Mädchen. Dann sagte sie: „Unsere Generation ist verloren, keiner ist loyal, du weißt nicht, wem du vertrauen kannst." – Und ich habe den Eindruck, dass einfach „nur" nicht dazuzugehören oft noch das „beste Übel" ist, was einem passieren kann.

Wir Mitarbeiterinnen und Mitarbeiter der Arche fühlen uns oft machtlos. Lehrer fühlen sich machtlos. Und Schulsozialarbeiter sind machtlos gegen das, was täglich passiert. Die Reaktionen der Erwachsenen sind leider oft nicht hilfreich, wirksame Strategien gegen Mobbing sind Mangelware. Auch weil Mobbing so vielfältig ist.

„Viele Jugendliche bräuchten einen Ozean an Liebe, um all das zu kompensieren, was sie über sich gehört haben."

Bernd Siggelkow

Beleidigungen, Drohungen, Morddrohungen, ungewolltes Verbreiten von Bildern, Rufmord, Zufügen von physischer und psychischer Gewalt, Angstmache, Ausgrenzung, Rassismus, Sexualisierung, Diskriminierung … – Mobbing hat viele schreckliche Gesichter. Es ist der blanke Horror für Jugendliche in einer der wichtigsten Phasen der Selbstfindung. Schlimm ist auch, dass Mobbing meist von der eigenen Peergroup kommt, denn das Eingebundensein in die Peergroup und die Qualität der Beziehungen zu Gleichaltrigen haben großen Einfluss auf die Identitätsbildung, die in der Pubertät stattfindet. Daraus lässt sich leicht ableiten, dass Menschen, die in dieser Lebensphase Mobbingerfahrungen machen, oft lebenslange seelische und psychische Schäden davontragen.

Mobbing nagt nicht nur am Selbstwertgefühl. Die Folgen sind extreme Ängste, insbesondere vor der Schule und damit einhergehend Leistungsabfall im Unterricht bis hin zur vollkommenen Schulverweigerung. Die Opfer leiden unter Depressionen, Suizidgedanken und sozialen Phobien. Sie haben ein zerrüttetes Selbstbild, wenig Selbstvertrauen, keine Träume und Wünsche und hören auf, sich ein Leben aufzubauen und an sich und ihre Fähigkeiten zu glauben. Sie entwickeln mitunter psychische Krankheiten. Und das Suchtrisiko ist deutlich erhöht, denn Suchtmittel können als Hilfsmittel dienen, um mit unerträglichen Zuständen fertig zu werden.

Es ist offensichtlich: Mobbing macht unsere Jugendlichen kaputt und führt zu einer enormen psychischen Belastung, die nur schwer zu kompensieren ist. Die Jugendlichen tragen tiefe Wunden davon, selbst wenn sie versuchen, all das Negative, das sie über sich hören, nicht an ihr verletzliches Herz heranzulassen, so bleibt doch vieles hängen. Man sagt, um ein negatives Wort auszugleichen, braucht man zwanzig positive. Viele Jugendliche bräuchten einen Ozean an Liebe, um all das zu kompensieren, was sie über sich gehört haben.

Ab wann ist Mobbing Mobbing?

Wo Mobbing beginnt, darf nicht pauschalisiert werden. Sobald ein seelischer oder psychischer Schaden eingetreten ist oder droht zu entstehen, müssen wir eingreifen! Schaden entsteht dort, wo Grenzen überschritten werden, und Grenzen sind sehr, sehr individuell.

Leider werden Situationen von Erwachsenen oft aus der eigenen Perspektive bewertet, nach dem Motto: „Ich finde, das ist doch gar nicht so schlimm, also reiß dich doch einfach zusammen!“ Damit tun wir den Hilfesuchenden sehr unrecht und verschlimmern möglicherweise ihre Not, indem wir bei ihnen Ohnmachtsgefühle und die gefühlte Hilflosigkeit verstärken.

Auf die Frage, was das Schlimmste an ihrer Mobbingerfahrung gewesen sei, antwortete mir eine Jugendliche, ohne lange darüber nachdenken zu müssen: dass sie von den Lehrern nicht ernst genommen wurde und niemand in ihrer Klasse sie verstanden habe.

Es muss nicht immer eine große Gruppe von Mobbern, eine Morddrohung oder ein ins Internet gestelltes Nacktbild sein. Natürlich verleiten uns all diese Extremfälle dazu, abzustumpfen. Gerade deshalb müssen wir umso sorgfältiger darauf achten, jeden Hilferuf ernst zu nehmen und niemals eine Situation vorschnell abzuwerten. Egal, ob ich es schlimm finde oder nicht, was einem Hilfe suchenden Jugendlichen widerfahren ist: Wenn mich jemand um Hilfe bittet, ist es nicht meine Aufgabe, seine Not zu beurteilen, sondern einen Weg zu finden, sie zu beenden.

Unsere Reaktion verändert in jedem Fall die Situation des Jugendlichen. Ob zum Besseren oder Schlimmeren, das hängt von der Ernsthaftigkeit ab, mit der wir dem Jugendlichen begegnen. Ein offenes Ohr für die Hilfesuchenden, Verständnis für ihre Not und die Bestätigung, dass ihnen Unrecht geschieht, sind bereits die ersten und keineswegs belanglosen Schlüssel im Kampf gegen Mobbing. Es gibt keine Entschuldigung dafür, Jugendliche in einer Mobbingsituation nicht ernst zu nehmen!

Die Rolle von Social Media

Die Formen des Mobbings, denen man zum Opfer fallen kann, sind kaum vorstellbar und einer ihrer Hauptmotoren ist die ungefilterte Flut aller möglichen Social-Media-Plattformen. Tik-Tok ist wahrscheinlich die schlimmste. Hier kann anscheinend jeder ungefiltert alles hochladen, was er möchte, und dies wird offensichtlich nicht mit guten Absichten ausgenutzt. Bei TikTok findet man all das, was Kinder und Jugendliche nicht wirklich brauchen. Vielfach steht hier das Aussehen im Vordergrund. Und wer da nicht in die Norm passt, ist raus und gehört nicht mehr dazu. Es wird gemobbt und diskreditiert, ohne Filter werden Behauptungen aufgestellt, die vorne und hinten nicht stimmen.

Subjektiv haben wir den Eindruck, dass 80 Prozent der Postings auf TikTok falsch sind.

Das Netz ist also voll mit Content, der sicherlich keinen guten Einfluss auf die Konsumierenden hat. Unsere Pädagoginnen und Pädagogen, die mit Jugendlichen arbeiten, kommen nicht umhin, sich ab und zu selbst auf diese Plattform zu begeben und in die Inhalte einzutauchen, die unsere Jugend massiv beeinflussen. Sie sind in vielerlei Hinsicht geschockt.

Gewaltverherrlichend ist noch milde ausgedrückt für das, was sie sich da teilweise anschauen müssen. In einem Comic wird da beispielsweise gezeigt, wie eine Frau die Geliebte ihres Partners verprügelt. Die Folge davon: Querschnittslähmung. Dann eine Massenschlägerei in der U-Bahn: Fünf erwachsene Männer prügeln auf ein wehrloses Opfer ein. Tiere werden vor laufender Kamera gequält oder grausam getötet. Um das Ganze abzukürzen: Jugendliche sehen viele Videos, in denen Menschen von anderen Menschen gedemütigt und erniedrigt werden oder Gewalt zugefügt bekommen. Kein Wunder also, dass die Formen des Mobbings immer aggressiver, gewalttätiger, skrupelloser und gefühlloser werden.

Andere Videos mit überzogenen Schönheitsidealen (unter anderem idealisierte Erfahrungsberichte von Schönheitsoperationen sehr junger Frauen), Beauty-Filtern und stark sexualisierte Bilder lassen den Bezug zur Realität immer mehr verloren gehen, überblenden realistische Maßstäbe und lassen insbesondere junge Mädchen als Objekte erscheinen.

Dramatisch ist, dass in unserer Gesellschaft jemand, der nicht ins Schema passt, schnell zum Mobbingopfer wird. Noch dramatischer ist es, wenn es nicht mehr möglich ist, dem Schema zu entsprechen. Das Objektivieren von Opfern kommt dann gelegen, wenn man sich nicht mehr damit auseinandersetzen will, dass Opfer schwere psychische Schäden erleiden können.

Wenn ich daran denke, dass unsere Jugendlichen teilweise neun Stunden Bildschirmzeit pro Tag vorweisen können, in denen sie sich fast ausschließlich auf diesen Plattformen bewegen, wird mir übel. Diese Videos sind für manche Jugendliche in diesem Land die stärkste Prägung, die einzige Erziehung und das Fundament ihres Wertesystems. Ein sehr fragiles Wertesystem, das mit Sicherheit keine gesunde und stabile Gesellschaft hervorbringen wird.

„Videos sind für manche Jugendliche in diesem Land die stärkste Prägung, die einzige Erziehung und das Fundament ihres Wertesystems."

Bernd Siggelkow

Instagram ist ganz vorne mit dabei, wenn es darum geht, Mobbern eine Plattform mit großer Reichweite zu bieten. Diverse Profile werden nur zu einem Zweck angelegt: Bild- und Videomaterial von Jugendlichen möglichst schnell und weit zu verbreiten und dabei den Ruf der abgebildeten Personen massiv zu schädigen.

Arche-Jugendliche in Berlin haben uns Profile auf Instagram gezeigt. Dahinter verbergen sich vermutlich Accounts von anderen Jugendlichen aus ihrem Umfeld. Per „persönlicher Nachricht" werden sie dann beispielsweise von einem Profil mit dem Namen *„Absturz_Berlin"* angeschrieben: „Wenn du nicht folgst und Account pushst, posten wir Bilder von dir, du Schlampe."

Eine Sozialarbeiterin drückt auf „folgen". Sie ist entsetzt, als sie sich durch die Storys klickt. Bilder von Minderjährigen, einige davon nur leicht bekleidet, dazu regelrechte Hetzbotschaften:

„Nimm dich in Acht vor so einem Mädchen. Ganz Berlin war in ihr drin", „Sie schickt Nacktbilder von sich herum. Was für eine ehrenlose Schlampe", „Achtung! Er hat mehr Mädchen gefickt, als er zählen kann!" und vieles mehr.

Die Sozialarbeiterin verbringt an diesem Tag ihren Feierabend mit dem mühsamen und erfolglosen Versuch, all diese Profile bei Instagram zu melden und sperren zu lassen. Eigentlich egal, denn selbst wenn sie Erfolg hätte, würde spätestens morgen ein neues Profil aus dem Boden sprießen. Wie Unkraut scheinen sich diese Profile kaum bekämpfen zu lassen. Ein Anruf einer anderen Arche-Sozialarbeiterin bei einem Freund bestätigt dies und ernüchtert uns. Als Kriminalhauptkommissar für Cybercrime weiß er, dass man kaum gegen solche Profile vorgehen kann. Es ist sehr schwer festzustellen, wer dahintersteckt und den Urheber zu fassen. Das ist also eine Sackgasse. – Dann bleibt uns wohl wieder nichts anderes übrig, als möglichst gut auf unsere Jugendlichen aufzupassen und sie aufzuklären.

„Ich verstehe nicht, wie die Politik es hierzulande so versäumen kann, soziale Netzwerke einzuschränken und kindersicher zu machen. Wir haben riesige Lecks in den Sicherheitsfiltern unserer sozialen Netzwerke."

Bernd Siggelkow

Ich fühle mich machtlos gegenüber der Macht von Social Media und nüchtern betrachtet bin ich es auch. Wie machtlos müssen sich erst unsere Jugendlichen fühlen? Berechtigterweise sind Kanäle wie TikTok in anderen Ländern verboten. In Nepal beispielsweise, weil es negative Auswirkungen auf die soziale Harmonie habe. Und der französische Senat attestiert der App durch verzerrte Inhalte eine schädigende Wirkung auf die Demokratie und die Psyche Jugendlicher. Ich verstehe nicht, wie die Politik es hierzulande so versäumen kann, soziale Netzwerke einzuschränken und kindersicher zu machen. Wir haben riesige Lecks in den Sicherheitsfiltern unserer sozialen Netzwerke. Die Leidtragenden sind wie so oft unsere Kinder und Jugendlichen. Ich will gar nicht darüber nachdenken, wer alles davon profitiert und wie viele Erwachsene mit bösen Absichten dort ihr Futter finden.

Vor Kurzem habe ich zu einer Kollegin gesagt, dass ich mir die Zeiten zurückwünsche, als man noch Nacktbilder ausdrucken oder aus der Zeitung herausheften musste, um sie dann an die Toilettentüren zu hängen, und sie nicht in Sekundenschnelle mit einem Klick in ganz Berlin verbreiten konnte. So absurd dieser Wunsch ist, so real ist der Horror für unzählige Menschen, denn das Internet ist schnell und vergisst bekanntlich nicht.

Der Sumpf wird immer tiefer und die Möglichkeiten größer. Dank künstlicher Intelligenz (KI) ist es heute möglich, mit einem einzigen Foto absolut real aussehende Videos zu erstellen, die für den Laien von echten Videos nicht mehr zu unterscheiden sind.

Möchten Sie das Gesicht Ihrer Tochter in einem durch KI generierten Porno auf der Hauptdarstellerin sehen? Oder wie würde Ihnen die Vorstellung gefallen, Ihren Sohn in einem Film wiederzufinden, der eine grauenvoll blutige Schlägerei zeigt? Durch KI können solch surreale Szenarien sehr schnell sehr real werden, und zwar für jeden.

Vor nicht allzu langer Zeit stand eine unserer Pädagoginnen an der Seite einer unserer Arche-Jugendlichen vor Gericht. Ihr Ex-Freund hatte ein Nacktvideo von ihr im Internet verbreitet. Es folgten zahlreiche Hassbotschaften an sie und ihre Mutter: „Du Schlampe, wie kannst du so etwas nur machen?", „Gucken Sie mal, was ihre Tochter für eine Hure ist. Schämen Sie sich!"

Mit unserer Hilfe, viel Zeit und Geduld und einer unangenehmen Gegenüberstellung mit dem Täter konnten wir in diesem Fall den Prozess gewinnen.

Dass viele Jugendliche nicht bereit sind, diesen aufreibenden und mühsamen Prozess auf sich zu nehmen, ist für mich mehr als verständlich. Die wenigsten dieser Fälle werden überhaupt zur Anzeige gebracht. Die psychischen Folgen werden schließlich durch einen verurteilten Täter nicht geheilt.

Macht man sich einmal bewusst, welche Möglichkeiten die sozialen Medien bieten und welche Macht diese Branche hat, ganze Generationen zu beeinflussen, zu manipulieren und zu steuern, Existenzen zu zerstören und Minderjährige zu traumatisieren, dann ist es eine absolute Schande, wie wenig Kontrolle von oben ausgeübt wird.

Es ist fahrlässig, welcher Content, insbesondere bei TikTok, nicht gefiltert wird, wie einfach es ist, sich Profile anzulegen, bei denen es kaum möglich ist, zurückzuverfolgen, welche reale Person dahintersteckt, und wie mühsam es ist, Verbrechen (ja es sind Verbrechen!), die im Internet gegen Menschen begangen werden, zu verfolgen.

Social Media ist eine quasi rechtsfreie Parallelwelt, in der Menschen ohne Gesicht die Realität von Menschen mit Gesicht durch nur einen Klick zerstören können, ohne auch nur befürchten zu müssen, dafür in irgendeiner Form zur Rechenschaft gezogen zu werden!

„Ich fühle mich machtlos gegenüber der Macht von Social Media und nüchtern betrachtet bin ich es auch. Wie machtlos müssen sich erst unsere Jugendlichen fühlen?"

Bernd Siggelkow

Wenn der Schulalltag zum Albtraum wird

Im Laufe der Jahre haben wir viele Jugendliche begleitet, deren Schulalltag durch Mobbing zur reinsten Hölle wurde. Ihre Geschichten könnten ganze Bücher füllen. Die Einzelschicksale, von denen wir im Folgenden berichten, stehen stellvertretend für unzählige Jugendliche, die dringend unser Gehör und unsere Hilfe brauchen.

Die Geschichte von Lars

Hätte man Lars vor drei Jahren kennengelernt, hätten viele in ihm einen „Schulverweigerer" gesehen, der „nicht beschulbar" ist oder „der sein Leben nicht hinbekommt". Leider wird ein solches Urteil viel zu schnell gefällt, ohne genauer hinzusehen. Hinter Jugendlichen, die im System Schule nicht klarkommen, steht immer eine längere Geschichte. So auch im Fall von Lars:

Lars' Mobbinggeschichte beginnt bereits in der Grundschule. Er wird wegen seiner Haarfarbe gehänselt und beleidigt. Er wendet sich Hilfe suchend an seine Lehrer, die ihm unterstellen, er denke sich die Geschichten nur aus, um eine Ausrede für sein häufiges Stören im Unterricht zu haben. Lars versucht weiterhin, sich gegen die Mobber zu wehren. Sein Verhalten wirkt auf die Lehrer so, als sei er der Unruhestifter, und so muss er deswegen die dritte Klasse wiederholen. Seine Mutter setzt sich daraufhin für einen Schulwechsel ein. Doch die Hoffnung auf Besserung währt nur kurz: In der neuen Schule und später auch in der weiterführenden Schule wiederholt sich der Horror. Wieder ist seine Haarfarbe der Auslöser. Das Mobbing wird immer schlimmer: Beleidigungen, fiese Spitznamen, in der Pause wird er sogar mit Steinen beworfen, üble Drohungen, ... Bald sind alle gegen ihn.

„Niemand war auf meiner Seite. Das Schlimmste war, dass ich für Dinge niedergemacht wurde, für die ich nichts konnte", erzählt Lars.

Von der achten bis zur zehnten Klasse kann Lars schließlich gar nicht mehr zur Schule gehen und wird vom Arzt krankgeschrieben. Angst ist sein ständiger Begleiter, allein der Gedanke an die Schule löst bei ihm Panikattacken aus.

„Die Lehrer haben mir alle nicht geglaubt und gesagt, ich bilde mir das nur ein, und ich sei selbst schuld."

Die Mitarbeiterin der Arche fragte Lars dann, welche Reaktion er sich von den Lehrern gewünscht hätte. Seine Antwort kam, ohne lange zu überlegen, und sie bedarf unserer vollen Aufmerksamkeit:

„Ich hätte mir gewünscht, dass sie mir einfach nur zuhören. Irgendwann traut man sich nicht mehr, jemanden anzusprechen, wenn einem eh keiner zuhört. Ich bin nicht sauer auf die Kinder, Kinder machen sowas nicht ohne Grund. Sie haben es falsch beigebracht bekommen. Ich bin sauer auf die Lehrer. Denen war es egal, denen ist es ja nicht passiert. Sie hätten sich Zeit nehmen und zuhören sollen. Sie haben mir nie wirklich zugehört. Nicht ein einziges Mal! In allen drei Schulen wurde nichts unternommen, ich bin mehrmals zu den Lehrern gegangen und wurde nie ernst genommen. Es war schon schwierig, darüber zu reden und dann haben sie nicht zugehört. Einmal hat mich in der vierten Klasse ein Kind geschlagen. Ich habe daraufhin das Kind geschubst. Der Lehrer hat mich dann auf den Boden gedrückt und hat so lange auf mir gesessen, bis meine Mama kam."

Diese Schilderung von Lars sollten wir Erwachsenen uns zu Herzen nehmen! Noch heute leidet Lars häufig unter Panikattacken. Die traumatischen Erlebnisse aus seiner Schulzeit wird er wohl nie ganz vergessen können.

Die Geschichte von Clara

Seit fünf Jahren wird Clara von der Arche begleitet. Weder Clara noch die begleitende Sozialarbeiterin denken gerne an ihre Schulzeit zurück. Doch heute ist das Leben für sie viel unbeschwerter. Clara hat vor einem Jahr ihren Schulabschluss nachgeholt und beginnt nun ihre Ausbildung.

Die Schulzeit war für sie der blanke Horror. Jahrelang wurde sie von ihren Mitschülern auf das Übelste gemobbt und niedergemacht.

Verständlich, dass ein Mädchen unter solchen Umständen nicht lernen kann. Claras schulische Leistungen wurden immer schlechter. Sie schaffte es dann nicht, in der regulären Schulzeit ihren Schulabschluss zu machen. Damals wurde dann ein Grund für ihr „Nicht-Funktionieren" in der Schule gesucht. Die Diagnose „Lernschwäche" war eine willkommene, einfache Erklärung und sollte ihr den Abschluss erleichtern. Doch dieser „Stempel" sorgte eher dafür, dass Claras Selbstvertrauen eher weiter geschwächt wurde, ihre Leistungen haben sich dadurch nicht verbessert.

Kein Wunder! Claras Problem war sicher keine „Lernschwäche". Ihr Problem war für jeden offensichtlich, der es nicht übersehen wollte. Das jahrelange Mobbing hatte ihr komplettes Selbstbewusstsein zerstört. Clara hatte nämlich im Laufe der Jahre angefangen, all die Lügen über sich selbst zu glauben. Gedanken wie „Ich kann nichts, ich bin hässlich, ich schaffe eh nie etwas!" manifestierten sich tief in ihr. Die Diagnose „Lernschwäche" bestätigte ihr dann noch zusätzlich ihre Glaubenssätze.

Das ersehnte Ende der Schulzeit ließ Clara zwar aufatmen, aber es dauerte zwei Jahre mit gutem Zureden und Überzeugungsarbeit der Arche-Mitarbeiterin, bis sie einen neuen Anlauf an einer anderen Schule wagte. Die „Lernschwäche" wurde bei der Bewerbung verschwiegen. Sie absolvierte das Jahr erfolgreich mit einem höheren Abschluss als angestrebt. Alles, was sie brauchte, war jemand, der an sie glaubte, eine Klasse, in der sie akzeptiert wurde, und eine Schule, vor der sie keine Angst hatte.

Die Geschichte von Vera

Kürzlich saß eine unserer Arche-Mitarbeiterinnen mit Vera in unserem „Mutmacher-Raum". „Mutmacher", so nennen wir einen besonderen Bereich unserer Jugendarbeit in den Archen. Vera hatte um ein Gespräch gebeten, denn in der Schule war die Situation heute total eskaliert.

Vera ist in ihrer Klasse schon lange das Opfer von Mobbing. Getreu nach dem Motto: alle gegen eine. Anfangs ging es darum, dass ihre Kleidung nicht cool genug sei. Mittlerweile ist die ganze Klasse gegen sie und der Schulbesuch ist für sie zum täglichen Albtraum geworden. Regelmäßig hört sie Sätze wie: „Du Schlampe, geh doch sterben!" Alle sind einfach nur gegen sie.

Vera wünschte sich nichts sehnlicher als einen Schulwechsel, was in Berlin keine leichte Angelegenheit ist. Immerhin wurde ihr gewährt, in die Parallelklasse zu wechseln. Doch das Mobbing hörte damit nicht auf, noch immer bekommt sie täglich wüste Beschimpfungen, manchmal sogar Morddrohungen auf dem Schulhof zu lesen oder zu hören.

Veras Gesprächsbedarf war offensichtlich. Fast dreißig Minuten redete sie, erzählte davon, was vorgefallen war. Und wie sehr sie diesen Raum braucht, in dem sie erzählen kann, und in dem ihr einfach jemand zuhört und sie ernst nimmt! Sie sagte, sie freue sich, jeden Tag darauf zur Arche kommen zu können. „Hier wird man wenigstens so akzeptiert, wie man ist, und ich kann mit den Mitarbeitern reden."

Wie gerne würde ich berichten, dass Vera ein Einzelfall ist. Aber leider ist sie überhaupt keine Ausnahme.

*

Es kann nicht sein, dass an unseren Schulen derartige Zustände herrschen, wie sie diese drei Jugendlichen beschreiben. Natürlich gibt es mittlerweile Konzepte, um gegen Mobbing vorzugehen. An vielen Schulen gibt es zum Beispiel Mobbing-Beauftragte, an die sich betroffene Schülerinnen und Schüler wenden können. Auch Schulsozialarbeiterinnen und Sozialarbeiter leisten einen wichtigen Beitrag. Insgesamt sind die Lehrkräfte jedoch mehr als überfordert, und die zahllosen Fälle sprechen für sich. Mobbing ist aus dem Ruder gelaufen und kaum noch in den Griff zu bekommen.

Unserer Einschätzung nach muss das Thema gesellschaftlich viel mehr in den Fokus genommen, und es müssen Ressourcen freigesetzt werden, um aktiv dagegen vorzugehen. Letztlich ist Mobbing, wie so vieles, das Symptom einer verzweifelten und vernachlässigten Generation. Wir werden das Problem nicht unter Kontrolle bekommen, wenn wir nur die Symptome bekämpfen. Man heilt eine Pflanze an ihrer Wurzel, alles andere ist der berühmte Tropfen auf dem heißen Stein. Jugendliche werden zu Mobbern, weil sie schwarzsehen. Wir müssen dieser Generation eine Perspektive schenken.

Das Täter-Opfer-Dilemma

Es fällt mir schwer, in diesem Zusammenhang von „Tätern" und „Opfer" zu sprechen. Es ist auf keinen Fall meine Absicht, die Tat zu rechtfertigen, doch will man das Problem in seiner Tiefe verstehen, kommt man nicht umhin, differenzierter und genauer hinzusehen. Auch auf der Seite der Täter.

Aus meiner Erfahrung kann ich sagen, dass ein Jugendlicher, der sich geliebt und geborgen fühlt, der gesunde Beziehungen und Bindungen sowie wohlwollende Vorbilder in seinem Umfeld hat, eher selten zum Mobber wird. Deshalb würde ich im Umkehrschluss sagen, dass die meisten Mobber in irgendeiner Form auch Opfer sind oder waren. Sie überspielen die eigene Unsicherheit, lenken die Aufmerksamkeit entweder auf sich oder wollen mit ihrem Verhalten bloß von sich selbst ablenken.

Warum ein Mobber zum Mobber wird, kann verschiedene Gründe haben. Mobbing kann ein Ventil oder Schrei nach Aufmerksamkeit sein, wenn es an positiver Zuwendung und Liebe, an gesunden Ventilen, Aufarbeitung und konstruktiver Selbstreflexion mangelt. Deshalb glaube ich, dass oft gerade die Jugendlichen, die andere mobben, unsere Liebe und Zuwendung am dringendsten benötigen.

In einer idealen Welt wäre die Lösung, dass jedes Kind und jeder Jugendliche von Anfang an so viel Liebe und Aufmerksamkeit bekommen, dass es nie nötig sein wird, durch Mobbing Aufmerksamkeit zu erlangen oder eigene Verletzungen zu kompensieren. Doch ich weiß, dass wir in keiner idealen Welt leben, deshalb braucht es sowohl Schutzkonzepte für Opfer und eine kompromisslose Null-Toleranz-Politik gegenüber Mobbing in Schulen und Kinder- und Jugendeinrichtungen als auch eine ernsthafte, wohlwollende Auseinandersetzung mit den Tätern sowie angemessene Sanktionen.

Es ist eine Gratwanderung, einerseits die Täter zur Verantwortung zu ziehen, die Opfer ernst zu nehmen und zu schützen, und andererseits nicht zu vergessen, dass viele Täter ebenso dringend Hilfe benötigen. Eine Herausforderung, vor der wir oft stehen. Dieses Dilemma erfordert ein sorgfältiges Abwägen im Umgang mit den Mobbern. Jeder bekommt bei uns eine Chance, sein Verhalten in Gesprächen zu reflektieren, um zu lernen, für die eigenen Entscheidungen und Taten Verantwortung zu übernehmen. Unsere höchste Priorität ist es jedoch, stets einen Schutzraum zu wahren und Mobbing strikt zu unterbinden. Bleibt diese Chance ungenutzt und der Mobber zeigt keine Bereitschaft zur Veränderung sowie Einsicht, müssen wir immer mit einem zeitweiligen oder langfristigen Ausschluss aus der Arche reagieren. Wir können nicht zulassen, dass der Schutzraum anderer Jugendlicher gefährdet wird.

Was können wir tun?

Für uns stellt sich bei all dem die Frage, wie wir mit einem solchen Monsterproblem im Alltag umgehen können. Sicherlich können wir das Problem im Alltag nicht vollständig lösen, zu lang ist die Kette der Beteiligten und Auslöser. Zu komplex die Verstrickungen zwischen Täter und Opfer. Die Wurzeln zu tief und außerhalb unseres Einflussbereiches. Aber wir können einen Ort schaffen, an dem Mobbing unter Quarantäne gestellt werden kann, wo es eine Verschnaufpause gibt. Wir müssen Schutzräume bauen!

Ein Schutzraum – das ist es, wonach sich viele Jugendliche sehnen. Diesen Schutzraum zu bieten, ist im Lauf der Zeit zu einem unserer wichtigsten Ziele in den Jugendbereichen der Archen geworden: Schutzraum zu sein und diesen mit allen uns zur Verfügung stehenden Mitteln zu wahren. Und dieser Schutzraum zieht die Jugendlichen an wie das Licht die Motten. Denn hier finden sie Sicherheit, die sie so dringend brauchen, um sich gesund entwickeln zu können.

Um diesen Schutzraum zu gewährleisten, brauchen wir eine liebevolle Atmosphäre, in der sich jeder gesehen und angenommen fühlt und eine Null-Toleranz-Politik gegenüber Mobbing mit ganz klaren und strengen Regeln. In vielen Gesprächen merken wir, dass klare Regeln und Grenzen für unsere Jugendlichen entlastend sind. Sie sehnen sich geradezu danach.

Und wie immer ist der wohl allerwichtigste Schlüssel: Liebe. Den Jugendlichen zu zeigen und zu versichern, dass ihr Wert nicht von dem abhängt, was andere über sie denken, und dass viele Dinge, die sie jeden Tag über sich hören, Lügen sind. Wir zeigen ihnen, dass wir sie lieben, egal was kommt. Wir nehmen sie in den Arm, wenn sie es brauchen, wir hören ihnen zu, nehmen sie ernst und zeigen ihnen, dass wir für sie da sind. All dies erscheint mir im Angesicht des Ausmaßes der Dramatik, in dem sich Jugendliche heutzutage bewegen, oft nicht viel, nicht genug. Doch ich weiß, dass es für viele unserer Jugendlichen in dem Moment, wo sie bei uns sind, ihr alles ist und ihnen eine ganze Welt bedeutet!

„In vielen Gesprächen merken wir, dass klare Regeln und Grenzen für unsere Jugendlichen entlastend sind. Sie sehnen sich geradezu danach."

Bernd Siggelkow

14.

Der digitale Wahnsinn – Segen und Fluch zugleich

Als im März 2020, bedingt durch die Coronapandemie, der erste Lockdown ausgerufen wurde und alle Einrichtungen schließen mussten, waren auch die Arche-Standorte betroffen, was alle Mitarbeitenden sehr beunruhigte. Denn wir ahnten, dass die in vielen Bereichen ohnehin benachteiligten Kinder durch die Maßnahmen und ihre Auswirkungen noch weiter abgehängt werden als bessergestellte Kinder. Und tatsächlich, als die Coronamaßnahmen weiter verschärft wurden, entwickelte sich die ganze Situation zu einem Desaster. Und aus der Beunruhigung wurden gravierende Sorgen. Denn wir wussten, wenn Kinder und Eltern gemeinsam rund um die Uhr zu Hause sind, wird das in belasteten Familien schnell zum Konfliktpotenzial. In Fernsehsendungen habe ich damals schon sehr früh vor Kindesmissbrauch und Kindeswohlgefährdung gewarnt, wenn es uns nicht gelingt, die Kinder in dieser Zeit engmaschig zu betreuen, was leider zum Teil überhaupt nicht funktioniert hat. Mir war aber auch klar, dass gerade Kinder, die in der Schule ohnehin kaum mitkommen, durch den Lockdown zusätzliche Probleme bekommen würden. Denn die meisten Schülerinnen und Schüler aus Familien, die von Transferleistungen leben, sind von der

Digitalisierung weitgehend abgeschnitten. Bei ihnen zu Hause gibt es kein Geld für schnelles Internet, keine Drucker oder Druckerpatronen, keine digitalen Endgeräte, die den Vorgaben der Schulen entsprechen.

Viele Grund- und weiterführende Schulen erwarteten damals von ihren Schülern, dass sie dem Unterricht online folgen, im sogenannten „Distanzunterricht", die Schulaufgaben per E-Mail erledigen oder ausgedruckt einmal pro Woche im Sekretariat abgeben, um dann neue Aufgaben zu bekommen. Bedauerlicherweise war vielen Lehrern nicht bekannt, dass etliche Eltern kein Geld für Druckerpatronen oder gar den erhöhten Papierbedarf hatten. In vielen Familien gab es nicht mal eine E-Mail-Adresse, geschweige denn jemanden, der diese einrichten konnte. Wir hörten von Schülerinnen und Schülern, die nicht am Online-Unterricht teilnehmen konnten, weil sie einfach keinen PC besaßen – und die Schulen akzeptierten dies.

Die Arche hatte gerade in dieser Phase alle Hände voll zu tun, um den benachteiligten Familien unter die Arme zu greifen. Wir brachten nun nicht nur wöchentlich Lebensmittel an die Haustüren, sondern beschafften Hunderten von Kindern gebrauchte Smartphones oder Tablets, damit sie ihre Schulaufgaben erledigen konnten. Und unsere Mitarbeiter saßen bis zu sechs Stunden täglich am Handy, um mit den Kindern Homeschooling zu machen, da die Eltern teilweise aufgrund von Sprachbarrieren, Bildungsstand und Überlastung nicht in der Lage waren, dies selbst in die Hand zu nehmen.

Wir richteten außerdem mit den Kindern E-Mail-Adressen ein, damit sie überhaupt mit ihren Schulen kommunizieren konnten und entwickelten zusätzlich über Nacht eine virtuelle Arche. Hier konnten wir neben Online-Hausaufgaben auch Nachhilfe und ein virtuelles Nachmittagsprogramm anbieten, das vielen Menschen über die schwierige Zeit der Isolation half. Leider sind dennoch viele Schülerinnen und Schüler durch die unterschiedlichen pandemiebedingten Schließzeiten noch weiter abgehängt worden als zuvor. Und um diese Kinder nicht vollständig zu verlieren, bedarf es nun einer enormen Unterstützung und Förderung.

Natürlich hatten die meisten Kinder und Familien, auch die sozial herausgeforderten, schon immer ein Handy oder Zugang zum Internet. Größtenteils wurde dies alles aber eher für Spiele oder soziale Netzwerke genutzt. WhatsApp, TikTok, Instagram, Snapchat und viele Onlinespiele gehören wie selbstverständlich zum Allgemeinwissen fast aller Kinder in unserem Land. Gerade auf diesen Plattformen kennen sie sich besser aus als so mancher Erwachsener. Doch im schulischen Bereich, bei der digitalen Nutzung von Lerninhalten, sieht es ganz anders aus. Leider!

Während es mittlerweile „Vorzeigeschulen" im Bereich der Digitalisierung gibt, die fast ausschließlich mit Tablet, Activboard und anderen Medien arbeiten, gibt es gerade in sozialen Brennpunktgebieten Schulen, die einem digitalen Entwicklungsland gleichen. Dort wird zwar auch das Handy genutzt, allerdings in den Pausen, um zu zocken, einen Insta-Post hochzuladen, ein TikTok-Video anzuschauen oder einfach in die virtuelle Welt abzutauchen. Schulleitungen beklagen zudem, dass einige Schüler gewaltverherrlichende oder pornografische Videoinhalte konsumieren, da es im Internet keinen Jugendschutz zu geben scheint.

Was für die einen eine Chance ist, ist für die anderen eine Gefahr. Die digitalen Medien sind Segen und Fluch zugleich.

Warum wir in unserem Land aber eine so massive Chancenungleichheit schaffen, ist für mich nicht nur ein Rätsel, sondern ein unglaubliches Verbrechen. Eine Elite bekommt Bildung in allen Bereichen geschenkt und das Proletariat wird kleingehalten? Warum ist das so? Kinder müssen da ja automatisch das Gefühl bekommen, belohnt oder bestraft zu werden, je nachdem wo und wie sie aufwachsen.

Die digitale Welt
und der Kinderschutz

Natürlich birgt jede Digitalisierung auch eine unglaubliche Gefahr, vor allem dann, wenn ein Vakuum an inhaltlicher Bildung entsteht. Leider gibt es viel zu wenig Ausbildung im Umgang mit Geräten und Programmen oder Medienkompetenz im Allgemeinen. Auch wenn wir im Straßenbild fast nur noch Menschen sehen, die statt auf die Straße zu achten auf ihr Handy gaffen, verstehen gerade Kinder oft nicht, was alles dahintersteckt. Gewaltbereitschaft, Vereinsamung und Mobbing haben in den letzten Jahren extrem zugenommen! Könnte das möglicherweise auch etwas mit dem Internetkonsum zu tun haben?

Anlässlich des 17. internationalen Safer Internet Day, der am 11. Februar 2020 stattfand, präsentierte Saferinternet.at eine Studie zum Thema „Die Allerjüngsten und digitale Medien":

In Haushalten mit Kindern unter 6 Jahren gibt es heute durchschnittlich 4 bis 5 internetfähige Geräte. Bereits 72 Prozent der Kinder zwischen 0 und 6 Jahren bzw. 81 Prozent der 3- bis 6-Jährigen nutzen diese zumindest gelegentlich selbst. Im Vergleich zu 2013 (41 %) ist damit in der Altersgruppe der 3- bis 6-Jährigen eine Verdoppelung festzustellen.

Durchschnittlich kommen die Kinder der genannten Gruppe im Alter von einem Jahr erstmals mit digitalen Medien in Kontakt. 72 Prozent der Eltern geben an, dass ihr Kind sogar jünger war, als es zum ersten Mal ein internetfähiges Gerät verwendet hat. Am häufigsten beschäftigen sich die Kinder dabei mit dem Tablet (32 %), gefolgt vom Smartphone (30 %) und dem internetfähigen Fernseher (21 %). Computer und Laptop spielen mit 4 Prozent mittlerweile nur mehr eine geringe Rolle.[49]

Diese Studie zeigt, dass unsere Kinder immer früher mit digitalen Medien beziehungsweise dem Internet in Berührung kommen. Dass dies auch Gefahren birgt, sollte außer Frage stehen. Auch wenn es heute wesentlich einfacher ist, Unterrichtsinhalte im Internet zu recherchieren, werden viele Schülerinnen und Schüler leider weniger mit diesen Möglichkeiten konfrontiert als mit selbst recherchierten Inhalten. Sie tauchen dadurch zuweilen in Welten ein, die ihnen schaden. Heute kann sich jeder mit einem beliebigen Geburtsdatum unkontrolliert bei sozialen Medien anmelden. So nutzen schon Achtjährige Plattformen wie WhatsApp, TikTok und andere, obwohl diese erst ab 13 Jahren erlaubt sind. Mit einem Klick kann jeder selbst Seiten mit pornografischen Inhalten öffnen, auch wenn er nicht, wie gefordert, 18 Jahre alt ist. Wenn Eltern also keinen Jugendschutz auf dem Handy ihrer Kinder, dem Laptop oder Tablet zu Hause installieren, ist die virtuelle Welt leider so leicht zugänglich, dass sie die Psyche von Minderjährigen zerstören oder weitreichende Entwicklungsprobleme verursachen kann.

Bereits in unserem Buch „*Deutschlands sexuelle Tragödie*", das im September 2008 erschienen ist, haben wir vor den Folgen solcher frei zugänglichen Inhalte gewarnt und rieten dazu, Mechanismen zu finden, um unsere Kinder besser vor der virtuellen Welt zu schützen. Bis heute ist das Internet noch voller und noch zugänglicher für alle möglichen Inhalte geworden, sodass man sich fragt, warum keine politische Partei dem einen Riegel vorschiebt. Kinderschutz muss wichtiger sein als Steuereinnahmen.

Fast alle Kinder wachsen heute mit digitalen Technologien auf. Auch die Kinder und Jugendlichen, die in die Arche kommen. Das ist keine Überraschung. Aber sie brauchen eine enge Begleitung, die allerdings meist durch ihre Eltern fehlt. Daher versuchen wir, die Kinder zu schulen, nicht nur im Umgang mit der Technik, sondern auch hinsichtlich der Interaktion mit den vielfältigen Inhalten im Netz.

Soziale Netzwerke sind für Jugendliche, diese Erfahrungen sammeln wir in den Archen, eine mehr als relevante Informationsquelle. Klassische journalistische Berichterstattung geht hingegen mehrheitlich an ihrer Lebenswelt vorbei. In unseren Häusern sagt zwar jeder und jede zweite Jugendliche, dass Informationen und Neuigkeiten ihnen wichtig sind, aber weniger als 10 Prozent von ihnen informieren sich durch journalistisch gefilterte, eingeordnete Beiträge. Die Mehrheit unserer Kids nutzt Social Media als einzige Informationsquelle. Schließlich sind dort viele Informationen, die sie interessieren, nur einen schnellen Klick entfernt. Junge Menschen konsumieren also weniger, dafür aber passiver Nachrichten und das fast ausschließlich in sozialen Netzwerkplattformen, die nicht immer, eigentlich fast nie, seriöse Informationen liefern.

Alles ist zugänglich. Warum ist das so?

In den Archen versuchen wir unsere Kinder und Jugendlichen eng zu begleiten, ihnen Medienkompetenz und auch die Gefahren im Internet zu vermitteln. Was leider nur teilweise gelingt, da machen wir uns nichts vor. Denn immer mehr Mobbing findet im Internet statt und Kinder definieren sich über soziale Plattformen. Hassnachrichten, Gewaltbereitschaft und Ausgrenzung sind Inhalte, die unsere Kinder manipulieren. Häufig tauchen sie ab in eine Scheinwelt mit Idolen, die eher Schaden anrichten und sie sicher nicht fördern. Selbst wenn man den Eltern die Schuld daran gibt, sich nicht ausreichend um den Schutz der Kinder zu kümmern, so sind letztlich doch alle Inhalte frei zugänglich. Da stellt sich schon die Frage: Warum ist das so?

Die digitale Welt bietet unseren Kindern, und vor allem den Schülerinnen und Schülern unglaubliche Möglichkeiten zum Lernen und sich im Bildungsbereich weiterzuentwickeln. Warum wird all das viel zu wenig genutzt und vorangetrieben? Auf der anderen Seite wird es hingenommen, dass wehrlose Kinder von teils abscheulichen bewegten Bildern und Worten beeinflusst und geradezu überwältigt werden. Dabei liegt es in der Hand der Entscheidungsträger, die Risiken einzuschränken und Möglichkeiten zur Chancengleichheit umzusetzen.

Seit so vielen Jahren schauen wir schon als Gesellschaft dabei zu, wie ein Großteil unserer Kinder in eine virtuelle Welt abgeschoben wird. Wir nehmen es hin, dass sie abgehängt werden und es ihnen nicht gelingen wird, jemals in dieser Gesellschaft Fuß zu fassen. Dabei hätten wir die Möglichkeiten, jedes Kind so individuell zu fördern, dass aus Kindern das wird, was wir sonst so stolz behaupten: die Zukunft unserer Gesellschaft.

___

„Die digitale Welt bietet unseren Kindern, und vor allem den Schülerinnen und Schülern unglaubliche Möglichkeiten zum Lernen und sich im Bildungsbereich weiterzuentwickeln. Warum wird all das viel zu wenig genutzt und vorangetrieben?"

Bernd Siggelkow

___

15.

Nur gemeinsam sind wir stark

Kindern eine Stimme geben, das war schon immer ein Motto der Arche. Es ist wichtig, das Thema Kinderarmut in Deutschland in die Öffentlichkeit zu bringen, sonst bleibt es ein Randthema. Kinder erzählen von ihren Geschichten, von ihren Lebensumständen und schwierigen Situationen und plötzlich werden sie gesehen und es wird ihnen Aufmerksamkeit geschenkt. So kommt es nicht selten vor, dass Journalistinnen und Journalisten in die Archen kommen, um zu hören und zu sehen, wie es benachteiligten Kindern in Deutschland geht.

Die Geschichte von Elena

Vor vielen Jahren entschloss sich eine Journalistin, eine Geschichte über ein junges Mädchen zu schreiben. Elena, so hieß die damals Zehnjährige, weckte das Interesse der Redakteurin, denn die Kleine konnte ihre Neugier über die Besucherin kaum zügeln und war schnell mit ihr in ein Gespräch verwickelt. So entstand ein Artikel in einem Wochenmagazin, der dem Leben von Elena, die in einem Hartz-IV-Haushalt aufwuchs, eine andere Richtung gab.

In dem besagten Artikel erzählt Elena von ihrem Leben, das in Berlin begann. Sie beschreibt ihre Wohnsituation, erzählt vom

Berliner Bezirk Hellersdorf und wie sie in der kleinen Wohnung mit ihrer Mutter und den beiden Schwestern lebt. Da ist auch noch der Stiefvater, der seit einigen Jahren mit der Mutter zusammen ist. Elena gibt dem Leser einen Einblick in ihr Innerstes und spricht, fast abgeklärt, über die schwierige Situation einer Frau, in diesem Fall ihrer Mutter, die allein verantwortlich ist für ihre drei Kinder. Sie spricht darüber, dass die Mutter die Kinder sehr früh bekommen hat und ihr dadurch die Möglichkeit genommen wurde, eine Ausbildung zu beginnen. Sie sei immer tiefer in die Abhängigkeit von Hartz IV geraten, bis es schließlich zu spät war, für sich selbst zu sorgen. Ihr fehlte die Kraft. – Elena macht niemandem Vorwürfe, es ist nur ihre nüchterne Art, mit der sie das Leben ihrer Mutter beschreibt. Am Ende des Artikels fasst sie den Entschluss: „Ich werde das Abitur machen, damit ich nicht so werde wie meine Mutter."

Die Geschichte von Elena war erzählt. Reaktionen gingen beim Verlag ein, die Leser waren von dem taffen Mädchen begeistert. Ein Leser bat jedoch um Rückmeldung vom Vorstand der Arche. Das gewünschte Telefongespräch kam zustande. Der Mann aus Süddeutschland, von Beruf Steuerberater, war beeindruckt von Elenas Aussage, das Abitur anzusteuern. Die Zielstrebigkeit dieses jungen Mädchens berührte ihn zutiefst. Sein Plan war es nun, Elena finanziell zu unterstützen, damit sie den schweren Weg zum Abitur meistern kann und mit den anderen Mitstreiterinnen und Mitstreitern gleichgestellt ist, also am Leben teilhaben kann. Im Gespräch wurde dann vereinbart, dass die Unterstützung auch für die beiden Schwestern gelten sollte, um den sozialen Frieden in der Familie zu wahren.

Von da an überwies der gute Mann in unregelmäßigen Abständen unterschiedliche Geldbeträge auf das Konto der Arche, und zwar bis zum Abitur von Elena. Er wählte diesen Weg, um die Gewissheit zu haben, dass das Geld bei den Kindern ankommt, dass er nicht genannt wird und dass er im Austausch mit der Arche bleiben kann.

Da das Geld natürlich nicht einfach so an die Mädchen ausgezahlt werden konnte, musste grundsätzlich eine Arche-Mitarbeiterin mit den Kindern einkaufen gehen, um der Buchhaltung später die entsprechenden Belege vorzulegen und auch den Nutzen der Ausgaben im Auge zu haben. Diese Art der „Betreuung" gehört nicht unbedingt zu den Aufgaben der Pädagogen, dazu fehlt ihnen einfach die Zeit. In diesem Fall wurde aber ein anderer Weg gefunden. Eine Büromitarbeiterin wurde zur „Shoppingbegleiterin" auserkoren. Doch bald stellte sich heraus, dass das nicht die einzige Aufgabe war von Ute, so der Name der Mitarbeiterin.

Der nette Mann kündigte Ute seine Überweisung stets per E-Mail an. Er schickte sie unregelmäßig, doch immer verbunden mit äußerst wertschätzenden Worten für die Arbeit der Arche und teilte auch direkt seine Gedanken mit, wie das Geld Elena und ihren Schwestern helfen könnte. Ute lernte den Spender in den nächsten Jahren kennen, nicht näher, aber sie verstand, dass er mit seinem Geld hauptsächlich Elena den Rücken für den Weg zum Abitur freihalten wollte und er großen Wert auf Bildung legte, und dass er auch darum wusste, dass Kleidung für die jungen Mädchen von großer Bedeutung war.

In den folgenden Jahren entwickelte sich etwas Besonderes und Wertvolles. Elena fand in Ute einen Menschen, der zuhörte, von dem sie lernen konnte und dem sie vertraute. Es wurden Worte gewechselt und Impulse gegeben, die Elenas Denken nachhaltig veränderten. Gedanken über sich selbst, über ihre Familie und auch über ihr Umfeld. Nichts davon war geplant, sondern all das entstand aus dem Engagement des Spenders und der Arche, die dafür sorgte, dass es in diesem geschützten Rahmen umgesetzt werden konnte.

Immer, wenn neue Kleidung für die Mädchen gebraucht wurde, stand ein Einkauf an. Ob Sommer- oder Winterkleidung, neue Schuhe oder auch Kosmetikartikel. Die drei Schwestern freuten sich so sehr und konnten es gar nicht fassen, dass es jemanden gab, der ihnen das alles ermöglichte. Neben der Kleidung konnten in all den Jahren auch immer die Schulmaterialien ausgebessert oder aktualisiert werden, je nach Bedarf der Mädels.

Das Interesse an den Einkäufen und den damit verbundenen Gesprächen ließ bei Elenas Schwestern später nach. Auch ihre Bindung an die Arche war nie so stark gewesen wie bei ihrer Schwester. Natürlich verlor Ute sie nicht aus den Augen, doch jetzt lag der Fokus stärker auf Elenas schulischer Entwicklung.

Der Mittlere Schulabschluss, in Berlin MSA genannt, war geschafft. Die zehnte Klasse absolvierte Elena ganz unspektakulär. Keine große Herausforderung für sie, die Schule hatte ihr bis dahin keine großen Sorgen bereitet. Es ging weiter, schließlich war das Abitur ihr Ziel.

Ute fiel allerdings auf, dass Elena zu Hause keinerlei Unterstützung beim Lernen bekam. Eigentlich war das klar, aber es zeigte sich auch, dass sie überhaupt nicht wusste, wie man lernt. In weiteren Gesprächen, an denen sich häufig auch eine weitere Arche-Mitarbeiterin mit einschaltete, wurde Elena beigebracht, wie man eine gute Lernatmosphäre schafft und einen Lernplan aufbaut. Damit sie in Ruhe lernen konnte, empfahlen die Arche-Kolleginnen ihr, entweder in der Arche zu lernen oder Orte wie die Staatsbibliothek aufzusuchen. All die guten Tipps wurden auch umgesetzt, bis zu dem Zeitpunkt, als es Elena zu viel wurde.

„Ich bin nicht für das Abitur geschaffen, ich mache eine Ausbildung", waren auf einmal Elenas Worte, die Ute per WhatsApp erreichten. Ein klares Signal, dass Gesprächsbedarf bestand. Ute antwortete ihr, dass sie sie auch bei einer Ausbildung unterstützen würde, sie aber erst einmal am nächsten Tag in die Arche kommen solle.

Zu Hause erhielt sie keinen Zuspruch. „Du schaffst das schon, halt durch", solche Worte hörte Elena in ihrem Umfeld nicht. Der eigene Mut hatte sie verlassen, der Glaube an sich selbst. Diese Gemütsverfassung konnte in der Arche dann wieder ins Lot gebracht werden, durch Zuhören, Verständnis zeigen und Kraft geben.

Nach ein paar Tagen kam dann vor ihr die Ansage: „Ich zieh das jetzt durch." Neue Literatur und Lernmaterialien wurden besorgt und zwischendurch sich immer wieder nach ihrem Befinden erkundigt. Textnachrichten aus der Arche wie „Halt durch!", „Du schaffst das" oder „Brauchst Du Hilfe?" begleiteten Elena bis zu ihrem Abitur. Und sie hat es dann auch geschafft. Das Abitur war in der Tasche. Und das Abitur während der Coronapandemie zu absolvieren, war eine Reifeprüfung sondergleichen.

Die Freude bei Elena war groß. Was Ute sofort einfiel und was sie selbst aus ihrer eigenen Schulzeit kannte, war der bevorstehende Abi-Ball. Aber falsch gedacht, das war bei Elena überhaupt kein Thema. Nachdem Ute das Thema angesprochen hatte, kam zur Sprache, dass die Eintrittskarten zu teuer seien. Wie Elena das so nüchtern erwähnte und der Freude der Feier einfach so entsagte, brach es Ute das Herz. „Nichts da, Du gehst mit Deinen Gästen dorthin", war ihre Reaktion.

Über Elenas schulische Entwicklung war der nette Steuerberater stets informiert, so auch über das bestandene Abitur. Der Spender war überglücklich und so stolz auf „seine" Elena, an die er immer geglaubt hatte. Natürlich war er auch damit einverstanden, dass aus seinem „Topf" die Eintrittskarten für den Abi-Ball bezahlt wurden. Stolz wie Bolle und schick gestylt besuchte Elena mit ihrer Mutter und dem Stiefvater den Abi-Ball.

Eine starke Leistung, wenn man bedenkt, dass die Wahrscheinlichkeit, dass Kinder von Eltern aus dem untersten Einkommensviertel ein Gymnasium besuchen, sehr gering ist.

*

Wie ging es weiter? „Ich werde nie wieder eine Schule besuchen", mit diesen Worten läutete Elena die Zeit nach dem Abitur ein. Ein Studium kam für sie überhaupt nicht infrage. Na gut, dann sollte sie sich eben nach einer Ausbildungsmöglichkeit umschauen.

Ute ließ nicht locker, ihre „Betreuungszeit" endete nicht mit dem Abitur. Sie ließ dem jungen Mädchen aber Zeit, schließlich war Elena erst 17 Jahre alt. Aus Sicht der Arche sollte Elena aber nicht von der Zeit der Leistung in eine Phase des Nichtstuns und der Perspektivlosigkeit abrutschen, denn diese Entwicklung ist immer gefährlich. Ihr soziales Umfeld bot ihr aber wenig Unterstützung. Ein neues Ziel wurde daher auserkoren: der Erwerb des Führerscheins.

Ute und die Kollegin konnten Elena verdeutlichen, dass der Führerschein ein Stück Unabhängigkeit und Freiheit bedeutet, zumindest war das mal so. Da das Geld vom Spender von der Arche immer sehr überlegt ausgegeben wurde, war für dieses Vorhaben auch noch etwas übrig. Den Führerschein hat Elena nach einigen Monaten bestanden, das Vorhaben hatte sich aufgrund von Corona etwas in die Länge gezogen. Wieder war eine Hürde genommen und das Selbstvertrauen der nun 18-Jährigen wuchs in kleinen Schritten.

Interessant war aber, dass Elena auch den Gedanken an eine Ausbildung über Bord warf. Im Internet war sie nämlich auf das „Duale Studium Sozialpädagogik und Management" gestoßen und fasste indessen doch den Entschluss, dieses Studium zu beginnen. Sie bewarb sich und suchte gleichzeitig einen geeigneten

Praxispartner, eine soziale Organisation, bei der sie den praktischen Teil des Studiums absolvieren konnte. Das Motto der staatlich anerkannten Berufsakademien in Berlin für ein duales Studium lautet: Gleichzeitig studieren und praktische Erfahrungen sammeln.

Doch die Suche nach einem Praxispartner gestaltete sich schwierig, hier hatte Elena keinen Erfolg. Auf eigene Faust suchte sie dann das Gespräch mit dem Arche-Gründer, Bernd Siggelkow, und fragte ihn, ob *Die Arche* als Praxispartner infrage kommen könnte. Er gab ihr grünes Licht für das Studium und wählte für sie als Praxisort die Arche in Berlin-Reinickendorf. Bewusst wurde dieser Standort gewählt und nicht „ihre" gewohnte Arche in Hellersdorf. Der Schritt raus aus ihrem Kiez sollte sie irgendwie auch beflügeln.

Elena begann ihr Studium in der Coronazeit, also nicht in Präsenz, sondern online von zu Hause aus. Die Erfahrungen, die ein Studium und das Kennenlernen von anderen Studierenden vor Ort mit sich bringen, konnte sie nicht machen. Fehlende Motivation, keine persönlichen Begegnungen und auch Einsamkeit wurden sodann zu ihrem Problem. Nach fast zwei Jahren fiel Elena in eine mittelschwere Depression. Sie sagte, dass alles wieder hochkäme und meinte damit ihre Kindheit und die Probleme in ihrer Familie. Sie verließ ihre Wohnung kaum noch, wozu auch, das Studium fand ja zu Hause statt.

Die Wohnung war übrigens ein besonderes Highlight in Elenas Leben. Mit Unterstützung einer Berliner Wohnungsbaugesellschaft, die der Arche wohlgesonnen ist, konnte eine kleine Wohnung in Hellersdorf gefunden werden. Elena beschrieb dieses Glück mit einfachen Worten: „Das war das Größte, dass ich die erste Miete von meinem eigenen Geld bezahlten konnte." Sie arbeitete ja im Rahmen des Studiums in der Arche und erhielt natürlich ein Gehalt. So entstand ihr persönlicher Lebensraum, eine gemütliche Bleibe mitten in Berlin. Die junge Frau stand auf eigenen Beinen, war nicht auf Hartz IV angewiesen, wie sie es sehr wohl von ihrer Mutter kannte. Doch sollte diese Entwicklung nun plötzlich ihr Ende finden?

Die Stimmungsschwankungen blieben, doch Elena konnte die Situation gut reflektieren und versank nicht in dieser lähmenden Stimmung. Sie erzählte Ute davon, die ihr ein Gespräch mit einer Therapeutin empfahl und auch direkt einen Kontakt vermitteln konnte. Es dauerte nicht lange, bis diese Gespräche ihr wieder Kraft gaben und sie ihr Leben in eine neue Richtung lenken konnte. Elena war nun aber davon überzeugt, dass das Studium nicht ihren Bedürfnissen entsprach und sie sich auch nicht in der Lage sah, es abzuschließen. Im Gegensatz zum Praxisanteil des Studiums fand der Theorieanteil keinen Zugang in ihr Inneres. Die Arche und auch Ute konnten ihre Entscheidung nachvollziehen und bestärkten sie darin. Die Kündigung für das duale Studium wurde geschrieben.

Als Arche fühlten wir uns für das ehemalige Arche-Kind verantwortlich und boten Elena deshalb an, ein weiteres Jahr in der Berliner Arche zu bleiben, in der sie den Praxisanteil absolvieren konnte als ungelernte Mitarbeiterin im pädagogischen Bereich. Schließlich konnte sie mit Kindern und Jugendlichen sehr gut umgehen, sie konnte sich schnell in die kleinen Menschen mit all ihren Problemen hineinversetzen. Ein wichtiger Aspekt bei dieser Überlegung war natürlich auch, dass Elena weiterhin auf Gehalt angewiesen war, sonst hätte sie sich ihre Wohnung nicht mehr leisten können beziehungsweise hätte dies einen Abstieg in Hartz IV bedeutet. Im Oktober 2022 wurde ihr aber auch ganz deutlich vermittelt, dass diese Vereinbarung nur für ein Jahr gilt und sie sich in dieser Zeit Gedanken über eine Ausbildung machen müsse.

Die Entscheidung, das Studium abzubrechen, war richtig gewesen, denn die junge Frau spürte, wie der Druck von ihr abfiel. Elena konnte sich entspannten und konzentrierte sich nun auf ihre Tätigkeit in der Arche. Sie liebte ihre Arbeit, lernte von den Kolleginnen und Kollegen und fand in ihnen auch Gesprächspartner, die auch an ihrem Privatleben teilnahmen. Sie entwickelte eine Kraft, die sie an ihre Schwestern weitergab. Die jüngere Schwester nahm sich die Empfehlung, doch noch eine Ausbildung zu beginnen, zu Herzen und startete wenig später ihre Laufbahn als Sozialassistentin. Ihrer älteren Schwester, die bereits zwei Kinder hat, steht sie bis heute mit Rat und Tat zur Seite. Mit ihrer Mutter pflegt Elena ebenfalls ein herzliches Verhältnis, aber sie weiß auch genau, wann es ihr zu viel wird und sie sich wieder zurückziehen muss.

*

Wohlwissend, dass sie sich nicht in der Arche „ausruhen" konnte, beschäftigte Elena sich weiter mit ihrer beruflichen Zukunft. Anfang 2023 teilte sie Ute mit, dass sie eine Ausbildung zur Erzieherin beginnen möchte und fragte nach der Meinung ihrer Mentorin. Ute wusste um Elenas Begabung im Umgang mit Kindern und Jugendlichen und konnte so ihren Entschluss voll und ganz unterstützen. Gemeinsam sprachen sie über die verschiedenen Ausbildungsmöglichkeiten und welche davon am besten zu Elena passen würden. Ähnlich wie bei ihrem vorherigen zweijährigen dualen Studium, gab es auch hier die Möglichkeit, die Ausbildung in Form von Theorie und Praxis zu bündeln. Elena sprach mit der Leitung der Arche, ob *Die Arche* wieder als Praxispartner zur Verfügung stehen könnte und bewarb sich bei verschiedenen Schulen in Berlin. Ute stand ihr dabei immer beratend zur Seite und ermutigte sie darin, die Ausbildung so zu gestalten, dass sie sich weiterhin ihre Wohnung finanzieren konnte. Im Sommer 2023 hat Elena ihre Ausbildung zur Erzieherin begonnen und wird ihren Praxisteil weiter in der Berliner Arche absolvieren.

Elena geht ihren Weg. Sie geht ihn in kleinen Schritten und erlebt auch immer wieder Rückschläge, die aber nicht dramatisch sind, sondern nur die Richtung ändern.

Sie geht heute ihren Weg mit einer inneren Ruhe, die irgendwie bewundernswert ist. Sie lässt sich von ihrem Herzen leiten, so scheint es, vertraut Menschen, die sie weiterbringen und ihr Herz berühren. Die Arche konnte Elena auf ihrem Weg begleiten und wird dies auch weiterhin tun. In diesem Fall war es ein einzelner Mensch, der sein Herz öffnete und den Weg für dieses Kind bahnte und damit den Stein für eine gesicherte Zukunft ins Rollen brachte.

16.

Leben am Rand

Jedes Jahr besuchen Hunderte von Journalistinnen und Journalisten die Archen in Deutschland. Seit rund 15 Jahren unterstützt unsere Arbeit auch die Stiftung „stern". Einen beeindruckenden Beitrag über einige unserer Kinder und Familien schrieben die stern-Journalistinnen Catrin Boldebuck und Ingrid Eißele für das Magazin *stern*.[50] Wir lassen den Beitrag Teil dieses Buches werden, weil er die Realität spiegelt. Die Autorinnen nahmen für ihren Artikel wochenlang am Arche-Alltag teil:

Der Zeltplatz am „Kulki" war gebucht. Die sechs Kilometer von der Wohnung zum Badesee im Westen Leipzigs würden sie auf ihren Rädern schaffen, mit Isomatten, Zelt und Hund Bella im Gepäck. Das Ersparte sollte für eine Woche reichen, 150 Euro, so hatte es Giannina Feige ausgerechnet. In Chris, ihrem Sohn, kribbelte schon seit Wochen die Vorfreude. „Ich bin jeden Morgen der Erste, der ins Wasser springt", nahm er sich vor, „ich bin die übelste Wasserratte." Es klang nach dem kleinen und doch so großen Ferienglück.

Doch als der Sommer nahte, musste Giannina Feige ihrem Sohn sagen, dass es nichts werde mit ihrem Plan. Die Preise für Lebensmittel und die Heizkosten stiegen und stiegen, ein Urlaub am See war da nicht mehr drin. „Chris war todtraurig", sagt Giannina Feige. Es hätte der erste Urlaub von Mutter und Sohn werden sollen, „und für mich der erste seit 19 Jahren".

Vorbei der Traum vom Urlaub

Feige, 38, alleinerziehende Mutter aus Leipzig, und ihr elfjähriger Sohn leben von Arbeitslosengeld, Kindergeld, von monatlich 115 Euro Hartz-IV-Aufstockung, dazu kommen Unterhaltszahlungen ihres Ex-Partners für Chris. Machte zusammen 1290 Euro. Nach Abzug der Miete und der Fixkosten blieben Mutter und Sohn 367 Euro – zwölf Euro pro Tag für Essen, Kleidung, Freizeit. Das reichte gerade so für das Schoko-Karamell-Müsli, das Chris so gern isst, und für ein Geschenk zum Geburtstag und zu Weihnachten.

Im Mai aber kam die neue Gas-Abschlagsrechnung: 151 statt 90 Euro, 60 Prozent mehr. Ende des Urlaubstraums.

Sparen ist Giannina Feige gewohnt; sie hat schon ihre Töchter allein großgezogen, beide sind inzwischen erwachsen und ausgezogen. Der Verzicht auf den Zelturlaub traf sie hart, doch was Feige wirklich umtreibt, ist die rasante allgemeine Teuerung, die gerade um sich greift. „Milch kostet jetzt fast das Doppelte, auch Käse ist viel teurer geworden", sagt sie. Zwar beschloss die Bundesregierung, Hartz-IV-Empfänger und Kleinverdiener mit Sonderzahlungen zu entlasten und das Kindergeld zu erhöhen, doch für Feiges monatlichen Etat reicht es vorn und hinten nicht, selbst wenn der Staat bald einen weiteren Heizkostenzuschuss für Wohngeldempfänger zahlt. Chris brauche neue Schuhe, und die Heizrechnung fürs Vorjahr stehe noch aus. Seit Monaten wartete Chris auf sein Taschengeld, fünf Euro, viel weniger als das seiner Klassenkameraden, doch selbst diese kleine Summe brachte Feige im Moment nicht auf. Sie ging aufs Amt und bat um Geld, erfolglos. Da halfen ihre Töchter aus. „Der Gedanke, ich kann mein Kind nicht mehr ernähren, ist grauenvoll. Irre, was das mit der Psyche macht!"

Bei vielen Eltern mit geringem Einkommen geht die Angst um. Mitarbeiter des Kinderhilfswerks *Die Arche* berichten von Anrufen weinender Mütter, die erzählen, sie hätten seit Tagen nichts mehr im Kühlschrank. Die Arche verteilt Pakete mit Grundnahrungsmitteln. Auch die Tafeln, die kostenlose Mittagessen und gespendete Lebensmittel ausgeben, melden, dass zurzeit doppelt so viele Bedürftige wie sonst zu ihnen kämen, ein Drittel von ihnen seien Kinder. Weil der Andrang so groß ist und der Einzelhandel weniger spendet, haben viele Tafeln zeitweise einen Aufnahmestopp, etwa in Kaiserslautern, Saarbrücken, Baden-Baden, Hamburg.

Hungernde Kinder – mitten in Deutschland

Ein Aufnahmestopp bedeutet, dass viele Bedürftige nichts mehr abbekommen werden. Wozu das führt? Zu hungernden Kindern, mitten in Deutschland. Bernd Siggelkow, Gründer der Arche, hält solche Szenarien in den kommenden Monaten für möglich. Mitarbeiterinnen der Hilfsorganisation berichten von Eltern, die auf Essen verzichteten, damit die Kinder genug haben. „Nun kommen schon zur Monatsmitte Anfragen von Familien, bei denen es sehr knapp wird", sagt Adrienn Schmidt, Leiterin der Arche in Leipzig. „Wenn nichts passiert, werden in diesem Winter viele Kinder hungern." Denn die Inflation macht jetzt ein jahrzehntelang verdecktes Problem sichtbar: die Kinderarmut.

Jedes fünfte Kind in Deutschland ist davon betroffen: 2,8 Millionen von knapp 13 Millionen Kindern und Jugendlichen unter 18 Jahren. Wahrscheinlich sind es inzwischen noch mehr, denn die Zahlen stammen aus der Zeit vor Pandemie und Inflation. Sozialforscher Christoph Butterwegge fürchtet, dass Kinderarmut sich weiter in die Mitte der Gesellschaft ausbreiten werde. „Auch 18 Euro mehr Kindergeld verhindern dieses Vordringen nicht", sagt er.

Doch was heißt eigentlich arm? Absolut verarmt ist nach der Definition der Weltbank ein Mensch, der mit weniger als zwei Dollar pro Tag auskommen muss. Absolut arm sind jene, die kein Dach über dem Kopf haben. Betrifft Kinder nicht? Von wegen: Schätzungsweise 37 000 Kinder und Jugendliche sind in Deutschland obdachlos. Annika war eine von ihnen. „Ich war in einer Drogentherapie, bin abgehauen und abgerutscht", erzählt sie. Sieben Monate lang hat sie, damals minderjährig, auf der Straße gelebt. Seit zwei Jahren hat sie nun eine Wohnung, die vom Amt bezahlt wird. Eigentlich heißt sie anders, aber die 18-Jährige hat ein zweijähriges Kind und möchte deshalb ihren richtigen Namen nicht nennen, will keinen Stress mit dem Amt. Wenn sie Geld braucht, geht sie schnorren. „Es ist nicht schlimm, weniger Geld zu haben", sagt sie. „Schlimm ist, von oben angeguckt zu werden."

„Wir sind nicht arm, wir haben nur wenig Geld"

Eine Stufe darüber, etwas schwieriger zu fassen und zu erkennen, ist die relative Armut. Sie wird gemessen am allgemeinen Lebensstandard. Als armutsgefährdet gilt in Deutschland, wer weniger als 60 Prozent des mittleren Nettoeinkommens zur Verfügung hat, als Single 1148 Euro, als Alleinerziehender mit einem Kind unter 14 Jahren 1492 Euro. Unter diese Definition fallen viele Arbeitslose, Rentner, kinderreiche Familien und Alleinerziehende wie Giannina Feige aus Leipzig. Kinder, Jugendliche und Heranwachsende sind stärker betroffen von relativer Armut als jede andere Altersgruppe der Gesellschaft.

Der stern besuchte für diese Geschichte die Kinder armer Familien in Berlin, Osnabrück und Leipzig, beim Kinderhilfswerk *Die Arche* und bei *Straßenkinder e. V.* Gefragt, wer arm sei, antworteten alle: die anderen. „Wir sind nicht arm, wir haben nur wenig Geld", stellt der 15-jährige Alex aus Berlin-Hellersdorf klar.

„Kinder sagen oft, Armut bedeute, auf der Straße zu leben", erklärt Adrienn Schmidt von der Arche in Leipzig. „Sie haben ja alle ein Zuhause, viele besitzen ein Smartphone, und im Wohnzimmer steht der Flachbildfernseher, auch wenn er über Raten finanziert wird." Doch häufig fehle ein Bett im Kinderzimmer. „Sie schlafen auf dem Sofa oder auf Matratzen auf dem Fußboden."

„Ich hab alles, was ich brauche, ich fühle mich nicht arm", sagt auch Nicole, 12, die in der Arche von Leipzig oftmals Schulaufgaben macht. „Hier habe ich Ruhe." Und sie bekommt umsonst Schreibblöcke und Stifte. Mit ihrer Familie, sie sind zu fünft, lebt Nicole in einer Zweizimmerwohnung, 75 Quadratmeter. Ihre Familie kam vor fast 14 Jahren aus Rumänien; die Mutter ist gerade in Elternzeit und kümmert sich um das Baby, Nicoles Stiefvater arbeitet auf dem Bau. Stolz zeigt sie ihr neues T-Shirt mit der Nummer eines Basketball-Collegeteams, für fünf Euro, „das habe ich mir von meinem Ersparten gekauft". Zehn Euro Taschengeld bekommt sie im Monat, „mit mehr kann ich eh nichts anfangen".

Die meisten Kinder, mit denen der stern gesprochen hat, geben sich bescheiden, spielen ihre Wünsche runter, weichen Fragen aus. Sie schützen damit ihre Eltern und sich selbst, sagt Bernd Siggelkow, der Arche-Gründer. „Die Kinder und Jugendlichen, die zu uns kommen, haben gelernt, ihre Armut zu kaschieren."

In der „Schatzkammer" der Arche bekommen sie Kleidung, auch von angesagten Sportmarken. Den Verdacht, weniger zu besitzen als andere, gilt es zu vermeiden. Statussymbole seien deshalb für diese Jugendlichen sehr wichtig, sagt Sozialpädagogin Jacqueline Edler von der Arche in Leipzig. „Was man hat, zählt so viel, weil man es eigentlich nicht hat."

Armut sei peinlich, und darüber zu sprechen sei schmerzhaft, sagt Nusin, 20, die in ihrer Kindheit, da war sie sechs, erstmals zur Arche in Berlin-Hellersdorf kam. Später wurde sie dort zur Jugendbotschafterin. Das Gefühl, anders zu sein, sagt sie, entstehe erst durch den Vergleich mit anderen. Nusin wuchs im Plattenbau mit zwei Schwestern auf. Der Vater hatte die Familie früh verlassen. Die Mutter zog die drei Mädchen überwiegend allein groß, liebevoll, wie Nusin betont. Nur materiell war es schwierig. „Man merkt erstmals, dass man arm ist, wenn man in die Schule kommt", sagt sie. Sie merkte es am Selbstbewusstsein der Klassenkameraden, die in Markenschuhen und mit schicken Ranzen zur Schule kamen und deren Brotdosen gefüllt waren mit liebevoll belegten Sandwiches und kleinen Extras. „Ich hatte immer nur eine einfache Stulle, keinen Babybel", sagt Nusin. Freunde habe sie selten nach Hause eingeladen. „Mir war peinlich, dass unsere Wohnung nicht so schön aussah. Überall stand etwas rum oder war kaputt. Deswegen habe ich Geburtstage nie bei mir gefeiert, sondern eher draußen." Engen Freunden habe sie manchmal sagen müssen: „Ich habe kein Geld fürs Freibad oder Kino."

Armut sei in Deutschland stigmatisiert, beobachtet der Sozialforscher Butterwegge. „Ein Kind aus einem Slum in Nairobi würde niemals versuchen, seine Armut zu überspielen, weil sie dort als normal gilt und man sich nicht rechtfertigen muss." Bei uns dagegen gelte der Bezug von Hartz IV als „Armut de luxe", als Jammern auf hohem Niveau. Butterwegge, emeritierter Politikwissenschaftler an der Universität Köln, hält die Strategie der Ausgrenzung in einem reichen Land wie Deutschland für besonders perfide. „Man hält körperlich, mental und intellektuell Distanz." Armut gelte als individuelles Versagen, nicht als strukturelles Problem. Den Betroffenen die Schuld zu geben werte das eigene Ego auf und schütze vor der Angst, selbst abzusteigen: „Unsere Leistungsgesellschaft ist von dem Mythos geprägt:

Wer etwas leistet, wird mit Wohlstand belohnt. Wer faul ist, wird mit Armut bestraft."

Nusin kennt diese Verachtung: „Egal, ob in der Schule, Freunde oder Bekannte meiner Mutter, immer gab es diese Sprüche: Hartz-IV-Empfänger sind zu faul zum Arbeiten. Kaum einer fragte meine Mutter: Warum gehst du nicht arbeiten?" Die Mutter hätte eine Antwort darauf gehabt: Sie hat keinen Schulabschluss, war häufig krank und musste drei Kinder großziehen.

„Die im Dunkeln sieht man nicht", heißt es in der „Dreigroschenoper", die Bertolt Brecht 1928 schrieb. Auch ein knappes Jahrhundert später bleiben „die im Dunkeln", jene vom Rand der Gesellschaft, unsichtbar, weil sich Menschen aus unterschiedlichen Schichten kaum noch begegnen. „Wenn man nicht in den Brennpunkten lebt, dann bemerkt man sie nicht", sagt Nusin.

Sie machen seltener Sport, sind häufiger krank

In Armut aufzuwachsen bedeutet: in den wenig angesagten Vierteln zu wohnen, an Durchfahrtsstraßen, mit mieser Luftqualität, in engen und lauten Wohnungen. Viele Kinder und Jugendliche haben keinen eigenen Arbeitsplatz, keinen Computer – schlechte Bedingungen für Hausaufgaben, erst recht für Homeschooling. Sie fahren selten oder nie in den Urlaub, gehen nicht ins Restaurant, kennen keine Besuche im Theater. Sie machen seltener Sport und werden häufiger krank.

Viele Eltern verzichten auf Zuschüsse, etwa für Klassenfahrten, obwohl sie ihren Kindern zustünden, sagt die Arche-Mitarbeiterin Jacqueline Edler. Die Anträge seien kompliziert. „Man muss immer wieder nachfragen, erreicht keinen, das ist ein Kraftaufwand. Irgendwann resignieren sie, und die Kinder bekommen das mit."

Armen fehle es an „Empowerment", sagt der Soziologe Aladin El-Mafaalani. „Kinder haben keine Lobby in Deutschland, niemand vertritt ihre Interessen." Und arm zu sein führe zu einer schwach entwickelten Eigeninitiative. Doch ohne diese passiere nichts. „Wer keine Empörung in der Öffentlichkeit herstellen kann, hat keine Chance", sagt El-Mafalaani. „So funktioniert unsere Öffentlichkeit nun mal."

Die Familienministerin Lisa Paus, Grüne, nennt Kinderarmut „eine Schande für ein so reiches Land wie Deutschland". Mit der Einführung einer Kindergrundsicherung will Paus staatliche Leistungen bündeln und unbürokratischer verfügbar machen. Doch mit der Einführung ist frühestens 2025 zu rechnen.

Dabei dürfte dies eine der wichtigsten sozialen Fragen des vor uns liegenden Jahrzehnts werden: Wie viele Kinder schaffen es, der Armutsspirale zu entkommen? Wie viele von ihnen werden später keine Sozialhilfeempfänger sein, sondern dringend benötigte Steuer- und Rentenzahler? Bereits jetzt zeichnet sich der Fachkräftemangel ab, weil die Babyboomer in Rente gehen und die nachwachsende Generation sie schon rein zahlenmäßig nicht ersetzen kann. Kinderarmut zu bekämpfen wäre aus gesellschaftlichem Eigennutz sinnvoll. Der entscheidende Faktor dabei: „Bildung ist total wichtig", sagt Nusin, „das sehe ich an meiner Mama, die keinen Abschluss hat. Man muss was im Kopf haben und zeigen, man will das durchziehen. Aber wenn man immer hört: Du bist dumm, du bist arm, du schaffst das eh nicht, dann glaubt man das irgendwann."

Das Elternhaus ist oft entscheidend

Das deutsche Schulsystem verfestigt soziale Ungleichheit, anstatt sie abzubauen. Arme Kinder stammen häufig aus sogenannten bildungsfernen Familien; auch deutschen Kindern mangelt es oft an Sprachkenntnissen und Wortschatz, es fehlen Erwachsene, die ihnen vorlesen, sie in den Zoo, ins Planetarium oder an die Kinderuni begleiten und sie bei den Hausaufgaben unterstützen.

In der Industrienation Deutschland geht es ungerecht zu: Kinder, deren Eltern keinen höheren Bildungsabschluss haben, werden seltener fürs Gymnasium empfohlen. Kinder ungelernter Arbeiter haben eine sechsfach schlechtere Chance, das Abitur zu machen und zu studieren.

Arme Kinder und Jugendliche seien die Gruppe, der es mit Blick auf Lebenschancen am schlechtesten in Deutschland gehe, sagt der Soziologe El-Mafaalani. „Schwarze Menschen können trotz rassistischer Diskriminierung stolz sein, schwarz zu sein. Frauen können selbstbewusst sagen, dass sie das Frausein lieben, trotz Benachteiligung. Aber zu Armut passen weder Stolz noch Liebe. Deshalb führt sie bei den Betroffenen zu Resignation. Weshalb viele sagen: Ja, guck, die sind doch selbst schuld, die sind so passiv."

Nusin hat ihr Abitur geschafft. Sie hat ein duales Studium gewählt, Sozialpädagogik und Management, arbeitet bei der Arche in Berlin-Reinickendorf und kann sich eine eigene kleine Wohnung leisten. Doch Nusin will ihr Studium abbrechen. „Gerade wird mir alles zu viel, es macht mir keinen Spaß mehr." Sie hat eine Depression, kämpft mit Panikattacken. Den enttäuschten Gesichtsausdruck ihrer Mutter kann sie kaum ertragen.

Wer einmal arm ist, bleibt es meist auch, über Generationen hinweg. Armut klebt wie Kleister. Und Kinderarmut haftet wie

Pech. Eine Studie der Bertelsmann Stiftung, bei der die finanzielle Situation von 3180 Kindern fünf Jahre lang analysiert wurde, ergab: „Wechsel in andere Einkommenslagen sind eher selten." Nur eines von drei Kindern schaffte es, seiner prekären Lage zu entkommen.

Allein das Abitur reicht nicht. Weil immer mehr junge Menschen höhere Bildungsabschlüsse machen, werden Beziehungen und das richtige Auftreten, der Habitus, wichtiger. Exotische Praktika im Lebenslauf, Klavier oder Hockey spielen, damit können junge Erwachsene, die in Armut aufwachsen, nicht punkten.

Kita und Schule müssen einspringen

Deshalb brauchen arme Kinder und Jugendliche „soziale Paten", empfiehlt El-Mafaalani. „Privilegierte Kinder wachsen durch ihre Eltern mit einem großen Netzwerk an Erwachsenen auf, die sie beraten. Arme Kinder haben dagegen ein winzig kleines Netzwerk, das sie unterstützt." Es fehlen Vorbilder. Die Bekannten der armen Eltern sind in der Regel auch arm, haben keinen gesellschaftlichen Einfluss.

Alles, was Akademikerfamilien leisten, um Kinder kognitiv, motorisch und gesundheitlich zu fördern, müssen bei Armutskindern die Kita und die Schule übernehmen, fordert der Erziehungswissenschaftler. Es brauche einen Stab an Erwachsenen, die sich kümmern, Lehrer, Schulpsychologen, Erzieher, Trainer, Handwerker. Auch die frühe Trennung nach der vierten Klasse zementiere die Aufteilung in Unten und Oben.

Erneuter Besuch bei Giannina Feige. Chris ist in der Schule. Sie erzählt vom Familienerbe: Armut in der vierten Generation.

Sie ist die Älteste von vier Schwestern. „Ich habe meine Oma und meine Uroma nie arbeiten sehen." Die Mutter war Näherin. Der Vater Berufssoldat, Schweißer, und nach der Wende Kurierfahrer. Beide hätten viel getrunken. „Mir wurde vermittelt: Ich bin nichts, ich kann nichts." Mit elf betrank sie sich das erste Mal, nachdem ihr eine Lehrerin beschieden hatte: „Aus dir wird nie was." Das Jugendamt schickte Giannina nach Irland, zu Pflegeeltern, „wo ich zum ersten Mal erfuhr, was Familie heißt". Die Pflegemutter las ihr abends vor, den Abzählreim zum Einschlafen kann sie noch heute auswendig. Nach zweieinhalb Jahren holten die leiblichen Eltern sie zurück. Es war eine Art Flucht, als sie mit 14 schwanger wurde. Und das zweite Mal mit 17. Sie schaffte den Hauptschulabschluss, einen Beruf hat sie nicht erlernt, aber eine Menge darüber erfahren, wie Kinder aufwachsen sollten. So wie damals in Irland: mit Struktur, Liebe und Wertschätzung.

Jacqueline Edler arbeitet seit knapp sieben Jahren bei der Arche Leipzig. Sie habe in dieser Zeit einige Familien erlebt, die den Ausstieg schafften, „phasenweise – dann gab es wieder Rückschläge". Voraussetzung sei eine sichere Arbeitsstelle. Die müsste mehr belohnt werden, findet Edler. „Einer unserer Jungen, 16 Jahre alt, jobbte, doch sein Lohn wurde angerechnet auf das Gehalt seiner Familie." Wer sich löst aus dem sozialen Netz, verliert Vergünstigungen, etwa das Schulessen, die Fahrtkosten oder die Nachhilfe. „Damit halten wir sie im Sozialsystem fest."

Hilft also mehr Geld? Mehr Ermutigung? Die Kinder und Jugendlichen, mit denen der stern sprach, wünschen sich, Zahnärztin zu werden, Mechatroniker, Radioreporter oder Schauspielerin. Simon, 15, will eine Lehre machen, will damit die Mutter unterstützen. „Hartzer" will keiner werden.

Auch Giannina Feige will raus aus der staatlichen Fürsorge. Es scheint ihr zu gelingen: bei der nächsten Generation. Ihre älteste Tochter, inzwischen 22, hat Erzieherin gelernt, die 19-Jährige macht eine Ausbildung zur Pflegefachkraft. Feige selbst lässt sich seit Juli zur Büroassistentin weiterbilden, vom Jobcenter finanziert. Ihr Traum: „Einmal im Monat essen gehen können." Sich nicht mehr „nackig machen zu müssen auf dem Amt".

Das Amt hat ihre gestiegenen Energiekosten anerkannt und erstattet ihr 151 Euro pro Monat bis August, außerdem bekam sie einen Sofortzuschlag von 200 Euro für Hartz-IV-Empfänger. Die Kalkulation für die kommenden Wochen: ungewiss. Immerhin kann sie ihrem Sohn wieder Taschengeld geben.

Chris besucht die sechste Klasse der Oberschule. Sein Vater hat ihm geraten, Handwerker zu werden, „die werden gesucht, und damit kann man reich werden". Der Junge hat ein höheres Ziel: Bundeskanzler. Er würde die Preise für Lebensmittel senken, die Steuer für Tabak und Alkohol heraufsetzen. „Und ich würde den Mindestlohn erhöhen", sagt Chris, „dann müsste man über Armut nicht mehr reden."

17.
Kinderarmut in einer reichen Stadt. Ist das gewollt?

Seit 17 Jahren kämpfen wir in den Hamburger Archen dafür, dass Kinder gesehen werden, dass Jugendliche Hoffnung und Perspektive für ihr Leben finden und dass Eltern gestärkt werden, damit die kleinste gesellschaftliche Gruppe, die Familie, ein Ort der Geborgenheit, Versorgung und Fürsorge für Kinder ist. Auch für den Leiter der vier Hamburger Archen, Tobias Lucht, sind es 17 Jahre, in denen wir immer wieder in den Biografien von Kindern und Jugendlichen sehen konnten, wie wichtig verlässliche Erwachsene sind, die einfach mal ein Wort der Ermutigung sagen. Die sich nicht, wie viele andere, bei einer ganz praktischen Not abwenden, sondern die sich kümmern, die versorgen, die zur Seite stehen. Diese praktischen Nöte sehen ganz unterschiedlich aus. Es ist das fehlende Essen im Kühlschrank, wenn die Kinder abends nach Hause kommen. Es ist die Scham, nicht am Sportunterricht teilnehmen zu können, weil die Sportsachen und die Turnschuhe fehlen. Es ist auch das fehlende Fahrrad, um den Stadtteil zu erkunden, den eigenen Horizont zu erweitern oder an der Fahrradprüfung in der Schule teilzunehmen. Ein ganz praktisches Bedürfnis ist es aber auch, wenn man vor einer Gruppe Vorschüler eine Zahnbürste vorlegt und keins der Kinder kann diesen Gegenstand benennen. Oder wenn wir mit Achtjährigen in den Wald gehen und zwei Kinder aus der Gruppe waren zuvor noch nie in einem Wald, geschweige denn haben sie Moos berührt oder den Geruch von Waldboden erlebt. Und es gibt noch eine andere Ebene der ganz praktischen Not: nicht gesehen zu werden, sich nicht geliebt zu fühlen oder einfach immer wieder diese zerstörerischen Sätze zu hören: „Du kannst nichts!", „Du bist nichts!", „Aus dir wird nie etwas."

Kinder, die in den Stadtteilen Hamburg-Jenfeld, Hamburg-Billstedt oder Hamburg-Harburg aufwachsen, sind oft konfrontiert mit einem Umfeld, das Hoffnungslosigkeit ausstrahlt. Zu real ist die drohende Abwärtsspirale von Perspektivlosigkeit bis hin zu Krankheit oder Kriminalität. Junge Erwachsene, die als Kinder in der Arche waren, die heute ihren Weg gehen und sich ehrenamtlich in die Arbeit einbringen, indem sie Jüngeren Nachhilfe geben oder als Helfer auf unsere Kindercamps fahren, sind die besten Zeugen dafür. Viele beschreiben rückblickend, wie wichtig für sie dieser Ort der Arche mit dem Team aus Haupt- und Ehrenamtlichen war. Ein Ort, an dem sie nicht aufgegeben haben und ihre Talente gesehen wurden. Viele ihrer Freunde, so sagen sie, hätten es nicht geschafft, sie seien zu schnell auf kriminelle Abwege geraten und hätten sich zu schnell mit den Falschen eingelassen.

Das Versagen staatlicher Hilfe in den Familien

Staatliche Systeme versagen hier an vielen Fronten. Systeme, die eigentlich dazu gedacht sind, Kinder und Jugendliche zu schützen, zu fördern und sich altersgerecht entwickeln zu lassen.

Als Beispiel sei hier die öffentliche Jugendhilfe genannt. Deren Träger, gewinnorientierte Sozialunternehmen, dringen im Viertelstundentakt in hoch belastete Familiensysteme ein, um Kindern und überforderten Eltern zu helfen, ihren Alltag zu Hause zu bewältigen. Allzu oft aber brechen diese Hilfen nach wenigen Wochen ab oder werden aus finanziellen Gründen beendet.

Eine Begegnung auf Augenhöhe mit Eltern und Kindern, um tragfähige Beziehungen aufzubauen, ist so einfach nicht möglich. Das ist aber die Voraussetzung dafür, dass sich etwas ändert. Oft werden zwar solche Hilfen in einer Familie installiert, dann aber wechselt wieder der Ansprechpartner im Amt, muss sich wieder neu einarbeiten, den Faden wieder aufnehmen. Oft geraten die Kinder und Familien dann aus dem Blick. Auf Nachfrage heißt es dann: „Hier besteht kein Handlungsbedarf" – das heißt: Es ist noch nicht schlimm genug.

In diesem System der Jugendhilfe steckt viel Geld, das oft aber einfach verpufft und wenig zielgerichtet eingesetzt wird. Für unser Team bedeutet das, trotzdem nicht aufzugeben, eine Familie weiter zu betreuen, die Beziehung nicht abreißen zu lassen und es manchmal mit den Kindern eine Weile „auszuhalten", weil das Jugendamt im Moment auch nicht hilft.

Vorher aber braucht es präventive und vor allem nachweislich wirksame Sozialarbeit, wie sie die Archen und andere Träger in sozialen Brennpunkten leisten. Kommunale Sozialpolitiker aller Fraktionen versuchen seit Jahren, die Stadt Hamburg, die Stadt mit der höchsten Kapitalbindung in Europa, dazu zu bewegen, mehr für die Kinder und Jugendlichen zu tun. In Wandsbek und Harburg fehlen nachweislich jeweils 15 Stellen in der offenen Kinder- und Jugendarbeit, und offizielle Studien von städtischer Seite bescheinigen, dass das Niveau und das Maß der Kinder- und Jugendarbeit nicht ausreichen. Mehr Geldmittel für diesen Bereich? – Seit Jahren Fehlanzeige. Lieber werden Langzeitfolgen und teure Hilfen für Schulabbrecher und straffällig gewordene

Jugendliche in Kauf genommen. Die Zahlen schnellen hier nach oben. Von den gesundheitlichen Folgen für junge Menschen ganz zu schweigen.

Die Not wird immer größer

Seit März 2022 melden sich unzählige Familien bei den Ämtern und in sozialen Einrichtungen, die nicht mehr wissen, wie sie angesichts der steigenden Lebensmittelpreise und der leeren Tafeln zurechtkommen sollen. Im Herbst 2022 fragten wir in der Sozialbehörde nach, was die Stadt denn hier zu tun gedenke. Damals hieß es: Wir diskutieren das noch. Heute, im Herbst 2023, können wir nicht erkennen, dass sich etwas in Richtung Nothilfe für Familien getan hat. Die örtliche Leiterin des Jugendamtes bestätigt, dass sie immer mehr Familien kennen, wo der Kühlschrank oft leer ist, aber das würde nicht ausreichen, um eine Kindeswohlgefährdung festzustellen.

Wir erleben hier wieder ein Systemversagen. Wo hilft man da beispielsweise einer alleinerziehenden Mutter, die vom Bürgergeld lebt, über den Monat zu kommen? Es ist einfach kaum möglich, mit dem Regelsatz von 3,79 Euro für Lebensmittel pro Tag drei ausgewogene Mahlzeiten für sich selbst und ein Kind im Teenageralter zu bestreiten. Und es kommt vor, dass wir dann Anrufe vom Jugendamt bekommen, freitagmittags, ob wir nicht dieser oder jener Familie mit Lebensmitteln über das Wochenende helfen könnten, sie hätten dazu keine Möglichkeit. Ungläubig fragen wir zurück, ob es für solche Situationen nicht einen „Nottopf" gebe, was verneint wird. Das Jugendamt bittet hier schon uns um Hilfe.

Auch erhalten wir immer mehr Rückmeldungen von mittellosen Jugendlichen oder auch Familien, weil die Jobcenter Papiere nicht bearbeiten, obwohl nachweislich alles fristgerecht eingereicht wurde. So stehen deswegen manche mehrere Monate ohne einen Cent da. Also krempelt unser Team auch hier wieder die Ärmel hoch und versorgt monatlich 250 Hamburger Familien mit haltbaren Lebensmitteln, um wenigstens ein bisschen zu helfen und um das wichtige Signal zu senden: Wir sehen euch und wir stehen euch bei.

Systemversagen erleben wir auch ganz praktisch im Bildungsbereich an den zehn Hamburger Partnerschulen, mit denen wir zusammenarbeiten. Viele engagierte Lehrkräfte und Schulleitungen versuchen Tag für Tag ein Lernumfeld für sogenannte „bildungsferne" Kinder und Jugendliche zu schaffen, deren Eltern in vielen Fällen kaum Deutsch sprechen, die sich im deutschen Behördendschungel verirren und für die das Verständnis von „Bildung" auch aus kulturellen Gründen etwas ganz anderes bedeutet als das, was es eigentlich braucht, um ein Kind hier gut in ein eigenverantwortliches Leben zu begleiten. Und oft fehlt es schlicht an den finanziellen Mitteln. Nachhilfe, Musikschule, Sportverein oder einfach Ausflüge in Museen oder raus aufs Land sind dann einfach nicht möglich. Diese Kinder brauchen einen viel individuelleren Lernansatz, sie benötigen die am besten ausgestatteten Schulen und neben eher kognitiven Lerninhalten auch immer wieder die Möglichkeit, sich ganz praktisch auszuprobieren, auch durch Fächer wie Werken, Kunst, Schulgarten oder Kochen. Viele Schulleitungen, gerade die der Grundschulen, beklagen zu Recht, dass diese Fächer im Lehrplan immer weniger werden.

In der Arche erleben wir immer wieder, wie an Schulen Kinder durchs Raster fallen. Es kommt oft vor, dass wir Sechstklässlern erst einmal das Lesen in der Arche beibringen. In den Hamburger Stadtteilen, wo wir mit der Arche vor Ort sind, verlassen 40 Prozent der Kinder die Grundschule, ohne ausreichend lesen und schreiben zu können, und sind somit nicht oder nur unzureichend auf die weiterführende Schule vorbereitet. Für viele ist das eine Aneinanderreihung von Benachteiligungen, die darin endet, dass wir jedes Jahr Jugendliche sehen, die auf dem Arbeitsmarkt kaum eine Chance haben.

Spätestens seit Corona, aber auch schon vorher, strömen viele, viele Kinder und Jugendliche in unsere Häuser und wollen lernen. Sie haben Fragen nach der Verständlichkeit ihrer Aufgaben, die sie in der Schule offensichtlich nicht stellen können. Sie kommen freiwillig in den Ferien in unser Lerncamp, um sich auf den Schulabschluss vorzubereiten. Oder sie kommen überpünktlich zu unserem „Lernort", einem Projekt für Kinder, die im Unterricht nicht mehr mitkommen. Mit ihnen arbeiten wir im 1:1-Kontakt mit ehrenamtlichen Lernhelfern daran, dass sie wieder Spaß am Lernen haben.

Solche Ansätze des individuellen Lernens wünschen wir uns auch in der Schule, gerne auch unter der Einbeziehung von Lehramtsstudenten oder eben Ehrenamtlichen. Diese müssen natürlich geschult und gut begleitet werden, aber wenn die Beziehung zu den Kindern und Jugendlichen stimmt, dann sind dort große Fortschritte möglich. Die Wartelisten für solche Programme sind lang, und die Anfragen von Lehrkräften, die ihre „Schützlinge" gerne anmelden, häufen sich.

Nach 17 Jahren sehen wir in Hamburg die langfristigen Auswirkungen unserer Arbeit. Jedes Jahr helfen wir mehr als 50 Jugendlichen, die Schule erfolgreich abzuschließen und eine Ausbildung oder sogar ein Studium zu beginnen. Jedes Jahr bilden wir 40 Jugendliche und junge Erwachsene, die selbst einmal Kinder in der Arche waren, mit der anerkannten Jugendleitercard (Juleica), dem bundesweit einheitlichen Ausweis für Ehrenamtliche, aus. Jährlich versorgen wir 750 Kinder und Jugendliche täglich mit einer Mahlzeit und haben insgesamt über 2000 Hamburger Kinder langfristig im Blick. Jedes Kind ist wertvoll, hat Talente und Träume und sucht nach seinem Platz in unserer Welt.

Wir sehen in unserer Arbeit, dass es einen Unterschied macht, wenn eine Mitarbeiterin einem Mädchen mit Ängsten täglich Mut zuspricht, wenn ein Ehrenamtlicher die Arme hochkrempelt und nach der fünften Absage auch noch mit einem Jugendlichen die sechste Bewerbung für einen Praktikumsplatz schreibt, oder wenn Eltern zurückmelden: „Hier kann ich endlich mal erzählen, wie es mir wirklich geht", und dann in unserem Elterncafé Kraft für ihren oft harten Alltag schöpfen.

„Jedes Kind ist wertvoll, hat Talente und Träume und sucht nach seinem Platz in unserer Welt."

Bernd Siggelkow

18.

Die Inflation bringt Benachteiligte an ihre Grenzen

Die Kosten für Lebensmittel und Kleidung sind in den vergangenen Jahren massiv gestiegen. Das hat fast jeder Haushalt in Deutschland gespürt. Wie oft habe ich schon gehört: „Der Wocheneinkauf im Supermarkt ist bei uns um 20 bis 40 Euro teurer geworden. Wir achten jetzt ganz genau auf die Preise." Und das sagen Menschen, die bei uns als Normalverdiener gelten. Nur wie sieht es dann erst bei den ohnehin schon abgehängten Bevölkerungsgruppen aus?

Wir haben die Zahlen bereits genannt: 40 Prozent der Deutschen haben keine Ersparnisse und etwa 25 Prozent der Deutschen gelten als arm. Das heißt, sie haben monatlich weniger als 60 Prozent des durchschnittlichen Nettoeinkommens auf dem Konto. Und das in einem so reichen Land wie Deutschland. – Wie kommt diese Bevölkerungsgruppe mit der schon lange anhaltenden Inflation und den überteuerten Preisen klar? Das fragen wir uns in den Archen jeden Tag aufs Neue.

Doch es gibt auch Zyniker, die sich in diesen schwierigen Zeiten zu Wort melden, sodass die *Frankfurter Allgemeine Zeitung* titelt: „Der Staat hilft manchen Familien wohl mehr als nötig", und bezieht sich damit auf eine Untersuchung des Instituts der deutschen Wirtschaft (IW) in Köln.[51] Diese Damen und Herren unter den „Top-Verdienern" machen sich Sorgen, dass der Staat den Abgehängten zu viel des Guten zukommen lasse. Die drei Entlastungspakete der Bundesregierung zur Abfederung der hohen Energiepreise haben dieser Analyse zufolge einige Haushalte finanziell mehr unterstützt, als es nötig gewesen wäre. Das ist wohl das Ergebnis dieses Gefälligkeitsgutachten. Hätte man das Geld, das die Untersuchung gekostet hat, doch besser den Geringverdienern zur Verfügung gestellt. Da wäre es besser angelegt gewesen. So entlaste der Staat eine beispielhafte Familie mit zwei Kindern, die ein geringes Jahreseinkommen von 40 000 Euro brutto hat, stärker, als die Energiekosten sie belasten, heißt es in der Studie. Für diese Aussage gibt man beim IW schon mal richtig Geld aus. Doch damit nicht genug.

„Ein beispielhafter Single-Haushalt mit niedrigem Einkommen", hier bezieht man sich auf ein Jahreseinkommen von 25 000 Euro brutto, „wird ebenfalls überkompensiert, mit 1386 Euro", heißt es weiter. Man befürchtet, dass Menschen, die rund 2000 Euro brutto im Monat verdienen, ein paar Euro zu viel ausgezahlt bekommen. Wenn man sonst keine Sorgen hat …

Das Fazit der Studien-Autoren lautet: „Trotz einer im Grundsatz angemessenen sozialen Staffelung der staatlichen Hilfen lässt sich kritisch anmerken, dass verschiedene Maßnahmen weder zielgenau noch bedarfsorientiert sind und daher erhebliche Streu- und Mitnahmeeffekte entstehen."

Eine solche Aussage ist schlichtweg empörend und widerlich. Solche Gefälligkeitsstudien zeigen die Verachtung der Besserverdienenden gegenüber den Geringverdienern. Dass die Kinder der Geringverdiener – unverschuldet – mitleiden müssen, scheint den Autoren und ihren Auftraggebern gleichgültig zu sein. Demnächst muss ich sicher noch in einer Studie lesen, dass das Rauchen von Zigaretten und das Trinken von zu viel Alkohol keine gesundheitlichen Nachteile mit sich bringe. Na, dann Prost!

Die Inflation verschärft die Armut

Die Energiepreiskrise seit Ende 2021 und insbesondere ihre Verschärfung durch den russischen Angriffskrieg auf die Ukraine haben die Menschen in Deutschland spürbar getroffen. Das merken wir ganz besonders in den Archen. Vor allem die Nachfrage nach Lebensmitteln ist deutlich gestiegen. Allein in einer Berliner Arche stehen über eintausend Familien Schlange, wenn wir Lebensmittelpakete im Wert von rund 60 Euro verteilen. Medienschaffende, die eine Familie bei einer dieser Ausgaben immer wieder begleiten, sagten uns: „Freiwillig macht das keiner. Zwei bis drei Stunden anstehen ist nervenaufreibend und eine Tortur für die Menschen. Aber sie tun es für ihre Kinder."

Die Experten sind sich einig. Die Inflation wird auch in diesem Jahr weiter steigen. Wir als Arche warnen angesichts der Preissteigerungen vor allem vor wachsender Kinderarmut. Wir spüren hier seit Jahren eine deutliche Verschärfung, die durch die ökonomischen Folgen des Krieges in der Ukraine noch einmal verstärkt wird.

Die Inflation trifft Familien, die nur wenig Geld zur Verfügung haben, besonders hart. Lebensmittel, die bislang preiswert waren, haben sich überdurchschnittlich verteuert. Die Kinderarmut wird dadurch noch einmal deutlich zunehmen.

Wir können nur davor warnen, dass Familien mit Kindern im laufenden Jahr mit den Regelsätzen des Bürgergeldes nicht auskommen werden. Die leichten finanziellen Erhöhungen der Transfergelder werden durch die Inflation sofort wieder aufgezehrt. Die Erhöhung des Mindestlohns sorgt in diesen schwierigen Zeiten zumindest dafür, dass der finanzielle Absturz für Menschen mit geringem Einkommen nicht ganz so schlimm ausfällt.

Der Sozialstaat ist in der Pflicht

Wir sehen die Regierung in der Verantwortung für die steigende Kinderarmut. Die Kinderarmut nimmt massiv zu. Auch immer mehr Rentner müssen sich bei den Tafeln anstellen. Und einige wenige Menschen in Deutschland wissen nicht wohin mit ihrem Geld und leben im Überfluss. Wir brauchen ein soziale, christliche Wertegesellschaft, die alle Menschen am Erfolg teilhaben lässt. Wir sehen keine Alternative. Sonst wird es zu sozialen Unruhen kommen, die vieles in unserem Land zerstören werden.

Armut in Deutschland ist ein komplexes und vielschichtiges Thema, das uns Menschen und die Gesellschaft vor große Herausforderungen stellt. Die Bekämpfung von Armut ist letztlich auch ein globales Zukunftsziel und nicht nur ein Ziel für uns Deutsche. Aber Armut und soziale Ausgrenzung, Armutsgefährdung, die Einkommensverteilung sowie materielle und soziale Entbehrungen, Kinderarmut und die finanzielle Gefährdung – gerade junger Familien – sind von besonderer Bedeutung. All dies muss in den Armuts- und Reichtumsbericht der Bundesregierung einfließen. In der Praxis ist das nicht der Fall.

Wie viele Menschen sind in Deutschland von monetärer Armut bedroht und wo liegt die Armutsgrenze? Einmal sind es diese weniger als 60 Prozent des durchschnittlichen Nettoeinkommens, mit denen die betroffenen Familien auskommen müssen. Bei den Familien, die wir aus den über 30 deutschen Archen kennen, geht es vor allem um materielle und soziale Entbehrungen, denen insbesondere die Kinder dieser Familien ausgesetzt sind. Die Betroffen sind zum Beispiel nicht in der Lage, ihre Rechnungen für die Miete oder andere Dinge zu bezahlen. Dazu gehören auch technische Geräte, Urlaub oder einfach mal mit Freunden essen zu gehen. Teilhabe am Leben nennt man das. Manche Eltern wissen sich nicht anders zu helfen und kaufen Dinge auf den Namen ihrer minderjährigen Kinder im Internet ein. So haben

Jugendliche beim Start in ihr Erwachsenenleben bereits einen hohen Schuldenberg vor sich. Das sind keine Einzelfälle. Das passiert häufig.

Die Inflation setzt die Familien zusätzlich unter Druck. Die Erwartung, dass der Sozialstaat Armut bekämpft und gute Startchancen für alle Kinder fördert, ist hoch. 70 Prozent der Bevölkerung sehen die Familienpolitik in der Pflicht, gegen Kinderarmut vorzugehen. Doch es passiert wenig. Das liegt derzeit an einem neoliberalen Finanzminister, der auf Kosten benachteiligter Kinder sparen will. Unter dieser falschen – und wie wir meinen kriminellen – Politik werden kommende Generationen leiden müssen. Nicht oder schlecht geförderte Kinder werden später nicht aktiv am gesellschaftlichen Leben teilnehmen können. Sie werden vor allem nicht lernen zu lernen und später zu arbeiten. So schaffen wir Generationen von Versagern. Die Kinder treten in die Fußstapfen ihrer gescheiterten Eltern.

Wenn Arche-Eltern heute sagen: „Ich habe im Moment kein Geld für einen Kühlschrank, und vor allem gebe ich zu viel Geld aus für ein gesundes Essen", dann ist das eine Schande für Deutschland und spiegelt ein kriminelles Verhalten derer wider, die dafür verantwortlich sind. Auch hier stellen wir fest: Wer Armut bekämpfen will, muss den Reichtum antasten. Einen alternativen Weg gibt es nicht.

„Nicht oder schlecht geförderte Kinder werden später nicht aktiv am gesellschaftlichen Leben teilnehmen können. Sie werden vor allem nicht lernen, zu lernen und später zu arbeiten. So schaffen wir Generationen von Versagern."

Wolfgang Büscher

19.

Jobcenter quälen Familien

„Noch elf Tage! Noch zehnmal schlafen! Ja dann, ja dann …. Dann habe ich endlich Geburtstag." Aufgeregt flitzt der kleine Tim durch den Speiseraum der „Arche Kinderranch". Tim, ein kleiner blonder Junge mit großen grünen Augen, springt an meiner Stuhllehne auf und ab, während seine Geschwister und seine Mutter noch ganz entspannt versuchen, das selbst gemachte Abendessen zu genießen. Doch selbst durch mehrmaliges liebevolles Auffordern lässt sich der kleine Wirbelwind nicht beruhigen. „Dann werde ich endlich sieben Jahre alt, und was noch viel besser ist, dann werde ich auch bald ein Schulkind sein. Dann bekomme ich endlich eine eigene Schultasche mit Dinos drauf – ich liebe Dinosaurier – und eine Schultüte mit vielen Sachen, und eine eigene Geburtstagsparty bekomme ich auch noch. Stimmt's, Mama?"

Tims Mama, die an dem großen Essenstisch mit den beiden jüngeren Geschwistern sitzt, nickt schnell, bevor sie die Kinder vom Esstisch zum Mund- und Händewaschen ins Bad schickt. Während die Kinder dort ihre Hände und den Mund von den restlichen Nudeln mit Tomatensoße entfernen und sich lachend und aufgeregt lautstark unterhalten, hilft Tims Mutter, den Tisch abzuräumen und die Küche wieder in Ordnung zu bringen. Kinderlachen schallt aus dem Nachbarraum, und der kleine Tim kommt in die Küche gerannt, drückt seine Mama ganz fest und singt schon wieder vor sich hin: „Noch zehnmal schlafen, dann hab ich endlich Geburtstag", und er verschwindet lachend und hüpfend mit seinen beiden Geschwistern im Spielzimmer.

Tims Mama schaut traurig vor sich hin. Sie starrt auf den Teller in ihrer Hand, den sie schon abgetrocknet hat. Als ich sie frage, was los sei, sehe ich, wie eine kleine Träne aus den sonst so offenen und strahlenden Augen der jungen Frau über die Wangen läuft. Kurzes Schweigen folgt.

„Meine Kinder haben so viele Wünsche, und ich kann ihnen eigentlich keinen davon richtig erfüllen. Das Geld reicht einfach nicht. Nicht mal für eine Kleinigkeit, und dann wird Tim im nächsten Monat auch noch eingeschult." Unter Tränen erzählt die junge Mutter, dass ihr seit einem Monat die Leistungen vom Jobcenter gekürzt werden, weil sie zweimal bei den Terminen nicht vorsprechen konnte. Beim ersten Termin wollten ihre Kinder sich nicht die Schuhe anziehen. „Bei der Hotline war dann kein Durchkommen, und als ich zu spät zu meinem Termin eintraf, war meine Sachbearbeiterin schon beim nächsten Termin. – Ich habe sie dann gebeten, die nächsten Termine später zu legen, damit ich meine Kinder in die Kita bringen und dann den Termin wahrnehmen kann. Aber darauf wurde keine Rücksicht genommen."

Auch den zweiten Termin verpasste Tims Mutter, weil das Leben mit kleinen Kindern nicht immer so abläuft, wie man es geplant hat, und sie deshalb die Straßenbahn verpasste und wieder zu spät zu ihrem Termin kam. Daraufhin bekam die junge Frau eine finanzielle Sperre. Das knappe Budget der Familie wurde noch enger, beim Einkaufen wurde nur noch das Nötigste zum Überleben gekauft. Kein Obst, kein Gemüse und auch keine Möglichkeit, den Kindern einen kleinen Wunsch wie Gummibärchen oder ein Eis zu erfüllen.

Dann ging im letzten Monat die Waschmaschine der Familie kaputt, und die junge Frau sah keine andere Möglichkeit, als das gesparte Geld für Tims Schulstart dafür zu nehmen, eine neue gebrauchte Waschmaschine zu kaufen. Ein Jahr lang hatte die Mutter jeden Monat etwas Geld zurückgelegt, damit Tim seinen Wunschschulranzen und seine Einschulungsfeier bekommen konnte. Nun aber war alles weg, und Tims Einschulung und Geburtstag rückten immer näher.

Die junge Mutter besucht unsere Arche schon seit vielen Jahren und kommt regelmäßig mit ihren Kindern zum gemeinsamen kostenlosen Mittagessen. Sie ist alleinerziehend, und neben dem fast siebenjährigen Tim gehören noch die kleine Sarah, vier Jahre, und der zweijährige Max zu ihrer kleinen Familie. Jedes ihrer drei Kinder hat einen eigenen Vater. Mit jedem glaubte die junge Frau, endlich das Lebensglück gefunden zu haben. Leider aber war die Beziehung meist schon nach der Geburt des gemeinsamen Kindes vorbei und der Vater verschwand wieder aus dem Leben der Kinder.

Zu ihrer eigenen Familie hat die junge Frau wenig und unregelmäßigen Kontakt, obwohl sie nicht weit voneinander entfernt wohnen. Streit, Neid, Perspektivlosigkeit und Unzufriedenheit prägen ihr eigenes Familienbild. Tims Mutter fühlt sich deshalb oft einsam. Alleine muss sie für ihre drei Kinder da sein, ohne Pause, jeden Tag. Allein ist sie die Person, die alles in der Familie managen muss: Haushalt, Arztbesuche, Einkäufe, Anträge, Kita und vieles mehr. Alleine muss sie dafür sorgen, dass ihre Kinder mit allem versorgt sind, was sie brauchen. Tims Mutter möchte ihren Kindern all das geben, was sie selbst als Kind oft nicht erleben durfte: eine Familie, die sich umeinander kümmert, Beziehungen, die von Liebe geprägt sind, und dass ihre Kinder sich keine Sorgen um ihre Zukunft machen müssen.

*

In meiner täglichen Arbeit in der Arche begegne ich den unterschiedlichsten Kindern, Jugendlichen und Eltern, mit vielen verschiedenen und individuellen Lebensgeschichten und Schicksalen. Täglich werde ich daran erinnert, wie mühsam das Leben in unserer Gesellschaft für unsere Kinder, Jugendlichen und deren Eltern sein kann. Wie das Leben täglich ein Überlebenskampf sein kann und für viele jeden Tag ein Überlebenskampf ist. Wir haben in Deutschland das Sozialstaatsprinzip, eine finanzielle Absicherung über ein festgelegtes Existenzminimum. Das ist im Grunde eine gute Sache und ermöglicht den nicht so gut gestellten Menschen in unserer Gesellschaft ein Überleben. Aber ist ein Überleben ein erstrebenswertes Ziel für einen Menschen in unserer Gesellschaft? Was macht es mit einem Menschen, wenn er dauerhaft in dieser Situation lebt? Wenn eine alleinerziehende Mutter jeden Tag ihr Bestes für ihre Kinder gibt und der Überlebenskampf kein Ende zu nehmen scheint? Wie lange kann sie diese zusätzliche Belastung noch mit viel Liebe und Elan ertragen?

In meiner täglichen Arbeit mit den Eltern unserer Arche-Kinder und -Jugendlichen wird mir auch immer wieder bewusst, dass sich neben den knappen finanziellen Ressourcen, der Perspektivlosigkeit, der Stigmatisierung und dem Umgang der Gesellschaft mit dem Thema in den letzten Jahren einiges verändert hat, was die Familien in ihrem Alltag zusätzlich belastet.

Viele unserer Kinder und Jugendlichen haben noch nie einen richtigen Urlaub mit ihrer Familie gemacht oder haben mal zusammen einen gemeinsamen Ausflug unternommen. In der Arche versuchen wir, Familien dies zu ermöglichen. Auf der „Arche Kinderranch" haben Familien die Möglichkeit, einmal gemeinsam ein paar Tage Urlaub zu machen und durchzuatmen. Für viele ist es das erste Mal. Es gibt auch viele Kinder und Jugendliche, die noch nie mit ihrer Familie ein Restaurant besucht oder gemeinsam einen Film im Kino geschaut haben. Solche gemeinsamen positiven Erfahrungen sind so wichtig für die Entwicklung der Kinder und Jugendlichen.

Ich bin so dankbar, dass es Orte wie die Arche gibt, wo es nicht um das reine Überleben geht, sondern um die individuellen Schicksale und das Leben einzelner Kinder, Jugendlicher und ihrer Eltern. Wo neben den materiellen Angeboten wie Kleiderkammer, kostenlosem Mittagessen, Schulmaterial, Lebensmittelausgabe, den Menschen eine Perspektive aufgezeigt wird, in der es egal ist, woher man kommt, was man kann und was man schon alles für die Gesellschaft geleistet hat. Wo Familien Unterstützung bekommen, wenn sie diese brauchen, und wo Eltern stark gemacht werden für den täglichen Kampf, den sie für ihre Kinder führen.

In Falle des kleinen Tim konnten wir dank der großartigen Unterstützung eines Spenders ihm seinen Wunschschulranzen kaufen. Er bekam seine eigene gefüllte Schultüte und er konnte seinen Geburtstag mit seinen Freunden gemeinsam in der Arche verbringen. Auch Tims Mutter konnte ihm eine Kleinigkeit zum Geburtstag schenken. Im Rahmen unseres Elternfrühstückes hat sie ihm einen kleinen Dinosaurier gehäkelt und aus den Lebensmitteln von der Lebensmittelausgabe einen Dinosaurierkuchen gebacken.

„Was macht es mit einem Menschen,
wenn er dauerhaft in dieser Situation lebt?
Wenn eine alleinerziehende Mutter jeden Tag ihr
Bestes für ihre Kinder gibt und der Überlebenskampf
kein Ende zu nehmen scheint?"

Bernd Siggelkow

Die Geschichte von Jasmin Fischer

Nana Gerritzen, Journalistin von Publik-Forum, einer Zeitschrift mit Schwerpunkt auf kirchlichen, religiösen und gesellschaftlichen Themen, war vor einiger Zeit in der Arche in Berlin-Hellersdorf, unserem sogenannten Mutterhaus, zu Gast und erzählte von dort die Geschichte einer Arche-Mutter, die uns seit über zehn Jahren mit ihren drei Kindern besucht.[52] Die Power-Mutter, hier genannt Jasmin Fischer, arbeitet auch ehrenamtlich für unsere Einrichtung und steht mit ihrer Geschichte stellvertretend für unzählige Mütter und Väter, die wir in den vergangenen Jahrzehnten in den Archen getroffen haben und erleben durften:

Jasmin Fischer ist alleinerziehend, lebt von Bürgergeld und ist verschuldet. Mit Disziplin und kreativen Überlebensstrategien kämpft sie täglich gegen die Armut und für ihre Würde.

Es riecht nach Desinfektionsmittel. Jasmin Fischer sitzt aufrecht auf der zahnarztstuhlähnlichen Liege und präsentiert ihre Armbeuge. „Diese Woche bitte rechts", sagt sie. „Ich bilde mir ein, dass es besser für meine Arme ist, wenn ich abwechsle." Die Mitarbeiterin des Blutspendezentrums reicht ihr einen hellblauen Ball, den soll sie drücken, damit der Blutfluss in Schwung kommt. Sie desinfiziert die Armbeuge, drückt die Nadel in die Vene. Tiefrot fließt das Blut durch einen Schlauch in einen mikrowellengroßen Kasten, der das Plasma vom Rest des Blutes trennt, das anschließend zurück in Jasmin Fischers Adern fließt. Der Raum ist hell beleuchtet, ein paar weitere Spender liegen hier, nicht viel los heute, die Sonne scheint. 45 Minuten dauert die Prozedur, dann einen Tupfer auf die Einstichstelle, kleiner Druckverband drüber, fertig. „Bis nächste Woche", sagt sie. Jasmin Fischer kennen hier alle. Sie spendet regelmäßig Plasma. Das darf man öfter spenden als Blut, bis zu 45-mal pro Jahr, das entspricht 25 Litern.

Jasmin Fischer hat ihre hüftlangen braun-grau melierten Haare zu einem Zopf gebunden. Ihre Haut ist sehr hell, fast durchsichtig. Wenn sie lacht – und sie lacht viel –, lachen ihre blauen Augen mit. Menschen wie sie brauchen sie hier im Blutspendezentrum. Mit 39 Jahren ist sie weder zu jung noch zu alt, sie ist mittelgroß und mittelschwer, raucht und trinkt nicht. Blut- und Plasmaspenden werden dringend gebraucht, für Unfallopfer, bei Operationen. Es gibt zu wenige Spender, umso dankbarer muss man Menschen wie Jasmin Fischer sein, die schon seit 2009 ein- bis zweimal die Woche vorbeikommt.

Nur, dass Jasmin Fischer kein Werk der Nächstenliebe im Sinn hat, wenn sie ihre Armbeuge freimacht. Sie braucht das Geld. Für jede Plasmaspende gibt es 25 Euro, für Stammspender zusätzliche Bonusaktionen. Aktuell laufen die Gipfelstürmerwochen: Wer innerhalb von vier Wochen fünfmal zum Spenden kommt, bekommt erst 5, dann 10 und 15, schließlich 20 Euro obendrauf. Das heißt für heute: 40 Euro bar auf die Hand. Ein guter Tag. Ein klein bisschen schummrig ist ihr nach der Prozedur; beim Bäcker nebenan kauft sie ein warm gemachtes Tomaten-Mozzarella-Sandwich. Essen gibt es im Blutspendezentrum nicht, nur Wasser. Bei Schwindelanfällen gibt es Traubenzucker.

Stütze trotz Vollzeitstelle

Zu Hause wird Jasmin Fischer das restliche Geld in einen Briefumschlag stecken, zu ihrem Haushaltsgeld. Darin sind die 84 Euro vom Amt, mit denen sie sieben Tage auskommen muss, von denen sie sich, ihre 11-jährige Tochter und den 15-jährigen Sohn ernährt; Lebensmittel, Kosmetika, Katzenfutter und Haushaltmittel kauft, Anziehsachen instand hält oder ersetzt – und ungeplante Extrakosten zahlt. In dieser Woche bricht ein metallenes Bracket aus der Zahnspange des Sohnes. Und die Tochter sagt: „Mama, wir machen eine Schulausflug."

Jasmin Fischer ist arm. Nach außen hin ist ihre Armut kaum sichtbar, es ist wie in Brechts Dreigroschenoper: Die im Dunkeln sieht man nicht. Sie zieht nicht obdachlos durch die Straßen oder sitzt als hohlwangiger Junkie auf der Parkbank. Es ist nicht einfach zu beschreiben, was Armut bedeutet in einem doch eigentlich wohlhabenden Sozialstaat wie Deutschland, wo es Bürgergeld gibt und ein Recht auf Wohnraum, theoretisch jedenfalls. Wo die allermeisten sagen, sie seien gegen Armut – und doch kaum jemand, der arm ist, darüber spricht. Armut ist schambesetzt. Umso mutiger ist es, dass Jasmin Fischer sich hat begleiten lassen, dass sie offen von ihrem Leben erzählt. Eigentlich heißt sie nicht Jasmin Fischer. Zu vieles von dem, was sie erzählt, könnte ihr Leben zusätzlich erschweren.

Sie wohnt im Ostberliner Bezirk Marzahn, wo es viele Plattenbauten und Sozialwohnungen gibt und wenig sonst; hier findet die unspektakuläre Form der Armut statt. Sie lädt in ihre Wohnung ein, vier Zimmer, Küche, Bad, knapp 70 Quadratmeter. Hier lebt sie mit der 11-jährigen Lara, dem fast 16-jährigen Tom und der getigerten Katze; bis voriges Jahr hat auch Christian, ihr Ältester, der gerade volljährig geworden ist, hier gewohnt. Aber mit ihm gab es immer wieder heftigen Streit. Nun wohnt er in einer betreuten Jugend-WG.

Und Jasmin Fischer hat nach Jahren auf der Schlafcouch wieder ein eigenes Schlafzimmer.

Sie sitzt auf ihrer zerlebten beigen Eckcouch im Wohnzimmer, die bis vor Kurzem auch ihr Bett war, und erzählt: Sie ist arbeitslos. In ihrem Erwachsenenleben hat sie kaum je Vollzeit gearbeitet. Und keiner der Väter ihrer Kinder zahlt Unterhalt, nicht Jasmin Fischers Ex-Mann, mit dem sie zwei Söhne hat, und auch nicht der Vater ihrer Tochter, der in einer Fahrschule arbeitet.

Es hätte auch ein anderes Leben werden können. Nach dem erweiterten Hauptschulabschluss macht Jasmin Fischer eine Ausbildung zur Malerin und Lackiererin, heiratet, bekommt zwei Kinder. Noch während der Lehre stellt sich heraus, dass sie orthopädische Probleme hat und nicht schwer heben darf. Sie schult zur Industriekauffrau um. Dann bricht die heile Welt zusammen: Ihr Mann verlässt sie für eine andere, geht in die Schweiz, zahlt keinen Cent Unterhalt. Auch sie verliebt sich wieder, bekommt ihre Tochter, ein Neuanfang. Doch wieder hält die Beziehung nicht, nun zieht sie drei Kinder alleine groß. Sie nimmt eine Vollzeitstelle als Buchhalterin an – und verdient dabei so wenig, dass sie mit Arbeitslosengeld II aufstocken muss. „Hätten die Väter Unterhalt gezahlt, wären wir aus Hartz IV rausgewesen", sagt sie.

Sie arbeitet viel und lang. Kann deshalb kein Essen bei der Tafel holen und kein Plasma spenden. Ihre Lebenshaltungskosten übersteigen ihr Einkommen. Sie beginnt, Schulden zu machen. Eineinhalb Jahre hält sie die Vielfachbelastung durch, dann bricht sie zusammen. Angstzustände und Depressionen aus Jugendzeiten sind zurück, von denen sie ge-

hofft hatte, sie kämen nie wieder. „Ich bin nervlich wegge-
knallt", sagt sie.

Heute lebt sie komplett vom Bürgergeld. Vom Jobcenter
bekommt sie monatlich 1315 Euro, dazu Kindergeld für Lara
und Tom und den Unterhaltvorschuss des Jugendamts für
Lara. Beides wird ihr in voller Höhe auf das Bürgergeld angerechnet. Die beiden Söhne sind für den Unterhaltvorschuss
zu alt: Den gibt es für Bürgergeldbezieher nur bis zum vollendeten zwölften Lebensjahr. Insgesamt kommt Fischer auf
ein Haushalteinkommen von 2067 Euro. Dem gegenüber
stehen Fixkosten in Höhe von 1644 Euro: Miete und Strom
machen 800 Euro aus, hinzu kommen Versicherungen und
private Altersvorsorge, Mitgliedsbeiträge in Sportvereinen,
Zusatzzahlungen für die Zahnspange des Sohnes.

Und knapp 400 Euro zahlt sie jeden Monat, um ihre Schulden zu begleichen. Jasmin Fischer hat sich Geld geliehen
von mehreren Gläubigern, insgesamt ungefähr 8000 Euro.
Rein rechtlich müsste sie nichts abbezahlen, als Bürgergeld-
empfängerin liegt sie unterhalb der Pfändungsgrenze. Aber
sie ist vor allem privat verschuldet, bei Freunden und Bekannten. Sie ist darauf angewiesen, dass die ihr auch weiterhin aus der Patsche helfen, wenn es nötig ist. Also zahlt sie
gewissenhaft ab.

Jasmin Fischer erzählt das mit beinah stoischer Ruhe und mit
einem Lächeln im Gesicht. Sie will nicht als Opfer der Verhältnisse dastehen, es muss ja weitergehen, das Leben. Sie hat
sich eiserne Disziplin antrainiert und eiserne Enthaltsamkeit. In
ihrem System darf nichts passieren, nichts außer Kontrolle geraten. Eine kaputte Waschmaschine wäre für sie eine Katastrophe: woher das Geld nehmen, wen um Geld bitten, wie

die Schulden stunden – und vor den Kindern so tun, als sei alles in Ordnung? 423 Euro und 9 Cent bleiben ihr im Monat zum Leben. Jasmin Fischer teilt das Geld zu Beginn eines jeden Monats in fünf gleich große Beträge und verpackt sie in Briefumschlägen – fünf, weil der Monat viereinhalb Wochen hat. Manchmal, selten, habe sie das Glück, den fünften Umschlag nicht zu brauchen. „Dann können wir essen gehen. Eis, Burger oder Sushi, das mag meine Tochter so gerne."

84 Euro pro Woche. Wie lebt man von so wenig Geld? Jasmin Fischer antwortet: ein Umschlag pro Woche. Ist der leer, wird nichts mehr ausgegeben, basta. Und es wird so wenig wie möglich ausgegeben. Lebensmittel holt sie bei den Berliner Engeln, einem Verein, der Bedürftige mit Essensspenden aus Supermärkten unterstützt. Meist ist das Mindesthaltbarkeitsdatum abgelaufen, „die Sachen sind ja trotzdem noch gut", sagt sie. Einen Tag in der Woche hilft sie selbst an der Lebensmittelausgabe aus. Dafür bekommt sie kostenlos eine große Einkaufstüte mit Lebensmitteln, für die sie sonst einen kleinen symbolischen Betrag bezahlen müsste. Für Einkäufe im normalen Supermarkt fährt sie einmal pro Monat gemeinsam mit ihrem jetzigen Freund nach Polen, wo alles billiger ist. In den Ferien, wenn die Kinder nicht in ihren Schulen essen können, geht die ganze Familie zum Mittagessen in die Arche, auch hier hilft Fischer regelmäßig ehrenamtlich aus. Brauchen die Kinder Anziehsachen, sucht sie in der Kleiderausgabe der Arche. Ihr altes Auto behält sie, nutzt es aber kaum. Sie schminkt sich nicht und kauft für sich selbst nie neue Kleider, trägt ausgebeulte Jeans und verwaschene Sweatshirts. Statt ins teure Fitnessstudio geht sie zum günstigen Reha-Sport.

Eine weitere Antwort lautet: nebenbei Geld verdienen, auch wenn es Kleckerbeträge sind. Über eBay Kleinanzeigen verkauft sie die zu klein gewordene Kleidung der Kinder, die so abgetragen ist, dass die Arche sie nicht zurücknimmt, bietet sie als „Spielplatzkleidung" an. 50 Cent für eine Leggins mit kleinem Loch im Knie, 1,50 Euro für Turnschuhe mit runtergelaufener Sohle. So kommen rund 20 Euro im Monat zusammen. Eigentlich ist das verboten. Ihre Einnahmen, auch das Geld, das sie fürs Plasmaspenden erhält, gelten als Nebeneinkünfte. Gehen diese über 100 Euro im Monat hinaus, werden sie auf das Bürgergeld angerechnet; gibt Jasmin Fischer das nicht an, begeht sie Leistungsbetrug. Natürlich sei das nicht schön, sagt sie. „Aber ohne die Plasmaspenden müsste ich mich zwischen einem gefüllten Kühlschrank und der Zahnspange für meinen Sohn entscheiden."

Vier Euro für 40 Kilo Altpapier

Zwei Wochen später, es ist heiß – Freibadwetter. Jasmin Fischer ist seit halb sechs Uhr auf den Beinen, wie jeden Tag. Sie macht Frühstück für die Kinder, packt Brotdosen. Während die Kinder Zähne putzen, trinkt sie einen schnellen Kaffee im Wohnzimmer. An den Wänden hängen Familienfotos und eine BVB-Fahne. Vor allem aber viele selbst gemalte Bilder, filigrane Zeichnungen auf Leinwand und Holz. Fischer zeichnet leidenschaftlich gern, wenn sie Material in die Finger bekommt, auch heute noch. An Zeichnungen in den Kinderzimmern sieht man, dass sie Talent und Leidenschaft vererbt hat.

Um halb acht gehen die Kinder aus dem Haus, auch Jasmin Fischer macht sich fertig. Im Flur stehen ein schwarzer Einkaufstrolley und ein Bundeswehrrucksack. Sie mag die Bundeswehr, früher träumte sie davon, Berufssoldatin zu werden. Rucksack und Trolley sind bis oben hin vollgepackt mit gebündeltem Altpapier. Den Rucksack geschultert, der Trolley an der Hand, läuft sie über die menschenleeren Wege zwischen den Hochhäuserschluchten. Fast 40 Kilo Pappe und Papier schleppt und zerrt sie zur Bushaltestelle, fährt vier Stationen zum Recyclinghof. Knapp vier Euro bekommt sie dort für das gesammelte Papier. Dafür ist sie fast zwei Stunden unterwegs. Lohnt sich das? Jasmin Fischer versteht die Frage gar nicht. „Kleinvieh macht auch Mist", sagt sie. Alles lohnt sich. Während ihrer Ehe habe sie abends, wenn die damals noch kleinen Jungs im Bett waren, als Camgirl gearbeitet, sich also vor der PC-Kamera ausgezogen – um die Wohnung zu halten. Ihr Mann habe über ihre damals eigentlich besseren Verhältnisse gelebt.

Sie mache das alles für die Kinder, sagt sie. „Sie sollen nicht merken, dass wir so ein kleines Budget haben." Klar wüssten sie, wie sparsam die Mutter sei, „aber der Kühlschrank ist immer gefüllt". Und bei den Cornflakes oder der Lieblingsschokolade kauft sie, wenn es geht, das Markenprodukt. Mit ihrem eisernen System aus Sparsamkeit und kleinen Zusatzverdiensten hat sie sich und den Kindern einige Jahre sogar einen Sommerurlaub finanzieren können. „Nicht nur 'ne Woche in den Bergen, wir sind richtig ins Ausland geflogen!", sagt sie stolz.

Urlaub von der Armut

Ihr Profilbild bei WhatsApp zeigt bis heute ein Foto aus dem letzten Urlaub. Sie steht im weißen Kleid und mit Cowboyhut am Strand und blickt übers Meer, neben sich die Jungs in Shorts und T-Shirt, die Tochter im türkisfarbenen Kleid, die blonden Haare zum französischen Zopf gebunden. Vier Jahre ist das her. Zehn Tage Türkei im All-inclusive-Hotel am Strand mit Kinderanimation und Buffet. „Da konnten sie sich die Bäuche vollschlagen", sagt sie. Jahrelang seien sie in dieses Hotel gefahren. „Die Kinder haben da ihr Seepferdchen gemacht, kannten die Betreuer, im letzten Jahr hat mein Sohnemann die Betreuer unterstützt", erinnert sie sich. Die Reisen seien den Kindern so wichtig gewesen, dass sie dafür auf Geburtstags- und Weihnachtsgeschenke verzichtet hätten. „Auf ihre Wunschlisten haben sie ›Türkei-Urlaub‹ geschrieben, sonst nichts. Sie wussten, dass wir sparen müssen, dafür aber was Tolles bekommen." Zehn Tage Urlaub von der Armut.

Dann kam die Pandemie. Danach der Krieg in der Ukraine und mit ihm die Inflation. Miete, Stromabschlag, Versicherungen, die Rechnung an der Supermarktkasse: Alles ist teurer geworden. Dass es seit Jahresbeginn 53 Euro mehr Bürgergeld gibt, gleicht das nicht aus. An Türkeiurlaub ist nicht mehr zu denken. Die Umschläge sind oft schon am Donnerstag leer. Am Monatsende bleibt nichts übrig für Cheeseburger oder Sushi mit den Kindern. Jasmin Fischer ist noch ärmer als zuvor.

Sie muss sich jetzt wieder kleine Beträge leihen, wenn etwas kaputtgeht, die Kinder etwas für die Schule brauchen, unerwartete Rechnungen kommen. Zum Beispiel weil ihrem Sohn mal wieder ein Bracket aus der Zahnspange gebrochen ist. Zahnspangen sind keine hundertprozentige Kassenleistung. Selbst Bürgergeldempfänger müssen 20 Prozent der Behandlungskosten für das erste Kind und 10 Prozent bei jedem weiteren aus eigener Tasche zahlen. Macht 200 bis 300 Euro im Jahr – wenn Brackets herausbrechen, entsprechend mehr. „Irgendwie kriege ich das schon hin mit ein paar zusätzlichen Plasmaspenden", sagt sie. Wenn nicht, muss sie sich wieder Geld leihen. Das ist nicht leicht. Sie muss oft Menschen um Geld bitten, bei denen sie schon Schulden hat. Oder darum, eine Rate später zahlen zu dürfen. Und die Bekannten sind auch nicht reich.

Vor ein paar Monaten geriet Fischers empfindliches System an seine Grenzen: Der Kieferorthopäde erklärte, dass auch die Tochter eine Zahnspange brauche. „Da habe ich ehrlich gesagt: Ich kann nicht zwei Zahnspangen gleichzeitig finanzieren." Ihre Tochter muss nun warten, bis die Behandlung des Bruders abgeschlossen ist. Zwei Jahre dürfte das noch dauern.

Wie kann man dauerhaft so leben, ohne völlig zu verbittern? Jasmin Fischer zuckt mit den Schultern. Sie macht halt immer weiter. Gerade lässt sie sich zur geprüften Buchhalterin weiterbilden, in Teilzeit und dank Onlinekursen von zu Hause aus. Ihre Depressionen und Ängste geht sie seit ein paar Wochen in einer Tagesklinik an, konnte ihre Weiterbildung dafür unterbrechen. „Wenn alles gut läuft, habe ich ab September einen Minijob im Büro." Ein Hoffnungsschimmer.

Der große Sohn in der Jugend-WG hat seine Ausbildung geschmissen, der jüngere aber geht gern zur Schule und nimmt jegliche Förderangebote für Kinder armer Eltern an. Später will er mal Reporter werden. Oder Sozialpädagoge. Gerade hat er seine MSA-Prüfungen geschrieben, die Mittlere Reife. In den Ferien wird er ein Jugendcamp der Arche besuchen. Nach dem Sommer geht es auf die Oberschule, er will sein Fachabi machen.

In den Sommerferien will Jasmin Fischer mit ihrer Tochter nach Sachsen-Anhalt fahren, da hat ihr Freund einen Garten. Schon zu Ostern waren sie da, ihre Tochter hat sich mit der Nachbarstochter angefreundet und freut sich schon, die neue Freundin und deren Hasen wiederzusehen. Wenn Jasmin Fischer genug Plasmatermine schafft und nichts dazwischenkommt, reicht das Geld vielleicht für einen gebrauchten Pool für den Garten, so einen runden aus Metall, den man nicht extra einbauen muss. Lara soll es schön haben. Auch wenn es nicht in die Türkei geht.

Unser Fazit in acht Punkten

Das politische Berlin, ja unzählige Politikerinnen und Politiker jubelten am 28. August des vergangenen Jahres. Man hatte sich auf die Höhe einer jährlichen Kindergrundsicherung geeinigt. Doch das Ergebnis ist eine Schande. Knapp zweieinhalb Milliarden Euro sollen an die in Deutschland lebenden Familien fließen und ein Teil davon an die Familien, die man in unserem Land als sozial benachteiligt bezeichnet. Das sind ab 2025 pro Familie monatlich schlappe 30 Euro mehr als bisher, und mit diesen Almosen möchte man die Kinder- und Bildungsarmut in unserem Land bekämpfen. Das kann doch selbst ein Christian Lindner nicht glauben. Er hat uns in der Arche zudem mit einer Aussage geschockt, die uns schwer enttäuscht hat. Die Kindergrundsicherung, so ereiferte sich der Bundesfinanzminister und Chef der Liberalen[53], sei die letzte große Sozialreform für Jahre[54].

Ein kurzer Rückblick: Bundesfamilienministerin Lisa Paus hatte die Kosten für die Kindergrundsicherung anfänglich auf zwölf Milliarden Euro pro Jahr beziffert, zuletzt sprach sie dann aber von bis zu sieben Milliarden Euro. In der von Christian Lindner vorgelegten Finanzplanung für 2025 waren aber nur zwei Milliarden Euro berücksichtigt. Und dann stand nach dem verfassungswidrigen Nachtragshaushalt im Dezember 2023 die Kindergrundsicherung fast wieder auf der Kippe.

Welch ein Offenbarungseid der Bundesregierung! Zwei statt zwölf Milliarden. Gleichzeitig tönte die Bundesregierung, die Kindergrundsicherung sei eines der zentralen familien- und sozialpolitischen Vorhaben in der laufenden Legislaturperiode.

Man wolle bessere Chancen für die Kinder und Jugendlichen schaffen, betont die Bundesregierung immer wieder. Doch statt eine sachliche Debatte darüber zu führen, wie diese Ziele am besten erreicht werden können, lügt man sich selbst in die Tasche.

Wir haben wie gesagt einmal nachgerechnet, ob die Menschen in Deutschland von der Kindergrundsicherung profitieren, vor allem die sozial benachteiligten Familien. Für die sind es 30 Euro mehr im Monat. – Und damit wollen Lisa Paus, Christian Lindner und Co. die Kinder aus der Armut holen? Das ist einfach lächerlich, ja eine Schande, ein Verbrechen an unseren Kindern. Es geht also weiter …

→ **Wir vernachlässigen Millionen von Kindern in Deutschland und wundern uns, wenn sie in der Schule scheitern.**

Über die finanziellen Folgekosten macht sich das Kabinett um Bundeskanzler Olaf Scholz keine Gedanken. Die Diakonie Deutschland machte sich diese hingegen zur gleichen Zeit. Sie legte im August 2023 ein Gutachten vor, das umfassend das Ausmaß der Kinderarmut in Deutschland beleuchtet. Die Expertise erörtert die gesellschaftlichen Folgekosten von Kinderarmut in den Bereichen Gesundheit, Bildung und soziale Teilhabe. Die Diakonie fordert mehr staatliche Hilfen, schließlich sei laut ihrer Untersuchung jedes vierte Kind mittlerweile von Armut bedroht und nannte die Entwicklung einen Skandal. Wer jetzt spare, zahle später drauf, so die Diakonie. Darüber hinaus zeigt die Kurzexpertise auf, welche Effekte eine Erhöhung der monetären Unterstützung für Kinder in armen Haushalten auf das Armutsrisiko der Betroffenen hätte.[55] Hier machen wir in den Archen unsere eigenen positiven Erfahrungen.

→ **Wenn wir in unsere Kinder investieren, zum Beispiel durch Zeit, Geld, Bücher, Nachhilfeunterricht, lange und intensive persönliche Gespräche, dann ist die Chance groß, dass sie einen vernünftigen Schulabschluss machen.**

In diesem Buch haben wir die Geschichte von Elena erzählt. Sie ist eigentlich ein Paradebeispiel dafür, wie es funktioniert. Ohne Zeit und Geld in die Hand zu nehmen, werden wir die Kinder aus nicht immer einfachen Familien kaum aus ihrer Bildungsmisere herausholen. Noch einmal, man kann es nicht oft genug betonen: Ohne Geld in die Hand zu nehmen, werden Millionen Kinder in Deutschland scheitern – das ist für uns ein Verbrechen an der jungen Generation. Die Kindergrundsicherung ist mit ihren unzureichenden Rahmenbedingungen durch den Druck von Christian Lindner gescheitert. Unsere Bundesfamilienministerin Lisa Paus hat sich, wie man so schön sagt, über den Tisch ziehen lassen. Es ist aus unserer Sicht der größte Fehler der jüngeren Geschichte, die Kindergrundsicherung auf einen so geringen und lächerlichen Beitrag zu drücken.

→ **Eine ausreichend fürsorgende Kindergrundsicherung wäre eine der wichtigsten Zukunftsinvestitionen gewesen.**

Es liegt auf der Hand, dass die deutsche Wirtschaft von den besseren Bildungschancen einer ehrlichen Kindergrundsicherung stark profitieren würde. Mehr Bildung, und die kostet nun mal Geld, ist auch die Grundlage für mehr Fachkräfte. Die müssen wir dann nicht nur im Ausland suchen. Wir müssen beides tun. Wir müssen den betroffenen Familien mehr Geld zur Verfügung stellen, damit sie in Würde leben können, damit die Eltern und

Kinder am gesellschaftlichen Leben teilhaben können. Sie müssen genug zu essen haben, sie müssen sich einkleiden und auch mal ins Kino gehen können. Dafür ist immer noch zu wenig Geld in den Familien.

Wir als Arche fordern seit vielen Jahren mehr Unterstützung für bedürftige Familien, vor allem bessere Bildungsstrukturen für alle Kinder, nicht nur für die aus dem Bildungsbürgertum. Wer an einem davon oder gar an beidem spart, wird später ein Vielfaches für die jetzt betroffene junge Generation zahlen müssen. Langzeitarbeitslosigkeit, Folgeerkrankungen und entgangene Steuereinnahmen sind enorme Verluste für unseren Staat.

→ **Wenn wir uns heute nicht um die benachteiligten Kinder kümmern, werden es morgen andere tun.**

Kürzlich feierte ein Berliner Clan-Chef seinen Geburtstag in einem Berliner Park. Er sprach eine Einladung an alle jungen Menschen der Stadt aus, mit ihm gemeinsam und natürlich kostenlos einen Döner zu essen. Die Jugendbereiche der Berliner Archen waren wie leer gefegt. Es waren überwiegend die arabischen Jugendlichen, aber eben auch einige deutsche „Kids" zwischen 13 und 19 Jahren, die der Einladung begeistert folgten. Natürlich wurde bei dem Treffen auch für den Clan „missioniert". So werden die kriminellen Clans immer größer und „erfolgreicher".

Ähnlich sieht es bei den Rockern aus. Sie locken mit ein paar Gramm Gras, umsonst. Und junge, perspektivlose Mädchen werden von sogenannten Sugar-Daddys verführt. Diese widerlichen Gestalten zwingen sie nach kurzer Zeit zur Prostitution. Was bedeuten all diese Entwicklungen?

→ **Wenn wir vergessen, uns gut und ausreichend um Kinder zu kümmern, verlassen sie unsere Gesellschaft und rutschen in eine zumeist schreckliche Parallelgesellschaft ab.**

Warum verschließen wir alle unsere Augen davor? Wir wissen, dass etwas schiefläuft, aber wir sind nicht bereit, etwas daran zu ändern.

Außerdem haben wir in den Archen große Probleme mit den arabischen Kindern und Jugendlichen, die seit der großen Fluchtbewegung ab 2015 zu uns nach Deutschland gekommen sind und auch immer noch kommen. Diese meist jungen Männer sind sehr schlecht integriert und lehnen unsere westlichen Werte oft kategorisch ab.

Seit dem 7. Oktober 2023, dem Massaker und den Morden in Israel durch die Terrororganisation Hamas, hat sich in unserem Land noch einmal viel verändert. Unzählige muslimische und manchmal auch nichtmuslimische Jugendliche trauen sich, ihren Hass gegenüber Israel sowie dem westlichen Wertesystem nach außen zu tragen. Das spüren wir auch in den Archen.

Als ich (Wolfgang Büscher) kürzlich den Jugendbereich einer Arche in Berlin besuchte, zeigten mir zahlreiche Jugendliche den rechten Zeigefinger. Das bedeutet: „Es gibt keinen Gott außer Allah", eine Grußformel, die zumeist von radikalisierten Islamisten verwendet wird.

Tausende Kinder und Jugendliche aus muslimischen Familien kommen inzwischen regelmäßig zu uns. Wir versuchen, ihnen zu helfen, führen Gespräche, helfen dort, wo Hilfe gebraucht wird, und diskutieren natürlich auch über Religion. Man kann schon sagen, dass das Interesse an religiösen Themen bei den arabischen Jugendlichen besonders groß ist. Und ja, wir diskutieren mit ihnen auch über unsere westlichen Werte und über unseren Glauben. Das wird gerade von den Jugendlichen auch gewünscht.

Oft kritisieren Teile der Politik hier als Arche unseren Umgang mit dem Thema Glaube, unser Verhalten und die christlichen Werte. Warum? – Meist schämen sich diese Politikerinnen und Politiker selbst für ihre eigene Kultur oder meinen, man dürfe nicht das Thema Glaube ansprechen. Gerade bei arabischen Jugendlichen stößt dieses Versteckspiel allerdings auf Verachtung. Für sie gilt: Wer eine Überzeugung hat und vertritt, bekommt Respekt. Nur merkt das kaum einer dieser überwiegend Grünen- oder Linken-Politiker im Büro.

→ **Wir können und wollen unseren christlichen Glauben nicht verleugnen oder verstecken.**

Wie sieht die Lebenswirklichkeit dieser Kinder und Jugendlichen aus? Unzählige dieser Flüchtlingskinder und -jugendlichen leben in beengten Unterkünften, meist zusammen mit ihren Familien. Dann werden sie gezwungen, sogenannte Brennpunktschulen zu besuchen, wo sie meist wieder unter ihresgleichen sind.

Brennpunktschulen sind in Deutschland erwünscht. Die Kinder aus dem Bildungsbürgertum sollen möglichst nicht mit den Flüchtlingskindern und den bildungsfernen Kindern auf eine gemeinsame Schule gehen. Das hat uns vor Kurzem noch eine bekannte Berliner Politikerin gesagt.

Zur Lebenswirklichkeit muslimischer Kinder und Jugendliche gehört auch: Sie gehen mit ihren Eltern oft in eine Moschee, hier und da mit radikalen Predigern. Diese Prediger werden teils extra aus dem Ausland, der Türkei, aber auch aus Afghanistan eingeflogen, um ihre Hassbotschaften unter das junge Volk zu bringen. Und nachmittags übernimmt dann TikTok das Übermitteln radikalisierter Botschaften sowie das Verbreiten von Lügen und Desinformation. Und dann wundern wir uns, wenn wir diese Kinder verlieren.

Angela Merkel hat bekanntlich als Bundeskanzlerin vor Jahren den Satz gesagt: „Wir schaffen das!". Und unsere Außenministerin Frau Annalena Baerbock faselt immer wieder in Richtung der Flüchtlinge: „Ihr seid alle herzlich willkommen". Das klingt ja erst einmal alles ganz nett und vor allem menschlich.

Aber anscheinend ist kein Geld mehr in den öffentlichen Kassen, und so schickt man die ohnehin schon gebeutelten Flüchtlingskinder direkt in die schlecht ausgestatteten Schulen mit zu wenig Personal und dann in die privaten Stiftungen wie die Arche. Viele der kommunalen und staatlichen Kinder- und Jugendeinrichtungen sind ja längst dem Sparhammer zum Opfer gefallen.

→ **Wir müssen diese benachteiligten Kinder rechtzeitig integrieren, wenn sie noch jung sind.**

Dafür muss die Politik Geld in die Hand nehmen. Ohne zusätzliches Geld wird es nicht gehen. Noch einmal: Diese Kinder müssen ganz früh in die Kitas und dann in die normalen Regelschulen. Dann können wir sie zumindest zu einem großen Teil auch mitnehmen.

An dieser Stelle möchten wir noch einmal das Thema Geldverschwendung aufgreifen: Wenn Politikerinnen und Politiker Milliardenbeträge durch den Haushalts-Schornstein jagen können, ohne zur Rechenschaft gezogen zu werden, dann ist das ein Skandal. Dabei geht es nicht nur um den bereits genannten Bauskandal beim Berliner Flughafen, den Stuttgarter Hauptbahnhof oder Prestige-Objekte wie die Hamburger Elbphilharmonie. Diese Baustellen sind nur die Spitze eines Eisbergs. Es gibt Tausende kleiner Todsünden der Politik, die nicht geahndet werden. Das Schwarzbuch des Bundes der Steuerzahler (BdSt) nennt jährlich über 100 Fälle von Steuerverschwendung.[56] Ziel des Schwarzbuches ist es, Politik und Öffentlichkeit für die Verschwendung von Steuergeld zu sensibilisieren und so präventiv entgegenzuwirken.

→ **Wir müssen zum Wohl künftiger Generationen der Politik besser auf die Finger schauen.**

Aber wir wollen hier nicht nur meckern. Es gibt auch unzählige Erfolgserlebnisse in unseren Archen. Kinder und Jugendliche, die kleine Erfolgsgeschichten geschrieben haben.

„Für jedes Kind lohnt es sich zu kämpfen.
Wir müssen nur an den Kindern dranbleiben.
Dann können sie sich und wir uns
auf die Zukunft freuen."

Bernd Siggelkow

20.

Nach Redaktionsschluss

Im Fußball ist es üblich, dass der Schiedsrichter die gelbe, wenn nicht sogar die rote Karte zeigt, wenn nach einem Foulspiel und dem Abpfiff nachgetreten wird. Wir sehen uns nicht als Schiedsrichter, aber kurz nach Fertigstellung des Manuskripts haben zwei Studien im Dezember 2023 die Aufmerksamkeit auf sich gezogen, die von ihren Ergebnissen nichts anderes sind als das Zeugnis eines Nachtretens. Und leider liegen die Gefoulten schon längst am Boden: Kinder aus benachteiligten Familien. Sie sind Opfer unzähliger Verbrechen, die wir in unserem Buch benannt haben – und statt ihnen die Hand zu reichen und sie aufzurichten, bescheinigen zwei Studien, dass Politik und Gesellschaft nichts tun, um denen zu helfen, die am Boden liegen. Im Gegenteil. Die Ergebnisse sind wie ein weiterer Schlag ins Gesicht, für den man den politisch Verantwortlichen eigentlich die rote Karte zeigen sollte:

Wieder einmal war es die PISA-Studie, und die wartete – welch Überraschung – für Deutschland wieder einmal mit einem erschreckenden Ergebnis auf. Deutsche Schülerinnen und Schüler haben im internationalen Leistungsvergleich PISA 2022[57] so schlecht abgeschnitten wie nie zuvor. Die Jugendlichen, so heißt es, schneiden in Mathematik, im Lesen und in Naturwissenschaften deutlich schlechter ab als 2018. Am Beispiel der 15-Jährigen zeigt sich, dass ein Drittel dieser Altersgruppe in mindestens einem der getesteten Bereiche nur sehr geringe Kompetenzen aufweist. Jeder sechste Jugendliche hat in allen drei Bereichen deutliche Defizite. Die Anteile dieser besonders leistungsschwachen Jugendlichen sind seit 2018 gestiegen und liegen in Mathematik bei rund 30 Prozent, im Lesen bei rund 26 Prozent und in Naturwissenschaften bei rund 23 Prozent. Müssen wir uns nun Sorgen machen? Wir sagen an dieser Stelle: Ja, das müssen wir!

Uns würde interessieren: Wie hoch ist bei dieser Untersuchung der Anteil der Kinder, die in sogenannten Brennpunktschulen unterrichtet werden und dort kläglich scheitern müssen, weil es eben schlecht ausgestatte Schulen mit zu wenig Lehrkräften und hohem Krankenstand sind? Und wir dürfen nicht verschweigen, dass es in diesen Schulen einen zu hohen Migrantenanteil gibt mit vielen Jugendlichen, die erst seit Kurzem in Deutschland sind und unsere Sprache nicht oder nur sehr schlecht beherrschen. Das senkt das Leistungsniveau aller Kinder.

Wir als Arche warnen schon seit fast dreißig Jahren vor den Folgen einer verfehlten Bildungspolitik. Wenn wir in der Arche die Kinder nicht zusätzlich, also neben der Schule, individuell fördern würden, könnten sie sich später nicht produktiv in die Gesellschaft einbringen. Ihr Erfolg hängt ganz klar von ihrer Bildung und Leistung ab. Eine hausgemachte Bildungskrise kann sich Deutschland angesichts des Arbeits- und Fachkräftemangels nicht länger leisten. Es ist doch merkwürdig, dass Kinder in der Schulen scheitern, während wir in unseren Arche-Einrichtungen mithilfe von Ergänzungslehrerinnen und -lehrern große Fortschritte erzielen und bei den Kindern ein großes Bildungspotenzial entdecken.

Die Verantwortung für Bildung gehört in die Hände des Bundes und darf nicht von einem Haufen völlig unterschiedlich denkender und handelnder Landespolitikerinnen und -politiker kaputt gemacht werden. Die Schuld an der Misere unserer Kinder liegt ganz deutlich bei der Politik. Sie nimmt einfach zu wenig Geld für unsere Kinder in die Hand.

Verschärft wird unsere Bildungskrise auch noch einmal durch das Anlegen von Flüchtlingsunterkünften in ohnehin schon prekären Stadtteilen. Im Flughafengebäude in Berlin-Tegel lebten Weihnachten 2023 an die 7000 geflüchtete Menschen, darunter unzählige Kinder und Jugendliche. Sie mussten von 600 Sicherheitsleuten gleichzeitig bewacht werden. Das kostet allein in Berlin rund 1,5 Millionen Euro pro Tag. Um Geld zu sparen, will man die Kinder dieser Familien natürlich nicht quer durch die ganze Stadt fahren, um sie auf verschiedene Schulen zu verteilen. Stattdessen konzentriert man sich auf wenige Schulen in der Nähe. Auch diese Kinder werden zur Überraschung der Bildungsexperten aus der Verwaltung aufgrund dieser Zusammenlegung alle scheitern. Wo sind wir nur gelandet?

Das alles sind hausgemachte Fehler, die den Fachleuten sofort ins Auge springen. Aber die Politik lässt sich in Bildungsfragen nicht belehren und macht einen Fehler nach dem anderen. Das wird sich erfahrungsgemäß auch in Zukunft nicht ändern. Wir werden auch bei den nächsten PISA-Studien am unteren Ende des Rankings landen.

Und nun noch einmal eine Empfehlung oder besser gesagt ein Rat an die Politik: Verteilt endlich alle Kinder so auf die Schulen, dass sich die schädlichen und überflüssigen Brennpunktschulen auflösen. Die Kinder des Establishments gehören in die gleiche Schule und in die gleichen Klassen wie die Kinder aus prekären Verhältnissen. Wenn wir das nicht endlich begreifen, können wir gesellschaftlich einpacken.

Die verschiedenen Zahlen der Armut

Als dann noch im Dezember die UNICEF-Studie erschien[58], mussten wir erst einmal überlegen. Laut dem Forschungsbericht des Kinderhilfswerks der Vereinten Nationen leben in Deutschland mehr als eine Million Kinder, so heißt es dort, dauerhaft in Armut. Da mussten wir erst einmal schlucken. Diese Zahl erscheint uns viel zu niedrig. Gab es einen unbekannten Auftraggeber für diese Studie? Allein die Bundesregierung spricht mal von zwei Millionen Kindern, die in Armut aufwachsen, und mal sind es rund 2,5 Millionen. Der Deutsche Kinderschutzbund hat vor einigen Jahren von über vier Millionen armen Kindern gesprochen, und unsere Bundesfamilienministerin Lisa Paus spricht von 5,6 Millionen Familien, die die geplante Kindergrundsicherung in Anspruch nehmen wollen.

Ob eine Millionen Kinder oder 5,6 Millionen Familien mit Kindern, das sind schlicht Horrorzahlen. Diese Kinder kommen vor allem aus sozioökonomisch benachteiligten Bevölkerungsgruppen. Dazu gehören Migrantenfamilien und Geflüchtete, körperlich oder geistig beeinträchtigte Kinder, Angehörige ethnischer Minderheiten oder Kinder, deren Mütter überwiegend alleinerziehend sind. Nur 10 Prozent der Alleinerziehenden sind Väter.

Was bedeutet Armut für Minderjährige? Sie sind Benachteiligungen ausgesetzt, die sich auf ihr späteres Erwachsenenleben auswirken können, nein, besser gesagt werden. Wir beobachten diese Entwicklung in unseren Häusern. Diese Kinder zeigen uns immer wieder soziale und emotionale Auffälligkeiten. Unsere Mitarbeitenden sind da stark gefordert, denn nur durch intensive Arbeit am einzelnen Kind können diese Defizite ausgeglichen werden. Das kostet auch enorm viel Geld. Viele Kinder in den

Archen haben einen geringen Wortschatz und erkranken auch häufig an Depressionen, häufiger als Kinder aus dem Bildungsbürgertum, die im Wohlstand aufwachsen dürfen.

Vor allem haben sie einen schlechteren Zugang zu Bildung, das merken wir bei uns natürlich ganz deutlich. Aber wir mussten nicht erst die neue UNICEF-Studie lesen, um das zu erkennen. Oftmals bestätigen diese mehr oder weniger ernst zu nehmenden Studien unsere langjährigen Erfahrungen vor Ort: Jedes benachteiligte Kind ist ein Kind zu viel. Für die Kinder bedeutet Armut meist den Weg in ein sorgenvolles und unglückliches Leben, geprägt von Krankheit und dauerhafter Arbeitslosigkeit. Und hier zeigt sich eine weitere große Baustelle.

„Jedes benachteiligte Kind ist ein Kind zu viel."

Bernd Siggelkow

Dauerhafte Arbeitslosigkeit und die damit verbundene Perspektivlosigkeit machen krank und die Menschen auf Dauer unzufrieden. Wir müssen einfach mehr Menschen in Lohn und Brot bringen. Derzeit beziehen rund fünf Millionen Menschen Bürgergeld. Das sind viel zu viele Menschen und Schicksale, die damit verbunden sind. Außerdem ist in Deutschland jede vierte Stelle unbesetzt. Die Unternehmen finden einfach niemanden, der bereit ist zu arbeiten. Der Staat kann das schon lange nicht mehr finanzieren. Nach Berechnungen der Bundesregierung dürften sich die Ausgaben für das Bürgergeld für das Jahr 2024 auf rund 38,7 Milliarden Euro belaufen. Das ist ein neuer Rekord. Das sind zehn Milliarden mehr als 2022.

Kranke, Alte, Familien mit Kindern, Alleinerziehende und diejenigen, die keine Lust haben zu arbeiten, werden alle gleich bewertet und eingestuft. Das ist in unseren Augen eine fatale Entscheidung und ein Verbrechen an unseren Kindern. Eine alleinerziehende Mutter sollte viel stärker bezahlt werden als ein junger, gesunder Mensch, der einfach keine Lust hat zu arbeiten oder für den es sich nicht lohnt zu arbeiten.

Kinder sind Gegenwart und Zukunft zugleich, und hier müssen wir endlich lernen, mehr Geld in Familien zu investieren, egal ob alleinerziehend oder in welcher Konstellation auch immer. Kindern verdienen mehr Geld für ihre Förderung als die sogenannten „Null-Bock-Lebensgemeinschaften".

Wenn es gelingt, nur eine Million dieser Arbeitslosen in Arbeit zu bringen, spart der Staat rund 30 Milliarden Euro pro Jahr. Die Steuereinnahmen würden steigen und die neuen Erwerbstätigen würden zufriedener und somit gesünder leben. Wir haben in unseren Häusern unzählige Menschen getroffen, die unzufrieden und krank geworden sind, weil sie lange nichts getan haben. Wenn wir hier eine Veränderung herbeiführen könnten, wäre das für viele eine Wohltat, ein Schritt in ein Leben mit mehr Würde. Langeweile, zu wenig Geld, schlechte Ernährung und daraus resultierender Stress machen krank. Das bestätigen auch Studien. Doch wie lässt sich ein Umdenken bei den Betroffenen erreichen?

In den Ämtern müssen wir den Sachbearbeitenden bei ihren Entscheidungen mehr individuelle Freiheiten zubilligen, ein gesundes Augenmaß für das Leben ihrer Klienten zu haben. Wenn ein Antragsteller augenscheinlich gesund ist und in Arbeit vermittelt werden kann, aber trotzdem keine Lust auf den Job hat, dann sollte ihm der Antrag auf Bürgergeld verwehrt bleiben. Mit dieser Vorgehensweise wird diesem Menschen mit an Sicherheit grenzender Wahrscheinlichkeit langfristig ein glücklicheres Leben beschert. Aber zum jetzigen Zeitpunkt macht es für ihn wenig Sinn, weil er die Vorteile nicht erkennen kann.

Gebraucht und geschätzt zu werden, ein ausgeglichenes Leben zu führen, macht glücklich und stark. Manchmal braucht es einen Angang, um dorthin zu kommen. Viele arbeitslose Mütter und Vater kommen zu uns und fragen nach einer ehrenamtlichen Tätigkeit, weil ihnen zu Hause die Decke auf den Kopf fällt. Wenn sie dann Anerkennung bekommen, weil sie gute Arbeit leisten, platzen sie vor Stolz und werden immer motivierter.

Wir sollten also mutiger sein und darüber nachdenken, ob wir Arbeitsunwilligen das Bürgergeld und die damit letztlich finanzierte Wohnung verweigern. Wir werden unser Sozialsystem aus Kostengründen nicht mehr lange finanzieren können. Wir brauchen Frauen und Männer, die arbeiten und Steuern zahlen. Mit diesen Einnahmen können wir dann in die Bildung der Kinder investieren. Anders wird es in Zukunft nicht funktionieren. Ein höheres Bürgergeld für alle ist ein Witz. Ältere Menschen, Kranke und junge Familien brauchen unsere Hilfe, und nicht sogenannte Schmarotzer, die das System nur ausnutzen.

„Wir werden unser Sozialsystem aus Kostengründen nicht mehr lange finanzieren können. Wir brauchen Frauen und Männer, die arbeiten und Steuern zahlen."

Wolfgang Büscher

Kein Bürgergeld mehr für Arbeitsverweigerer

Bundeskanzler Olaf Scholz forderte am 8. Dezember 2023 auf dem SPD-Parteitag, mehr Fachkräfte aus dem Ausland nach Deutschland zu holen, die hierzulande arbeiten sollen. Und das bei fünf Millionen Arbeitslosen in unserem Land. Seine Forderung klingt fast wie der schlechte Witz eines Comedians, denn was er zu vergessen scheint oder einfach nicht begreifen will: Wir haben schon jetzt rund 700 000 Wohnungen zu wenig. Es gibt keine freien Plätze in Schulen und Kindertagesstätten, auch die medizinische Versorgung für Kinder und Erwachsene ist mangelhaft. Will er diese qualifizierten Frauen und Männer auch noch in irgendwelchen Einrichtungen stapeln? Wenn Menschen das Land wechseln, um woanders erfolgreicher zu arbeiten, wollen sie auch deutlich mehr Geld verdienen. Und wer soll das bezahlen? Der Mittelstand natürlich. Das versuchen wir gerade zu verstehen. Junge Menschen, die schon in Deutschland leben, die kein Interesse haben zu arbeiten, beziehen Bürgergeld und besetzen Wohnungen, und dafür laden wir junge Menschen aus dem Ausland ein, hier zu arbeiten, und die müssen dann in irgendwelchen Turnhallen leben, weil es keine Wohnungen für sie gibt. Wer soll das noch verstehen?

Hier noch einmal deutlich unsere Forderung: kein Bürgergeld mehr und keine vom Amt bezahlten Wohnungen für die fitten und jungen Menschen, die nicht arbeiten wollen, weil sie meinen, vom Bürgergeld gut leben zu können. Das hier eingesparte Geld müssen wir in Alte, Kranke und Familien mit Kindern investieren.

Wir haben keine andere Wahl. Um zu überleben, brauchen wir eine gut ausgebildete Jugend, die unser Land voranbringt, und zwar gemeinsam mit den Menschen, die schon hier leben, egal ob Flüchtlinge, Migranten oder Deutsche.

Danke

Wir danken den Mitarbeiterinnen und Mitarbeitern der Arche für ihre Unterstützung zur Entstehung dieses Buches, insbesondere: Daniel Schröder, Tobias Lucht, Miriam Börner, Josefin Engfer, Larissa Rauter, David Holstein, Nele Thoennessen und Laura Neumann.

Literaturverzeichnis

Allmendinger, J., Giesecke, J. & Oberschachtsiek, D. (2011). Unzureichende Bildung: Folgekosten für die öffentlichen Haushalte. Eine Studie des Wissenschaftszentrum Berlin für Sozialforschung im Auftrag der Bertelsmann Stiftung. Gütersloh: Bertelsmann Stiftung, *https://www.bertelsmann-stiftung.de/fileadmin/files/BSt/Publikationen/GrauePublikationen/GP_Unzureichende_Bildung_Folgekosten.pdf*

Anders, F. (2019). PISA 2018. Die zehn wichtigsten Ergebnisse der PISA-Studie. Deutsches Schulportal der Robert Bosch Stiftung, *https://deutsches-schulportal.de/bildungswesen/die-zehn-wichtigsten-ergebnisse-der-pisa-studie/* [Link nicht mehr erreichbar]

Autor:innengruppe Bildungsberichterstattung (2022). Bildung in Deutschland 2022. Ein indikatorengestützter Bericht mit einer Analyse zum Bildungspersonal. Bielefeld: wbv, *https://www.bildungsbericht.de/de/bildungsberichte-seit-2006/bildungsbericht-2022/pdf-dateien-2022/bildungsbericht-2022.pdf*

Becker, R. (2008). Soziale Ungleichheit von Bildungschancen und Chancengerechtigkeit. In: Becker, R. & Lauterbach, W. (Hrsg.) (2008). Bildung als Privileg. 3. Auflage. Wiesband: VS Verlag für Sozialwissenschaften, S. 161-188.

Becker, R. (2010). Soziale Ungleichheit von Bildungschancen und Chancengerechtigkeit. In: Becker, R. & Lauterbach, W. (Hrsg.) (2010). Bildung als Privileg. 4. aktualisierte Auflage. Wiesbaden: VS Verlag für Sozialwissenschaften, S. 161-189.

BMFSFJ (Bundesministerium für Familie, Senioren, Frauen und Jugend (2022): Kindertagesbetreuung Kompakt. Ausbaustand und Bedarf 2022. BMFSFJ. Berlin, *https://www.bmfsfj.de/resource/blob/228470/dc2219705eeb5b8b9c117ce3f7e7bc05/kindertagesbetreuung-kompakt-ausbaustand-und-bedarf-2022-data.pdf*

bpb (Bundeszentrale für politische Bildung) (2020). PISA – Lesekompetenz. Online: URL. *https://www.bpb.de/kurz-knapp/zahlen-und-fakten/soziale-situation-in-deutschland/135811/pisa-lesekompetenz/*

BT-Drs. 15/6014 (Deutscher Bundestag: Drucksache von 10.10.2005). Bericht über die Lebenssituation junger Menschen und die Leistungen der Kinder- und Jugendhilfe in Deutschland – Zwölfter Kinder- und Jugendbericht – und Stellungnahme der Bundesregierung. Berlin: Eigenverlag

Deutscher Bundestag (2021). Sachstand. Übergang von der Grundschule auf eine weiterführende Schule der Sekundarstufe I, *https://www.bundestag.de/resource/blob/835702/1da4c-50c71135c08416a99ad1478a796/WD-8-025-21-pdf-data.pdf*

Deutscher Bundestag (2022). Grundgesetz für die Bundesrepublik Deutschland. Berlin: Deutscher Bundestag. Deutsche Gesellschaft für die Vereinten Nationen e. V., United Nations Association of Germany (2021). Die Allgemeine Erklärung der Menschenrechte. Berlin: DGVN

Engler, W. (2005). Bürger ohne Arbeit. Für eine radikale Neugestaltung der Gesellschaft. Berlin: Aufbau.

Groos, T., & Jehles N. (2015). Der Einfluss von Armut auf die Entwicklung von Kindern. Ergebnisse der Schuleingangsuntersuchung. Arbeitspapiere wissenschaftliche Begleitforschung „Kein Kind zurücklassen!" Werkstattbericht. Hrsg. Zentrum für interdisziplinäre Regionalforschung (ZEFIR) und Bertelsmann Stiftung. Gütersloh, *http://www.zefir.ruhr-uni-bochum.de/mam/content/03_werkstattbericht_einfluss_von_armut_final_auflage3_mu.pdf*

Groos, T., Trappmann, C. & Jehles, N. (2018): Keine Kita für alle. Zum Ausmaß und zu den Ursachen von Kita-Segregation. Arbeitspapiere wissenschaftliche Begleitforschung „Kein Kind zurücklassen!". Werkstattbericht. Hrsg. Zentrum für interdisziplinäre Regionalforschung (ZEFIR) und Bertelsmann Stiftung. Gütersloh, *https://www.bertelsmann-stiftung.de/fileadmin/files/Projekte/77_Kein_Kind_zurueclassen/KeKiz_WB_12_gruen_final.pdf*

Holz, G. (2008). Armut(sfolgen) und Armutsprävention bei Kindern. Expertise zur Lebenslage armer Kinder und zu Maßnahme der Armutsprävention durch das Land Reinland-Pfalz. Frankfurt am Main, *https://www.hessischer-jugendring.de/fileadmin/user_upload/pdf/Themen/Augen_auf/T_Gerda-Holz_Kinderarmut-in-Rheinland-Pfalz_200806.pdf*

Jessen, J., Schmitz, S. & Spieß, C. K. & Waights, S. (2018): Kita-Besuch hängt trotz ausgeweitetem Rechtsanspruch noch immer vom Familienhintergrund ab. In: DIW-Wochenbericht, Jg. 2018, H. 38, S. 826–835.

Largo, R. H. (1995). Kindliche Entwicklung und psychosoziale Umwelt. In: Schlack, H. G. (Hrsg.): Sozialpädiatrie. Gesundheit, Krankheit, Lebenswelten. Stuttgart/Jena/New York: Gustav Fischer.

Maaz, K. (2020). Soziale Ungleichheiten in den einzelnen Bildungsbereichen. Bundeszentrale für politische Bildung, *https://www.bpb.de/themen/bildung/dossier-bildung/322324/soziale-ungleichheiten-in-den-einzelnen-bildungsbereichen/*

Maaz, K., Baumert, J. & Trautwein, U. (2011). Genese sozialer Ungleichheit im institutionellen Kontext der Schule: Wo entsteht und vergrößert sich soziale Ungleichheit? In: Krüger, H.-H., Rabe-Kleberg, U., Kramer, R.-T., Budde, J. (Hrsg.) (2011). Bildungsungleichheit revisted. Bildung und soziale Ungleichheit vom Kindergarten bis zur Hochschule. 2. Auflage. Wiesbaden: VS Verlag für Sozialwissenschaften, S. 69-102.

Maaz, K. & Nagy, G. (2009). Der Übergang von der Grundschule in die weiterführende Schule des Sekundarsystems: Definition, Spezifikation und Qualifizierung primärer und sekundärer Herkunftseffekte. In: Baumert, J., Maaz, K. & Trautwein, U. (Hrsg.) (2009): Bildungsentscheidungen. Zeitschrift für Erziehungswissenschaft, 12, 281-301. doi: 10.1007/s11618-009-0068-0

Mayr, T. (2000). Entwicklungsrisiken bei armen und sozial benachteiligten Kindern und die Wirksamkeit früher Hilfen. In: Weiß, H. (Hrsg.): Frühförderung mit Kindern und Familien in Armutslagen. München/Basel: Ernst Reinhardt, S. 142-163.

OECD. Deutschlands PISA-Schock, *https://www.oecd.org/ueber-uns/erfolge/deutschlands-pisa-schock.htm*

OECD (2020). Early Childhood Education: Equity, Quality and Transitions. Report for the G20 Education Working Group, *www.oecd.org/education/school/early-childhood-education-equity-quality-transitions-G20.pdf* [Link nicht mehr erreichbar]

Schmitz, S., Spiess C. K. & Huebener, M. (2023). Weiterhin Ungleichheiten bei der KITA-Nutzung. Grösster ungedeckter Bedarf in Grundsätzlich benachteiligten Familien. In: Bundesinstitut für Bevölkerungsforschung (BiB) (Hrsg.) (2023). Bevölkerungsforschung. Aktuell, S. 3-8.

Stein, A. Bock-Fomulla, K. & Dr. Girnd, A. (2022). 2023 fehlen in Deutschland rund 384.000 Kita-Plätze. Bertelsmann Stiftung, *https://www.bertelsmann-stiftung.de/de/themen/aktuelle-meldungen/2022/oktober/2023-fehlen-in-deutschland-rund-384000-kita-plaetze* [Link nicht mehr erreichbar]

Sozialgesetzbuch (SGB) - Achtes Buch (VIII) - Kinder- und Jugendhilfe - (Artikel 1 des Gesetzes v. 26. Juni 1990, BGBl. I S. 1163) § 24 Anspruch auf Förderung in Tageseinrichtungen und in Kindertagespflege, *https://www.gesetze-im-internet.de/sgb_8/__24.html*

Quellenverweise

1. Hans Böckler Stiftung: „Vermögen: Jeder Vierte hat nichts", *https://www.boeckler.de/de/boeckler-impuls-vermoegen-jeder-vierte-hat-nichts-7101.htm*

2. Polizeiliche Kriminalstatistik 2022: *https://www.bka.de/DE/AktuelleInformationen/StatistikenLagebilder/PolizeilicheKriminalstatistik/PKS2022/pks2022_node.html*

3. Deutsches Schulportal der Robert Bosch-Stiftung: *https://deutsches-schulportal.de/bildungswesen/iglu-studie-lesekompetenz-der-viertklaessler-verschlechtert-sich-deutlich/*

4. PISA-Studie 2023: *https://www.oecd.org/media/oecdorg/satellitesites/berlincentre/pressethemen/GERMANY_Country-Note-PISA-2022_DEU.pdf*

5. Statistisches Bundesamt, Meldung vom 4. Juli 2023: *https://www.destatis.de/DE/Presse/Pressemitteilungen/Zahl-der-Woche/2023/PD23_27_p002.html*

6. ifo Institut: Chancenmonitor 2023: Bildungschancen hängen stark vom Elternhaus ab, *https://www.ifo.de/pressemitteilung/2023-04-18/chancenmonitor-2023-bildungschancen-haengen-stark-vom-elternhaus-ab*

7. Hans Böckler Stiftung: „Soziale Ungleichheit in Deutschland", *https://www.boeckler.de/de/auf-einen-blick-17945-20845.htm*

8. Keeley, 2007, S. 3

9. Vgl. Allmendinger, Giesecke und Oberschachtsiek, 2011, S. 14

10. Deutsche Gesellschaft für die Vereinten Nationen e. V., 2021, S. 58

11. Deutscher Bundestag, 2022, S. 16

12. Maaz 2020

13. Vgl. Autor:innengruppe Bildungsberichterstattung (2022), S. 52

14. BT-Drs. 15/6014, 130

15. Vgl. ebd.; Engler, 2005, S. 305; Largo, 1995, S. 15

16. Mayr, 2000, S. 151

17. Vgl. OECD 2020

18. Ebd.

19. Vgl. SGB VIII § 24, Absatz 2

20. Vgl. Stein, A. Bock-Fomulla, K. & Dr. Girnd, A., 2022

21. Vgl. BMFSFJ, 2022, S. 17

22. Vgl. Jessen, Schmitz, Spieß und Waights, 2018

23. Vgl. ebd.

24. Vgl. Schmitz, Spiess & Huebener, 2023, S. 3 ff.

25. Groos, Trappmann, Jehles, 2018, S.9

26. Vgl. Groos und Jehles, 2015

27. Ebd.

28. Ebd.

29. Ebd.

30 Vgl. Deutscher Bundestag, 2021
31 Vgl. Becker, 2008
32 Vgl. ebd., S. 168
33 Becker, 2008, S. 169
34 Vgl. ebd.
35 Vgl. Becker, 2010
36 Ebd.
37 Maaz, Baumert & Trautwein, 2009, S. 155
38 Vgl. Deutscher Bundestag
39 Vgl. ebd.
40 Holz 2008
41 Vgl. Maaz, Baumert & Trautwein, 2011
42 Ebd.
43 Vgl. OECD
44 Vgl. Anders, 2019
45 Vgl. ebd., bpb, 2020
46 Parvin Sadigh: „Das würde man keiner deutschen Schulanfängerin zumuten", 17.5.2023, ZEIT-online, *https://www.zeit.de/gesellschaft/schule/2023-03/willkommensklassen-sprachlernklassen-schule-integration*
47 Bpb: Geschichte der Migration in Deutschland, *https://www.bpb.de/themen/migrationintegration/dossier-migration/252241/geschichte-der-migration-in-deutschland/*
48 Martyna Berenika Linartas: „Die eklatante Vermögensungleichheit unserer Erbengesellschaft", in: Finanzwende, *https://www.finanzwende-recherche.de/blog/vermoegensungleichheit-unserer-erbengesellschaft/*
49 Saferinternet.at: „Neue Studie: 72 Prozent der 0- bis 6-Jährigen im Internet", veröffentlicht am 6.2.2020, *https://www.saferinternet.at/news-detail/neue-studie-72-prozent-der-0-bis-6-jaehrigen-im-internet*
50 Catrin Boldebuck und Ingrid Eißele: „Wie Kinder unter Armut leiden – Ich liebe meine Mama, aber so wie sie will ich nicht leben – wie Kinder in Deutschland unter Armut leiden", stern.de, 6.7.2023, *https://www.stern.de/stiftung/armut-in-deutschland--was-kinder-und-jugendliche-am-meisten-vermissen-32710178.html*
51 FAZ.net: „Kampf gegen Inflation – Staat hilft manchen Familien wohl mehr als nötig", 3.7.2023, *https://www.faz.net/aktuell/wirtschaft/inflation-staat-hilft-manchen-familien-mehr-als-noetig-19006761.html#*
52 Nana Gerritzen: „Armutszeugnis", Publik Forum, 26.6.2023, *https://www.publik-forum.de/politik-gesellschaft/armutszeugnis*
53 Deutschlandfunk: „Kindergrundsicherung – Opposition und Sozialverbände kritisieren Ampel-Kompromiss", 29.8.2023, *https://www.deutschlandfunk.de/opposition-und-sozialverbaende-kritisieren-ampel-kompromiss-102.html*
54 FAZ.net: „Familienpolitik – Lindner: Kindergrundsicherung letzte große Sozialreform für Jahre", 28.8.2023, *https://www.faz.net/aktuell/politik/inland/kindergrundsicherunglaut-lindner-letzte-grosse-sozialreform-fuer-jahre-19132657.html*
55 Tagesschau.de: „Wer bei den Kindern spart, zahlt später drauf", 18.8.2023, *https://www.tagesschau.de/inland/kinderarmut-studie-104.html#:~:text=Während%20die%20Politik%20darüber%20streitet,Milliarden%20Euro%20für%20die%20Kindergrundsicherung.*
56 Das Schwarzbuch, *https://www.schwarzbuch.de*
57 PISA Results 2022, *https://www.oecd.org/pisa/*

58 UNICEF: Kinderarmut inmitten von Wohlstand. Eine Studie des UNICEF-Forschungsinstituts Innocenti, *https://www.unicef.de/_cae/resource/blob/344088/43de-6b4ef81b7b67afe87c9bd43686af/report-card-18-zusammenfassung-de-data.pdf*